本书为湖北省社科基金一般项目（后期资助项目）成果，并受到江汉大学"城市圈经济与产业集成管理"学科群、江汉大学 2021 年度学术著作出版和江汉大学校级科研项目（2021yb082）的资助

产业集聚对城市创新的影响及其机制研究

程杰贤 ◎著

Research on the Impact of
INDUSTRIAL
AGGLOMERATION
on Urban Innovation and Its Mechanism

中国财经出版传媒集团

经济科学出版社

Economic Science Press

图书在版编目（CIP）数据

产业集聚对城市创新的影响及其机制研究/程杰贤著.
—北京：经济科学出版社，2022.8
ISBN 978 - 7 - 5218 - 3921 - 0

Ⅰ.①产… Ⅱ.①程… Ⅲ.①产业集群 - 影响 - 城市
经济 - 国家创新系统 - 研究 Ⅳ.①F29

中国版本图书馆 CIP 数据核字（2022）第 147118 号

责任编辑：初少磊 杨 梅
责任校对：刘 昕
责任印制：范 艳

产业集聚对城市创新的影响及其机制研究
程杰贤 著
经济科学出版社出版、发行 新华书店经销
社址：北京市海淀区阜成路甲 28 号 邮编：100142
总编部电话：010 - 88191217 发行部电话：010 - 88191522
网址：www. esp. com. cn
电子邮箱：esp@ esp. com. cn
天猫网店：经济科学出版社旗舰店
网址：http：//jjkxcbs. tmall. com
北京季蜂印刷有限公司印装
710×1000 16 开 19.5 印张 300000 字
2022 年 11 月第 1 版 2022 年 11 月第 1 次印刷
ISBN 978 - 7 - 5218 - 3921 - 0 定价：88.00 元
（图书出现印装问题，本社负责调换。电话：010 - 88191510）
（版权所有 侵权必究 打击盗版 举报热线：010 - 88191661
QQ：2242791300 营销中心电话：010 - 88191537
电子邮箱：dbts@ esp. com. cn）

目录
CONTENTS

第一章

绪　论

第一节　研究背景

一、城市创新对我国创新水平的提高有重要意义

随着我国经济由高速增长向高质量发展阶段转变，创新已经成为社会公众关注的焦点问题。党的十八大提出实施创新驱动发展战略，强调科技创新是提高社会生产力和综合国力的战略支撑，必须摆在国家发展全局的核心位置[1]。2015 年，习近平同志在党的十八届五中全会上提出"创新、协调、绿色、开放、共享"五大发展理念，把创新提到首要位置[2]。2016 年，国务院正式颁布的《国家创新驱动发展战略纲要》，提出创新战略"三步走"目标[3]。2018 年，党的十九大报告指出，创新是引领发展的第一动力，是建设现代化经济体系的战略支撑[4]。2020 年，党的十九届五中全会再一次强调"坚持创新在我国现代化建设全局中的核心地位"，并明确"把科技自立自强作为国家发展的战略支撑"[5]。2021 年，十四五规划

---

①　胡锦涛在中国共产党第十八次全国代表大会上的报告，http：//cpc. people. com. cn/n/2012/1118/c64094 - 19612151. html。

②　图解"五大理念"的鲜明特点和重大意义，http：//theory. people. com. cn/n/2015/1126/c148980 - 27860424. html。

③　中共中央 国务院印发《国家创新驱动发展战略纲要》，http：//www. gov. cn/gongbao/content/2016/content_5076961. htm。

④　习近平在中国共产党第十九次全国代表大会上的报告，http：//www. gov. cn/zhuanti/2017 - 10/27/content_5234876. htm。

⑤　一文尽览十九届五中全会公报，http：//www. qstheory. cn/qshyjx/2020 - 10/30/c _ 1126676109. htm。

纲要明确要求，坚持创新在我国现代化建设全局中的核心地位，把科技自立自强作为国家发展的战略支撑①。经过近十年的发展，依靠创新实现经济转型已经成为人们的共识，提高创新水平建设创新型国家已成为全社会共同利益诉求。

当前，城市创新对于我国创新整体水平的提高具有重要意义。一方面，城市作为创新活动的空间载体，不仅是微观企业进行研发创新的基地，更是我国各类创新资源与创新产出的集聚地；另一方面，城市创新作为国家创新体系的重要组成部分，既是我国建设创新型经济的重要支撑，更是我国实现经济高质量发展的依托。城市是社会经济发展最活跃的地方，空间经济规律表明，产业和人口向优势区域集中，形成以城市为主要形态的增长动力源，进而带动城市创新效率和效果的提升。在城市空间范围内，政府部门、企业单位、科研机构、高等院校以及中介组织都是城市创新的主体，它们相互提供资金、知识技术以及人才信息，促进了创新要素的流动，提高了城市创新的水平。但同时也应注意到，不同城市间的创新能力和创新产出有较大差异，典型的例子就是东部沿海地区城市的创新能力与产出通常比中西部地区的城市高，这种创新能力的差异将导致城市创新的不平衡。为弥补城市创新差异，有效地促进各城市创新能力与产出的提升，有必要对我国城市创新及其影响因素进行分析。

二、产业集聚是影响我国城市创新的重要因素

现阶段，以城市为中心的产业集聚对城市创新水平产生了不可忽视的影响，产业集聚提高了知识传播及技术扩散的能力，进而对地区创新能力产生显著影响（Jessie et al. 2013）。从全球来看，德国制造业产业集聚、美国硅谷高技术产业集聚、东京生产性服务业集聚以及印度班加罗尔软件业集聚都在一定程度上对地区创新产生影响（柳卸林和杨博旭，2020）。就国内而言，以城市为集聚中心的产业发展模式也基本形

① 中华人民共和国国民经济和社会发展第十四个五年规划和 2035 年远景目标纲要，http://www.xinhuanet.com/2021-03/13/c_1127205564.htm。

成。最明显的例子就是浙江的"一村一品""一镇一业",极大地推动了地方经济的创新发展,还有我国实施多年的高技术产业园区政策以及推行的创新型产业集群项目,都在一定程度上提高了产业集聚水平,进而对城市创新产生影响。

从新地理经济学视角来看,产业集聚形成了网状创新结构的新模式,使创新效应成为产业集聚的重要特征。首先,在产业集聚的网状创新结构中,企业之间的相互联系成几何数增加,企业不仅增加了信息与资源的获取渠道,而且企业间的协同成本也大幅降低,这能有效克服单个企业面临复杂技术创新时的能力限制,对提高创新产出与创新质量有积极意义。其次,产业集聚拉近了企业的空间距离,增加了企业间往来的频次,正式和非正式的信息沟通方式推动了创新资源与创新知识的传播,有利于创新成果在不同企业间的传递和再创新。同类企业的集聚增加了企业间的竞争压力,能够推动企业不断寻求创新途径和方法,增强产品或服务差异性,这在无形中增强了企业创新的动力和创新的产出。最后,产业集聚还使企业协同创新、企业与科研机构协同创新以及企业与高等院校协同创新的机会大幅增加,这有利于各类新知识、新技术以及新能力的产生、理解和应用,能够形成"1+1>2"的协同创新效应,使产业集聚的创新成果远高于企业分散状态下创新的总和。总之,发达国家和发展中国家以往的实践表明,产业集聚已经成为一种推动城市创新的经济组织模式。在知识经济时代,产业集聚的创新效应是世界级的现象,也必将成为影响我国城市创新的重要力量。

三、产业集聚对城市创新的影响及其机制研究有待深入

近年来,产业集聚对城市创新的影响及其机制研究引起了学者们的关注,已有文献对相关问题的研究集中在以下三个方面。

第一,不少学者对单一产业集聚对城市创新的影响进行研究。王雅洁和韩孟亚(2020)发现高新技术产业集聚与区域创新绩效的空间效应显著为正且存在显著地区时间异质性。朱文涛和顾乃华(2017)利用空间杜宾模型的分析发现,科技服务业集聚对区域创新能力有显著正向影响,考虑

空间效应后,科技服务业集聚对周边地区的创新能力有显著负向影响。原毅军和郭然(2018)发现,制造业集聚对技术创新有显著的倒"U"型关系,对地区异质性的分析发现,中西部地区制造业集聚对技术创新的影响处于倒"U"型的左侧,而东北地区制造业集聚对技术创新的影响处于倒"U"型的右侧。杨仁发和包佳敏(2019)以262个地级及以上城市为例,通过实证分析发现,中西部地区的生产性服务业专业化集聚对城市创新有显著正向影响,而东部地区的生产性服务业多样化集聚对城市创新有显著正向影响。郭新茹等(2019)利用空间计量分析模型实证发现,文化批发和零售业集聚对区域创新的影响较强,而文化制造业集聚对区域创新能力的影响较弱。夏杰长等(2020)发现,知识密集型服务业集聚对区域创新有显著正向影响,但知识密集型服务业集聚对区域创新没有显著的空间溢出效应。王晓红等(2020)实证分析发现,风险投资业集聚对高新技术业创新有显著倒"U"型影响,其中产学知识流动是二者关系的中介效应,而区域关系导向则对二者关系具有正向调节作用。李拓晨等(2021)发现,医药制造业集聚对创新绩效有显著非线性关系,其中医药制造业专业化集聚对创新绩效的影响在人力资本高度错配地区、中度错配地区与低度错配地区有显著差异。

第二,有学者对多产业协同集聚对城市创新的影响进行分析。陈子真等(2019)发现,制造业与生产性服务业协同集聚对本地区域创新有显著正向影响,而对周边地区区域创新则有显著"U"形影响。黄晓琼和徐飞(2021)发现,科技服务业与高新技术产业协同集聚对企业技术创新有显著的倒"U"型影响,而科技服务业集聚的提高有利于二者协同集聚对企业创新正向影响水平的提高。倪进峰和李华(2017)发现,制造业与生产性协同集聚存在显著的人力资本门限效应,当人力资本跨越0.0886的门限值后,制造业与生产性服务业协同集聚对区域创新有显著正向影响;而当人力资本未跨越0.0886的门限值时,制造业与生产性服务业协同集聚对区域创新有显著负向影响。赵青霞等(2019)利用面板数据建模进行实证分析。结果发现,制造业与生产性服务业协同集聚对区域创新能力有显著负向影响,科技人才集聚是二者协同集聚影响区域创新能力的门限变量,当科技人才集聚跨越0.2543门限值后,制造业与生产性服务业协同集聚对区域创新能力有显著正向影响；否则，制造业与生产性服务业协同集聚对区域创新能力有显著负向影响。姚战琪（2020）发现，当研发资本存量跨越门限值后，制造业与知识密集型服务业协同集聚对发明专利和专利获得授权数量有显著正向影响；但随着研发资本存量的增加，制造业与知识密集型服务业协同集聚对区域创新的影响呈现出异质性的特征。郝凤霞等（2021）发现，制造业与知识密集型服务业协同集聚对区域创新有显著正向影响，产业结构合理化是制造业与知识密集型服务业协同集聚与区域创新关系的负向中介变量。

第三，有学者更关注专业化集聚或多样化集聚对城市创新的影响。鲁伊和彼得（Rui and Peter, 1998）的分析表明，产业专业化集聚对区域创新具有显著的促进作用。赫西和李志贤（Hüseyïn and Lee, 2008）认为专业化集聚带来的网络外部性，增加了参与集聚的企业的数量，从而有利于区域创新水平的提高。李习保（Xibao Li, 2015）认为专业化集聚使交易成本降低，在一定程度上促进了区域创新要素的集聚，从而推动区域创新水平的提高。王春雷等（Wang et al., 2014）认为多样化集聚能够形成创新要素集聚池，从而有利于不同产业人员进行知识技术交流。王元地等（Wang et al., 2016）认为R&D投入和地区开放水平调节了产业多样化集聚对区域创新能力的影响。洪群联和辜胜阻（2016）、吕承超（2016）、张彩江等（2017）研究发现高新技术产业的多样化集聚对区域创新有显著正向影响。柳卸林和杨博旭（2020）分析了在我国情景下，多元化和专业化集聚对区域创新绩效的影响机制，结果发现，本地以及周边地区产业专业化集聚对本地区域创新绩效有显著正向影响。陈大峰等（2020）将城市人口规模纳入产业集聚类型影响城市创新的分析框架中，实证结果发现，多样化集聚与城市创新的关系呈倒"U"型，在多样化集聚拐点的左侧，城市人口规模扩张强化了多样化集聚对城市创新的促进作用，在拐点的右侧，城市人口规模则强化了多样化集聚对城市创新的负向影响。黎欣（2021）发现专业化集聚对区域创新有显著正向空间溢出效应，在地区异质性方面，东部和西部地区的专业化集聚对区域创新有显著正向影响，而在其他地区产业集聚类型对区域创新没有显著影响。

综上所述，已有文献中有关产业集聚与城市创新的研究成果还不多，大部分研究者仍然沿袭产业集聚与区域创新的研究思路和方法，未来的研究不能仅借鉴产业集聚与区域创新的相关研究成果，还应充分考虑城市创新的自身特征，才能获得针对城市创新的研究成果。另外，在已有文献中，针对某一产业集聚对城市创新影响的研究成果较为丰富，但有关多产业协同、专业化集聚以及多样化集聚对城市创新的研究还处于探索阶段。虽然已经有学者关注到多产业协同、专业化集聚和多样化集聚对城市创新有显著不同影响，但对二者影响机制的分析尚不充分。因此，对我国产业集聚对城市创新的影响需要进行更为深入、细致和系统的研究。为了有效地发挥产业集聚在提高城市创新中的作用，有必要对产业集聚对于城市创新的影响及其机制进行分析，并实证检验产业集聚对于城市创新的实际影响，从而针对存在的问题提出相应的对策建议，这对于加快建设创新型经济体，实现经济高质量发展具有积极意义。

第二节　研究意义

一、理论意义

（一）拓展了产业集聚对城市创新的研究视角

本书从不同行业视角、不同集聚类型视角对产业集聚对城市创新的影响及其机制展开分析，为深化产业集聚对城市创新的影响提供了较新的研究视角。当前，在产业集聚对城市创新的相关研究文献中，学者们要么从不同行业视角进行分析，关注单一产业集聚或多产业协同集聚对城市创新的影响；要么从不同集聚类型视角进行分析，关注专业化集聚或多样化集聚对城市创新的影响。这种研究思路虽然增强了相关研究的针对性，但也弱化了研究成果的可比性，对准确深入把握产业集聚与城市创新作用关系产生不利影响。为此，本书将不同行业和不同集聚类型的产业集聚纳入统一分析框架，在拓展研究视角的同时还增强了研究结论的可比性，有利于深入准确把握产业集聚与城市创新的关系。

(二) 丰富了产业集聚对城市创新的影响及其机制的研究成果

不同于已有文献对产业集聚对城市创新的影响，将不同行业以及不同集聚类型的产业集聚纳入统一研究框架，在构建产业集聚对城市创新影响及其机制理论模型的基础上，采用 IV-GMM 模型、门限效应模型、中介效应模型、调节效应模型以及空间计量方法进行实证研究，揭示了产业集聚对城市创新的线性与非线性影响，阐明了产业集聚对城市创新影响机制，剖析了产业集聚对城市创新影响的空间效应及其地区异质性。同时，本书还采用缩尾处理法、Bootstrap 自助抽样法以及工具变量法等对实证结果进行稳健性检验，并结合实证研究结论提出推动产业集聚促进城市创新提高的政策建议。这对于深入把握产业集聚对城市创新的影响及其机制有积极意义，也在一定程度上丰富了产业集聚对城市创新影响的相关研究成果。

二、现实意义

(一) 有助于地方政府把握产业集聚的本质

本书基于 261 个地级及以上城市 2003～2019 年的面板数据，对不同行业以及不同集聚类型的产业集聚对城市创新的影响及其机制进行分析，有助于更为全面地了解产业集聚对城市创新的影响，并有利于对其影响的机制深入理解。从而有助于帮助各个城市政府客观认识推进产业集聚可能带来的收益和面临的风险，有利于地方政府厘清产业集聚的发展思路，进而制定与本地相匹配的产业集聚发展对策。一定程度上能够减少地方政府在"加快推进产业集聚"过程中的非理性行为，降低我国各城市产业资源错配程度，从而有助于我国城市各个产业的可持续发展。

(二) 有助于地方政府明确本地主导产业

本书以产业集聚对城市创新的影响及其机制为研究对象，同时对不同行业以及不同集聚类型的产业集聚对城市创新影响的异质性进行深入讨论，有助于引导地方政府关注本地产业基础、地理区位以及产业分工等优势因素，明确本地主导产业，并有利于消除制约因素，释放产业集聚促进城市创新的动能。当我国各城市均在关注自身特色产业时，能够避免出现"张冠李戴"的错误定位，从而避免丧失城市发展机会，进而为促进我国城市创新的提升奠定坚实基础。

第三节 研究目标、内容与方法

一、研究目标

以我国261个地级及以上城市为研究样本，构建面板数据计量模型，实证研究产业集聚对城市创新的影响及其机制。具体目标如下：

第一，分析我国产业集聚与城市创新的基本特征及发展趋势。一是明确产业集聚测算方法，对我国产业集聚的发展变化趋势、城市个体差异及空间分布特征进行统计描述分析；二是以城市专利申请数量和城市专利获得授权数量为城市创新代理指标，对我国城市创新的发展趋势、城市个体差异及空间分布特征进行统计描述分析。

第二，分析产业集聚对城市创新的影响并对其门限效应进行检验。一是构建面板 IV-GMM 回归模型，从行业视角和集聚类型视角实证检验产业集聚对城市创新是否有显著影响；二是利用面板门限效应检验模型，从行业视角和集聚类型视角对产业集聚影响城市创新的门限效应进行检验。

第三，分析产业集聚对城市创新影响的中介效应并对其调节效应进行检验。一是构建中介效应检验模型，从行业视角和集聚类型视角对产业集聚影响城市创新的中介效应进行检验；二是构建调节效应检验模型，从行业视角和集聚类型视角对产业集聚影响城市创新的调节效应进行检验。

第四，分析产业集聚对城市创新的影响的空间效应并对其地区异质性进行检验。一是构建空间效应检验模型，从行业视角和集聚类型视角对产业集聚影响城市创新的空间效应进行检验；二是以东部沿海地区和中西部地区为子样本，从行业视角和集聚类型视角对其产业集聚影响城市创新的空间效应进行检验。

第五，基于上述研究结论，提出"如何发展产业集聚以推动城市创新发展"的对策建议。

二、研究内容

本书构建了产业集聚对城市创新的影响及其机制的研究框架,遵循"理论分析—归纳事实—实证检验—政策建议"的思路展开研究。首先,在界定产业集聚与城市创新概念基础上,结合理论分析和文献综述,提出产业集聚对城市创新的影响及其机制研究的实证分析框架;其次,明确产业集聚与城市创新的测算方法,并对其发展趋势、城市个体差异以及空间分布特征进行分析;再次,利用 IV-GMM 模型和门限效应模型检验"产业集聚是否对城市创新有显著影响",利用中介效应模型和调节效应模型分析产业集聚对城市创新的影响机制,利用空间计量模型检验产业集聚对城市创新影响的空间效应并对其地区异质性进行分析;最后,总结全书并从推动产业集聚促进城市创新的视角提出对策建议。本书的章节安排如下:

第一章 绪论。概括性介绍研究背景与意义、研究目标、研究内容、研究方法,展示全书技术路线图,提出本书的创新之处。

第二章 相关概念与文献综述。首先,界定产业集聚的概念,提出产业集聚类别,并对产业集聚的动因进行分析;其次,界定城市创新的概念,阐明城市创新的测算方法,并归纳总结城市创新的特征;再次,从单一产业集聚、多产业协同集聚、专业化集聚与多样化集聚对城市创新影响的视角对相关文献进行梳理;最后,对已有文献进行评述,提出本书研究内容。

第三章 理论基础与理论模型。首先,梳理产业区位理论、工业区位理论、增长极理论、中心外围理论与新经济地理理论等产业集聚形成与发展的相关理论;其次,回顾熊彼特创新理论和区域创新系统理论等城市创新相关理论;再次,分析产业集聚的"自稳性"风险模型和集群创新动力模型等理论模型;最后,在此基础上构建产业集聚影响城市创新的理论模型。

第四章 产业集聚与城市创新的测算与分析。首先,梳理产业集聚测算方法,明确行业视角(制造业集聚、生产性服务业集聚以及制造业与生产性服务业协同集聚）和集聚类型视角（专业化集聚、多样化集聚以及集聚类型演进方向）产业集聚的测算方法；其次，利用上述方法测算结果，对产业集聚的发展趋势、城市个体差异以及空间分布特征进行统计描述分析；再次，以城市专利申请数量和城市专利获得授权数量为城市创新代理变量，对城市创新的发展趋势、城市个体差异以及空间分布特征进行统计描述分析；最后，总结归纳分析结果，阐明产业集聚与城市创新的基本事实特征。

第五章　产业集聚对城市创新的 IV-GMM 模型分析。首先，阐述实证模型构建的方法和变量选择，并对数据进行处理和说明；其次，结合变量内生性选择工具变量，构建 IV-GMM 模型，从行业视角和产业集聚视角讨论产业集聚对城市创新的影响，明确产业集聚影响城市创新的方向和程度；再次，利用面板门限效应检验模型，从行业视角和集聚类型视角对产业集聚影响城市创新的门限效应进行检验，并对空间效应进行分解；最后，总结归纳本章实证结果，得出分析结论。

第六章　产业集聚对城市创新的影响机制分析。首先，参考已有文献，明确中介效应和调节效应作为本书机制检验的主要方法，并对中介效应变量进行选择；其次，构建计量分析模型，设计中介效应检验思路，从行业视角和集聚类型视角对产业集聚影响城市创新的中介效应进行检验；再次，构建调节效应检验模型，从行业视角和集聚类型视角对产业集聚影响城市创新的调节效应进行检验；最后，总结归纳本章实证结果，得出分析结论。

第七章　产业集聚对城市创新影响的空间效应分析。首先，使用 261 个地级及以上城市的面板数据，利用全局和局部 Moran's I 指数对相关变量进行空间相关性检验；其次，构建空间计量分析模型，从行业视角和集聚类型视角对产业集聚影响城市创新的空间效应进行检验；再次，以东部沿海地区和中西部地区为子样本，从行业视角和集聚类型视角对其产业集聚影响城市创新的空间效应进行检验；最后，总结归纳本章实证结果，得出分析结论。

第八章　研究结论及政策启示。陈述研究的主要结论，提出对策建议。

三、研究方法

（一）综合运用定性分析与定量分析方法

第一，定性分析方法包括归纳法与演示法，在本书中主要应用在相关理论与已有文献回顾与评述，构建本书理论分析框架，提出研究创新点与不足以及提出相关对策建议等方面。第二，定量分析方法主要是面板数据相关模型，具体包括：利用 IV-GMM 模型和门限效应模型检验"产业集聚是否对城市创新有显著影响"，利用中介效应模型和调节效应模型分析产业集聚对城市创新的影响机制，利用空间计量模型检验产业集聚对城市创新影响的空间效应并对其地区异质性进行分析。

（二）综合运用规范分析与实证分析方法

以实证分析为主要方法，应用多种面板数据计量模型对"产业集聚对城市创新的影响及其机制"进行系统分析，诸如产业集聚是否显著影响城市创新的 IV-GMM 模型和门限效应模型检验以及中介效应、调节效应和空间效应分析等。然而，实证分析仅解决"是什么"的问题，却不能回答"应该是什么"的问题，这就需要引入规范分析方法，结合对问题的理论分析，对变量间的基本关系进行初步判断。在本书中，理论框架的构建、研究假设的提出以及对策建议的提出主要采用归纳分析方法。

（三）综合运用静态分析与动态分析方法

采用 261 个地级及以上城市 2003～2019 年的面板数据进行分析，该数据既包括时间序列数据又包括横截面数据。在时间序列方面，可以观测研究对象在不同年份的发展变化，有利于把握研究对象演变趋势；在横截面方面，可以通过比较不同城市之间的联系与区别，有利于把握不同城市间存在的差异。综合运用上述方法，能够更全面地把握不同行业视角和不同集聚类型视角下产业集聚对城市创新的影响及动态变化。

第四节　技术路线

本书研究的技术路线如图 1-1 所示。

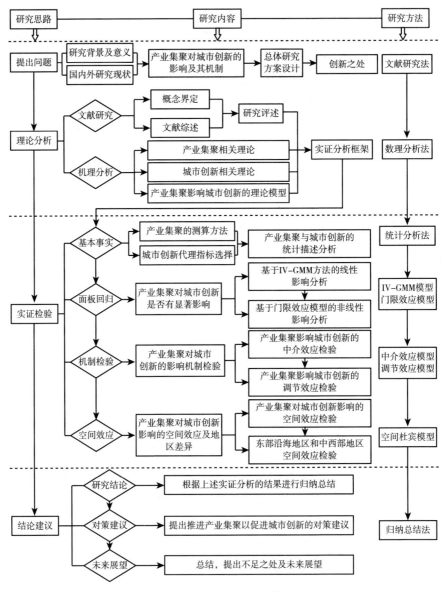

图 1-1　本书技术路线

第五节　创新之处

一、增强了研究结论的可比性

现有研究往往以单一视角分析产业集聚对城市创新的影响，降低了研究结论的横向可比性，再加上不同研究者使用数据样本有所差异，且思路方法各有偏好，可能导致研究结果不一致甚至出现相悖的现象。为弥补上述不足，本书从不同行业视角和不同集聚类型视角，将单一产业集聚、多产业协同集聚、专业化集聚，以及多样化集聚对城市创新的影响及其机制纳入统一分析框架，采用统一计量模型，使用统一来源数据，在一定程度上提高了研究结论的可比性。

二、增强了研究结果的可信度

不同于已有文献"1+1"模型组合①应用的研究思路，本书采用多模型逐步开展相关研究：一是利用 IV-GMM 模型验证线性影响是否存在，利用门限模型验证非线性影响是否存在；二是利用中介效应验证是否存在中介影响机制，利用调节效应验证是否存在调节影响机制；三是利用空间计量模型验证是否存在空间效应并对其地区异质性进行分析。上述分析层层深入，逐步揭示产业集聚对城市创新的影响及其机制，同时本书还采用多种方法对研究结果进行稳健性检验。这虽然增加了研究的难度和工作量，但也在一定程度上增强了研究结论的可信性，有利于更为准确地把握产业集聚影响城市创新的作用关系。

---

① 这里的"1+1"模型组合包括但不限于以下形式：一个模型验证产业集聚对城市创新有没有显著影响，一个模型分析产业集聚对城市创新的影响机制；一个模型验证产业集聚对城市创新有没有显著影响，一个模型验证产业集聚对城市创新有没有空间效应；一个模型验证产业集聚对城市创新有没有线性影响，一个模型验证产业集聚对城市创新有没有非线性影响。当然也有学者采用单一模型（秦松松和董正英，2019；姚战琪，2020）或多模型（柳卸林和杨博旭，2020；陈大峰等，2020）进行研究，但数量不多，成果不丰富。

三、增强了对策建议适用性

在文献梳理、理论分析以及实证研究的基础上，对不同行业和不同集聚类型的产业集聚对城市创新的影响及其机制进行分析，有利于把握不同类别产业集聚影响城市创新的作用路径，针对具体集聚类别提出推动产业集聚促进城市创新提升，提高了政策建议的问题导向性，增强了政策建议的适用性。

第二章

相关概念与文献综述

本章对产业集聚与城市创新的概念及相关文献研究进行梳理，并对已有研究进行回顾性评述，具体包括以下内容（如图 2-1 所示）。首先，对产业集聚与城市创新的概念进行界定，一方面关注产业集聚概念定义、产业集聚的类别以及产业集聚机制的分析；另一方面关注城市创新的概念，城市创新相关概念辨析以及城市创新的特征。其次，从产业集聚对城市创

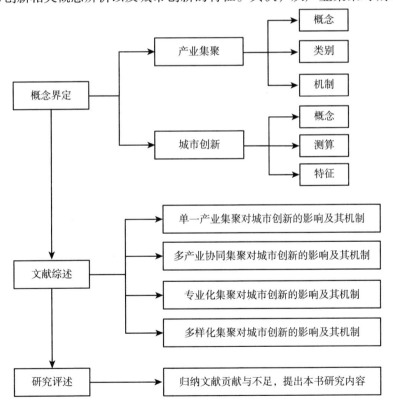

图 2-1　概念界定与文献评述脉络

新的影响及其机制入手进行文献梳理，具体包括单一产业集聚对城市创新的影响及其机制，多产业协同对城市创新的影响及其机制，专业化集聚对城市创新的影响及其机制以及多样化集聚对城市创新的影响及其机制。最后，对相关文献研究进行评述。

第一节　概念界定

一、产业集聚

（一）产业集聚的概念

产业集聚概念来源于"工业区位"理论，是指同一产业高度集中在特定地理区域，产业资本要素在空间范围内汇集的过程（马歇尔，2013）。克鲁格曼（Krugman，1991）认为产业集聚可以从"产业空间集聚"和"产业企业集聚"两个视角进行理解，前者强调产业发展所需要素在地理空间上的非均衡分布，而后者则更关心产业相关企业纵向或横向集中的现象。波特（Porter，1998）更倾向于从空间集聚的视角理解产业集聚的概念，指出产业集聚是经济活动在地理位置上高度集中的现象。王建刚和赵进（2001）将同类企业或同一产业链企业在地理空间上的集中称为产业集聚，魏后凯（2011）认为产业集聚是经济活动在地理位置上的集聚现象，是表征经济非平衡发展的指标。续亚萍和余会新（2014）以及陈国亮和陈建军（2018）认为企业间的相互关联性是产业集聚的典型特征，仅纵向或横向关联的企业在地理空间上的集聚才能成为产业集聚，而集聚的强度随着企业间关联性的增强而增强。

尽管各位学者对产业集聚的理解有所差异，但也有共同之处，本书认为产业集聚具有以下特点：第一，就产业集聚的本质特征来看，产业集聚是经济活动在地理空间位置上集中；第二，就产业集聚的主体构成来看，产业集聚通常以同类企业、组织和机构或上下游企业共同集聚为特征；第三，就产业集聚的主体关系来看，产业集聚中各类企业、组织和机构之间存在较强的联系，交流与互动频繁；第四，就产业集聚在经济社会发展的功能来看，产业集聚是经济不均衡发展的表征。综上所述，本书的产业集聚是指同类企业或上下游企业在城市空间集中现象，参与产业集聚的企业之间通常具有较强的联系，存在较强的协同互动效应。

（二）产业集聚的类别

随着产业集聚相关研究的深入，产业集聚的类别也越来越丰富。从单一产业来看，有制造业集聚（倪进峰和李华，2017）、生产性服务业集聚（原毅军和郭然，2018）、高新技术产业集聚（吕承超和商圆月，2017）、科技服务业集聚（朱文涛和顾乃华，2017）、文化产业集聚（郭新茹等，2019）、知识密集型服务业集聚（夏杰长等，2020）、风险投资业集聚（王晓红和张少鹏，2020）等；从多产业协同集聚来看，有制造业与生产性服务业集聚（陈子真等，2019）、科技服务业与高新技术产业协同集聚（黄晓琼和徐飞，2021）、制造业与知识密集型服务业协同集聚（姚战琪，2020）；从集聚类型来看，有多样化集聚（洪群联和辜胜阻，2016）、专业化集聚（柳卸林和杨博旭，2020）以及集聚类型演变方向（陈大峰等，2020）等。

为深入刻画产业集聚对城市创新的影响及其机制，并综合考虑数据可得性与一致性，本书最终选择制造业集聚和生产性服务业集聚作为单一集聚的代表行业，选择制造业与生产性服务业协同集聚作为多产业协同集聚的代表，选择多样化集聚、专业化集聚以及集聚类型演变方向作为集聚类型的代表。各类别产业集聚的含义如表 2 – 1 所示。

表 2 – 1　　　　　　　　　本书对产业集聚的分类

分类		含义
基于行业视角	制造业集聚	根据《国民经济行业分类（GB/T 4754 – 2011）》进行统计
	生产性服务业集聚	包括交通运输、仓储和邮政服务业；租赁和商务服务业；金融业；信息传输、计算机服务和软件业；科学研究、技术服务和地质勘查业
	制造业与生产服务业协同集聚	借鉴陈国亮和陈建军（2012）、杨仁发（2013）的相关研究，综合考虑数据可得性与本书研究目标，选择区位熵相对差异指数法对样本城市的制造业与生产性服务业协同集聚水平进行测算

分类		含义
基于集聚类型视角	专业集聚	参考陈大峰等（2020）的相关研究，产业专业化集聚是指同一产业在某一特定区域内出现大量聚集，表现为同一产业的企业和劳动力向这一区域聚集
	多样化集聚	参考柳卸林和杨博旭（2020）的相关研究，产业多样化集聚是指不同产业在某一特定区域内聚集，通过产业间交流与合作进而产生知识外部性
	集聚类型演进方向	参考陈长石等（2019）的相关研究，用多样化集聚与专业化集聚比值表示。当该值变大时，表示该城市向多样化集聚方向发展；当该值变小时，表示该城市向专业化集聚方向发展

（三）产业集聚的动力

自从产业集聚概念被提出来以后，越来越多的学者开始探索"产业集聚为什么会发生"这一问题的答案。在产业集聚形成初期，企业等行为主体为追求"规模经济"一方面通过扩大产量实现成本降低，另一方面通过产业内外相关企业的联系降低外部交易成本，随着成本的降低，越来越多的企业集聚从事生产经营活动，产业集聚开始形成。但是，企业内外部成本不会无止境的持续下去，随着企业自身规模的扩大和企业数量的增加，"规模不经济"逐步显现，成为阻碍产业继续集聚的力量，如果"规模不经济"长期存在，则产业集聚有可能消亡。因此，产业集聚是"规模经济"和"规模不经济"相互作用下的动态平衡，因此，可以将"规模经济"产生的力量称为产业集聚的向心力，而将"规模不经济"产生的力量称为产业集聚的离心力。

1. 产业集聚的向心力

一般认为产业集聚的外部效应、产业关联效应和知识溢出效应是促进产业集聚形成发展的向心力。第一，马歇尔最早从产业集聚的外部效应方面对产业集聚的形成进行经济学解释，他指出产业集聚形成的市场共享有助于降低企业对所需商品搜索匹配成本、产业集聚催生的中间投入品市场有利于提高产业专业化水平以及技术工人频繁交流有利于新技术的产生，而这三个方面正是促进产业集聚形成发展的关键向心力（陈国亮，2010）。

第二，新经济地理学认为规模经济和产业关联效应是产业集聚关键向心力，后向关联和前向关联是产业关联的主要形式，无论是何种产业关联形式，规模经济都是相关企业生产布局的关键，因此企业倾向于在临近地区进行建厂生产，以同时满足规模报酬递增和节约运输贸易成本的目的（Krugman，1991）。如此循环积累，企业和劳动力向集聚区迁移的趋势呈现自我强化特征（陈国亮，2010）。第三，罗默（Romer，1986）提出知识溢出效应是促进产业集聚形成发展的关键向心力，他指出：由于地理上的临近性，具有各种不同技能的劳动力在频繁的接触和交流中产生了知识外溢，而这一效应正是促进经济增长的重要力量。但周扬明（2006）认为，与思想发源地距离越远，人们进行交流沟通的成本就会越大，然而产业集聚改变了这一情况，拉近的地理距离促进了人们"面对面"的交流。

2. 产业集聚的离心力

一般认为，运输成本、非流动要素和集聚经济的空间边界是阻碍产业集聚发展的离心力。第一，从理论视角来看，运输成本毫无疑问是影响产业集聚的关键因素。较短的运输距离往往带来较低的运输成本，此时有利于企业生产成本的降低，从而能够促使产业集聚的形成，随着运输距离的增长，运输成本倾向于增加，产业集聚形成力逐渐降低，分散力迅速增加，当运输距离超过某临界水平时，产业集聚带来的成本降低已经无法弥补生产成本的降低，此时产业集聚难以形成。第二，非流动要素（非熟练劳动力、外来能源以及原材料供给）的存在降低了产业集聚的预期收益和实际收益，故当产业集聚需求更多非流动要素时，产业集聚的稳定性和持续发展能力将受到显著影响。第三，产业集聚的经济性随空间距离的增加而降低，同时产业间的关联效应也同步衰减，因此集聚经济的空间越大，产业集聚的稳定性越差。随着地理距离增加，企业运输成本不断上升，最终超越产业集聚经济性的临界点，导致产业集聚难以形成。当超过这一临界点时，产业集聚对任何企业以及生产要素都将失去吸引力，如果该临界点过小，则产业集聚的发展空间将受到明显制约。

二、城市创新

(一) 城市创新的概念

1. 创新

熊彼特最早从技术与经济结合的角度，提出了创新是推动经济增长的本质力量。他将创新看作一种新的生产函数，并将企业家作为该生产函数的重要因素。他认为正是这种包含企业家"新组合"的生产函数推动经济不断增长。熊彼特认为新产品、新方法、新市场、新原料以及新组织是创新的五种形式。同时，他还概括了创新的特点，包括创新的内生性、创新的革命性、创新的更替性、创新的价值创造性以及创新的企业家执行性五种特点。

学术界在熊彼特创新理论基础上开展了进一步的研究，使创新的经济学研究日益精致和专门化，形成关于创新理论的经济学理解。经济合作与发展组织（2005）指出创新包括产品创新、技术创新、市场创新、资源配置创新以及制度创新或组织创新等方面，而无论哪种形式的创新都需要对原有产品、技术、市场或制度组织等方面有显著改进。卡里诺和科尔（Carlino and Kerr，2015）则更强调创新的价值创造属性，这是创新不同于发明的特征属性，有价值创造的创新才能增加社会福利，并有利于推动区域经济增长。福尔曼等（Forman et al.，2016）从有形创新和无形创新的视角理解创新的概念，前者指新产品、新技术或新方法等具有可视形态的创新，而后者则表示新理念或新思想等形式的创新。叶振宇（2018）从区域创新资源配置的视角，提出创新实现了科学知识向新技术的变革，由此产生的新产品、新服务或新工艺，在一定程度上实现了创新资源配置效率的提升以及效果的改善。

2. 城市创新

城市创新的概念是由"城市"和"创新"两个概念组成的。其中，创新的基本含义来源于上面对创新概念的解析，在本书中创新更强调创新的价值和创造属性；城市是一个行政区域的概念，在本书中城市指地级及以上城市，不包含县级市或自治县等行政区域。当前，有关城市创新的内涵多沿用区域创新的表征方法，总体来看有三种：一是将创新资源投入视作城市创新，主要包括创新活动的资金投入，通常包括企业 R&D 资金以及政府科技预算支出；二是将创新中间产品视为城市创新，主要包括城市各类主体的专利发明申请数量或专利申请获得授权数量等；三是将企业最终产品视为城市创新，主要包括企业新产品的产值、企业新产品的增加值或者企业新商标申请数量等。从本质上来看，上述指标均是绝对数值指标，它们往往和城市的基本特征有一定关联性。

此外，也有部分科研机构或学者利用相对指标对区域创新/城市创新进行刻画，包括我国科学技术发展战略研究院发布的《我国区域科技创新评价报告（2020）》[①]，北京大学发布的《我国城市创新创业指数（2020）》[②]、我国城市创新能力科学评价课题组发布的《我国城市创新报告（2019）》[③]、首都科技发展战略研究院和我国社会科学院城市与竞争力研究中心联合发布《我国城市科技创新发展报告（2017—2020）》[④] 以及复旦大学发布的《中国城市和产业创新力报告（2017）》[⑤] 等。学者通常搜集多维指标数据，再构建区域创新或城市创新评级指标体系，最后再根据区域或城市的评分进行排序，获得对区域或城市创新的评价。

（二）城市创新的测算

由于对城市创新概念的理解角度不同，已有文献也常常使用城市创新能力、城市创新产出、城市创新水平或城市创新绩效来表示城市创新。考虑到上述概念在测度方法上极为相似，本书汇总上述测算方法，作为城市创新的测算方法。

---

① 《2020 我国区域创新能力评价报告》发布，https：//kepu. gmw. cn/2020 – 11/17/content_34373981. htm。

② Xiaobo Zhang, China Innovation and Entrepreneurship Index. 2019, Peking University Open Research Data Platform.

③ 《我国城市创新报告 2019》发布，https：//baijiahao. baidu. com/s?id = 165007887594420 6829&wfr = spider&for = pc。

④ 《我国城市科技创新发展报告 2020》发布，http：//www. ce. cn/xwzx/gnsz/gdxw/202101/27/t20210127_36264503. shtml。

⑤ 寇宗来和刘学悦. 我国城市和产业创新力报告，复旦大学产业发展研究中心，2017。

第一，使用唯一指标作为城市创新代理变量，如朱有为等（2006）使用的新产品销售收入数据，吴延兵（2008）使用的新产品开发项目数，程文和张建华（2018）使用的研发投入指标，王立勇和唐升（2020）、徐丹和于渤（2021）使用的发明专利申请数量指标以及范柏乃等（2020）使用的专利授权量，都是使用唯一指标作为城市创新代理变量的典型文献。

第二，使用多指标作为城市创新代理变量，如薛宏刚等（2021）使用万人发明专利拥有量和科研活动经费内部支出两个指标，刘冠辰等（2021）使用发明专利授权量和基于超越对数生产函数的创新效率两个指标。

第三，使用复合指标体系作为城市创新代理变量，如王春杨等（2020）使用《我国城市和产业创新力报告》中的测算指标，黄凌云和张宽（2021）以综合类创新指数作为创新能力代理指标。

考虑到专利数量的易得性、客观性和非经济指标特征，本书最终选择专利数量衡量城市创新。具体包括当年城市专利申请数量和当年城市获得授权数量两个指标，前者反映了城市创新的投入水平和活跃程度，而后者则反映城市创新的质量和水平。

（三）城市创新的特征

1. 城市创新的地域差异性

盛克勤（2017）指出，城市创新具有典型的区域特征，现有的理论和大量实证研究表明，创新活动具有明显的区域性特征，即创新活动在地理空间上存在明显的偏好。这是由于不同城市的创新资源、人力资本、经济基础、创新文化以及创新环境的不同造成的，进而造成不同地区的城市创新表现出不均衡性、差异性和多样性的特点。在推动城市创新活动方面，不同城市往往依据自身特点选择创新模式、创新重点、创新目标以及创新政策等创新相关要素，从而造成不同城市空间的创新投入以及创新成果的差异。

2. 城市创新的主体多元性

城市创新体系是在城市空间内与创新活动相关的不同类型的创新主体组成，一般而言，城市空间范围内的政府部门、企业组织、高等院校、科研机构以及各类创新中介组织共同构成了多元化的城市创新主体。通常情况下，城市创新活动以企业科研部门的创新为主，但也不能仅依赖企业自身进行，还需要企业外部的其他主体共同参与。这些创新主体在城市创新体系中承担不同的角色，企业科研部门、高等院校以及科研机构为创新活动提供必要的知识技术与人力资本，政府和金融部门为创新活动提供必要的政策与资金支持，而中介组织通常为城市创新活动提供必要的信息资源。不同城市创新主体在城市空间内借助各种渠道相互联系与交流，又形成更为复杂的网状合作形态，从而促使城市创新得以不断提高。因此，多元化的城市创新主体是实现城市创新的重要基础，创建功能完善的多元化创新主体是保障城市创新活动正常运行的现实基础。

3. 城市创新的协同性

城市创新是城市空间内所有创新主体创新活动的加总。李琳等（2013）指出，城市创新活动具有主体协同的特征，创新成果的高低与多少往往依赖政府部门、企业组织、高等院校、科研机构以及各类创新中介组织协同合作的结果。当城市内各类主体彼此信任时，通常能增加各类主体间的互动与交流，提升创新主体创新协同性，降低城市创新的风险性，提高城市创新资源的利用效率，有利于激发创新主体活力，发挥各类创新主体优势，从而提高城市创新的效率和效果。此外，创新活动也是社会分工的一种表现形式，各创新主体均在创新过程中承担了不同的创新分工，它们之间的协同效果的形成也依赖时间与空间的积累及延续。

第二节　文献综述

一、单一产业集聚与城市创新

（一）高新技术产业集聚与城市创新

高新技术产业集聚对城市创新有显著影响并具有地区或行业异质性。朱东旦等（2021）认为，高新技术产业集聚的水平的提升对区域创新有积极的促进作用。吕承超和商圆月（2017）发现，航空航天器制造业对区域创新产出具有显著负向空间溢出效应，而电子及通信设备制造业对区域创新产出的区域内空间溢出效应显著为负，而区域间空间溢出效应显著为正。吉尔伯特等（Gilbert et al.，2008）提出当高新技术产业跨越门限值后将不再显著影响区域创新，熊璞和李超民（2020）认为高新技术产业集聚对区域创新的影响存在显著单一门限效应，当高新技术产业集聚水平未跨越 0.8500 时，其对区域创新有显著正向影响，当高新技术产业集聚水平跨越 0.8500 后，其对区域创新有显著负向影响。焦百强等（2016）认为高新技术产业集聚与区域创新之间存在显著倒"U"型非线性关系，熊励和蔡雪莲（2021）发现，高新技术产业集聚与城市创新之间存在倒"N"型的非线性影响，对不同城市异质性的研究发现，经济发展水平较高城市的高新技术产业集聚对城市创新的促进作用远高于经济发展水平较低的城市。张可（2019）发现，高新技术产业集聚带来的知识溢出效应和规模经济效应，有利于区域创新水平的提高，而区域创新水平提高知识技术的空间溢出效应推动产业集聚水平的提升。对具体高新技术行业的分析发现，高新技术产业集聚与区域创新的相互影响存在显著的行业差异和地区差异。

中介效应是高新技术产业集聚影响城市创新的主要机制。闫丽等（Yan et al.，2017）认为区域人均专利拥有量是高新技术产业影响区域创新的中介变量；谢臻和卜伟（2018）构建门限效应模型，考察了专利保护是否对高新技术产业集聚影响区域创新的效应具有显著影响，结果发现，专利保护对高新技术产业集聚影响区域创新的效应具有显著的调节作用，当专利保护水平较高时，高新技术产业集聚对区域创新的促进效应较大，而当专利保护水平较低时，除模仿创新地区外，高新技术产业集聚对区域创新的促进效应较低。张涵（2019）基于多维邻近视角对高新技术产业集聚影响区域创新的机制进行分析，结果发现，高新技术产业集聚对区域研发创新和转化创新都具有显著的正向空间效应，而高新产业集聚水平越高，其对研发创新的促进作用就越强，进而对区域创新的影响也越显著。杨浩昌等（2020）利用 SGMM 方法和中介效应模型对高新技术产业集聚影响绿色技术创新绩效的机制进行分析，结果发现，高新技术产业集聚对绿色技术创新绩效有显著的正向影响，具体而言，高新技术产业集聚通过改善绿色技术创新并提高绿色生产效应，进而促进绿色技术创新绩效的提升，而分地区的研究发现上述结论有显著的地区异质性。

（二）科技服务业集聚与城市创新

科技服务业①集聚对城市创新存在非线性影响及显著负向空间效应。弗朗西斯科等（Francisco et al.，2011）认为知识密集型科技服务业集聚促进了区域创新的提高和空间扩散效应。姜伟和周丹（Jiang and Zhou，2016）的研究也发现知识密集型科技服务业集聚对制造业技术创新具有显著促进作用。朱文涛和顾乃华（2017）利用空间杜宾模型，分析了科技服务业集聚对区域创新能力的影响及其机制，结果发现，科技服务业集聚对区域创新能力有显著正向影响，考虑空间效应后，科技服务业集聚对周边地区的创新能力有显著负向影响；在影响机制研究方面，笔者发现空间溢出效应和区域竞争关系是科技服务业集聚影响区域创新能力的渠道。秦松松和董正英（2019）利用省级面板数据对不同集聚类型的科技服务业集聚影响区域创新的空间效应进行分析，结果发现，科技服务业专业化集聚对本地区域创新产出有显著负向影响，而对周边地区创新产出有显著正向影响；科技服务业多样化集聚对本地区域创新产出有显著正向向影响，而对周边地区创新产出有显著负向影响；对地区异质性的研究发现，在东部和中部地区，多样化科技服务业集聚对区域创新产出有显著正向影响，而在西部地区，专业化科技服务业集聚对区域创新产出有显著正向影响。曹允春和王尹君（2020）利用门限效应模型和空间效应模型对科技服务业集聚影响区域创新的门限效应和空间效应进行实证分析，结果发现，科技服务业集聚对区域创新存在显著的"U"型影响关系，只有科技服务业集聚水平跨越门限值后，其对区域创新才具有显著正向影响。笔者还发现科技服

---

① 科技服务业是指运用现代科技知识、现代技术和分析研究方法，以及经验、信息等要素向社会提供智力服务的新兴产业，主要包括科学研究、专业技术服务、技术推广、科技信息交流、科技培训、技术咨询、技术孵化、技术市场、知识产权服务、科技评估和科技鉴证等活动。中国政府网，加快发展科技服务业撬起创新驱动的杠杆，http://www.gov.cn/xinwen/2014-08/20/content_2737719.htm。

务业集聚对周边地区创新有显著的倒"U"型空间效应，只有本地科技服务业集聚水平没有跨越门限值时，其对周边地区创新才具有显著正向影响，而当本地科技服务业集聚水平跨越门限值后，其对周边地区产生"虹吸效应"，对周边区域创新有显著负向影响。

（三）制造业集聚与城市创新

不少学者发现制造业集聚对城市创新存在显著正向影响，但也有少数学者发现二者存在显著负向影响关系。倪进峰和李华（2017）利用省级面板数据讨论了产业集聚、人力资本和区域创新能力之间的链式关系，结果发现，制造业集聚与人力资本有显著互动效应，在人力资本调节作用下，制造业集聚对区域创新能力有显著正向影响。原毅军和郭然（2018）基于产业集聚外部性讨论了制造业集聚对技术创新的作用机制，结果发现，制造业集聚对技术创新有显著的倒"U"型关系，对地区异质性的分析发现，中西部地区制造业集聚对技术创新的影响处于倒"U"型的左侧，而东北地区制造业集聚对技术创新的影响处于倒"U"型的右侧。杜爽等（2018）以京津冀城市群和长三角城市圈为例，实证分析了产业集聚对区域技术创新能力的影响，结果发现，两大城市群的制造业集聚对区域技术创新能力都有显著正向影响，但其影响程度和路径方面也存在显著差异。楚应敬和周阳敏（2020）利用经典面板数据回归模型和面板空间计量模型，实证分析了制造业集聚对创新产出的影响，结果发现制造业集聚对创新产出有显著的负向影响，进一步的空间效应研究发现，制造业集聚对创新产出有显著的正向空间效应。

有学者发现调节效应与门限效应是制造业集聚影响城市创新的关键机制。赵青霞等（2019）将科技人才集聚纳入制造业集聚影响区域创新能力的实证分析框架，结果发现，制造业集聚与科技人才集聚之间有显著交互效应，科技人才集聚在制造业集聚显著正向影响区域创新能力方面有积极的促进作用。姚战琪（2020）将研发资本纳入产业集聚对区域创新的分析框架，利用门限效应模型和动态面板模型进行实证分析，结果发现，制造业集聚对区域创新有显著空间溢出效应，当研发资本跨越门限值后，制造业集聚对区域创新产生显著正向影响，随着研发资本的持续提高，制造业集聚对发明专利和专利获得授权数量的促进作用更为明显，但对外观专利获得授权数量的影响逐渐减弱。

（四）生产性服务业集聚与城市创新

多数学者关注生产性服务业集聚对城市创新的影响。如埃斯瓦兰和科特瓦尔（Eswaran and Kotwal, 2011）认为制造业集聚有利于改善城市基础设施条件，促进创新要素流动，从而有利于城市创新水平的提升。倪进峰和李华（2017）利用省级面板数据讨论了产业集聚、人力资本和区域创新能力之间的链式关系，结果发现，生产性服务业集聚对区域创新能力没有显著影响。原毅军和郭然（2018）基于产业集聚外部性讨论了生产性服务业集聚对技术创新的作用机制，结果发现，生产性服务业集聚对技术创新有显著正向影响，在地区异质性方面，东部地区的高端生产性服务业集聚对技术创新有显著正向影响，中西部地区的低端生产性服务业集聚对技术创新具有显著正向影响。陈恩和王惟（2019）以广东省 21 个地级市为例，实证分析了生产性服务业集聚对城市创新的影响，结果发现，生产性服务业集聚对城市创新有显著正向影响，人力资本不是生产性服务业集聚影响城市创新的调节变量，在地区异质性方面，珠三角地区的生产性服务业集聚对城市创新的促进作用比粤东西北地区更显著。杨仁发和包佳敏（2019）以 262 个地级及以上城市为例，实证分析了生产线服务业集聚类型对城市创新的影响，结果发现，中西部地区的生产性服务业专业化集聚对城市创新有显著正向影响，而东部地区的生产性服务业多样化集聚对城市创新有显著正向影响。王鹏和李军花（2020）以七大城市群 127 个城市为例，实证分析了生产性服务业集聚类型对城市创新的影响，结果发现，本地及周边城市生产性服务业集聚对城市创新的影响有显著影响，生产性服务业多样化集聚对城市创新的影响更加显著。

少数学者对生产性服务业集聚影响城市创新的机制进行分析。如赵青霞等（2019）将科技人才集聚纳入生产性服务业集聚影响区域创新能力的实证分析框架，结果发现，生产性服务业集聚与科技人才集聚之间有显著交互效应，科技人才集聚在生产性服务业集聚显著正向影响区域创新能力方面有积极的促进作用。吴敬伟和江静（2021）利用调节效应模型和门限效应模型实证分析了生产性服务业集聚对区域技术创新的影响，结果发现，生产性服务业集聚对区域技术创新存在显著正向影响，但当生产性服务业集聚跨越特定门限值后，其对区域技术创新有显著负向影响。

（五）其他行业产业集聚与城市创新

也有不少学者对其他行业集聚对城市创新的影响及其机制进行分析。如郭新茹等（2019）利用空间计量分析模型实证分析了文化产业集聚对区域创新能力的影响，结果发现，本地及周边地区文化产业集聚对本地区域创新能力有显著正向影响，从具体行业来看，文化批发和零售业对区域创新的影响较强，而文化制造业集聚对区域创新能力的影响较弱。夏杰长等（2020）利用空间计量模型实证分析了知识密集型服务业集聚对区域创新的影响，结果发现，知识密集型服务业集聚对区域创新有显著正向影响，但知识密集型服务业集聚对区域创新没有显著的空间溢出效应，其对周边地区区域创新没有显著影响。王晓红等（2020）采用动态和静态广义空间计量模型，实证分析了风险投资业集聚对高新技术产业创新的影响，结果发现，风险投资业集聚对高新技术业创新有显著倒"U"型影响，其中产学知识流动是二者关系的中介效应，而区域关系导向则对二者关系具有正向调节作用。李拓晨等（2021）对医药制造业集聚与创新绩效的门限效应进行实证研究，结果发现，医药制造业集聚对创新绩效有显著非线性关系，其中医药制造业专业化集聚对创新绩效的影响在人力资本高度错配地区、中度错配地区与低度错配地区有显著差异。

二、多产业协同集聚与城市创新

不少学者实证检验了产业协同集聚对城市创新的影响。如陈子真等（2019）对制造业与生产性服务业协同集聚影响区域创新的空间效应进行实证分析，结果发现，制造业与生产性服务业协同集聚对本地区域创新有显著正向影响，而对周边地区区域创新则有显著"U"形影响。具体来看，基础性制造业与生产性服务业协同集聚对周边地区有显著负向影响，而支持性制造业与生产性服务业协同集聚对本地以及周边地区区域创新有显著正向影响。汤长安和张丽家（2020）利用 ESDA 方法和空间计量模型实证分析了制造业与生产性服务业协同集聚对区域技术创新影响的空间效应，结果发现，制造业与生产性服务业协同集聚在东部、中部和西部呈现三级阶梯分布，区域技术创新具有明显的"核心—外围"空间分布特征，制造业与生产性服务业协同集聚对区域技术创新有显著的正向空间溢出效应。黄晓琼和徐飞（2021）对科技服务业与高新技术产业协同集聚影响企业创新进行实证研究，结果发现，科技服务业与高新技术产业协同集聚对企业技术创新有显著的倒"U"型影响，而科技服务业集聚的提高有利于二者协同集聚对企业创新正向影响水平的提高。

也有学者关注产业协同集聚对城市创新的影响机制分析。如弗兰克（Frank，2004）认为产业协同集聚水平的提高有利于不同行业间人员的交流，特别是面对面交流，能够促进企业间知识技术的流动与再创新。张萃（Zhang，2016）认为当制造业与生产性服务业协同集聚时，能够创新生态环境，有利于企业降低获取资源的成本并帮助企业降低风险，有利于稳定创新收益的形成。倪进峰和李华（2017）发现，制造业与生产性协同集聚存在显著的人力资本门限效应，当人力资本跨越 0.0886 的门限值后，制造业与生产性服务业协同集聚对区域创新有显著正向影响，而当人力资本未跨越 0.0886 的门限值时，制造业与生产性服务业协同集聚对区域创新有显著负向影响。刘胜等（2019）发现，制造业与生产性服务业协同集聚对企业技术创新有显著正向影响，而交易成本结构等因素是影响制造业与生产性服务业协同集聚与企业技术创新的中介变量，胡绪华和陈默（2019）发现，制造业与生产性服务业协同集聚比单一产业集聚对区域绿色创新的影响更显著，在跨越人力资本门限后，制造业与生产性服务业协同集聚对区域绿色创新的影响程度显著提高。赵青霞等（2019）发现，制造业与生产性服务业协同集聚对区域创新能力有显著负向影响，科技人才集聚是二者协同集聚影响区域创新能力的门限变量，当科技人才集聚跨越 0.2543 门限值后，制造业与生产性服务业协同集聚对区域创新能力有显著正向影响，否则，制造业与生产性服务业协同集聚对区域创新能力有显著负向影响。姚战琪（2020）发现，当研发资本存量跨越门限值后，制造业与知识密集型服务业协同集聚对发明专利和专利获得授权数量有显著正向影响；但随着研发资本存量的增加，制造业与知识密集型服务业协同集聚对区域创新的影响呈现出异质性的特征。郝凤霞等（2021）认为制造业与知识密集型服务业协同集聚对区域创新有显著正向影响，产业结构合理化是制造业与知识密集型服务业协同集聚与区域创新关系的负向中介变量。

三、专业化集聚与城市创新

不少学者发现专业化集聚对城市创新有显著正向影响。如鲁伊和彼得（1998）的分析表明，产业专业化集聚对区域创新具有显著地促进作用。王文翌和安同良（2014）基于我国制造业上市公司的考察结果显示，专业化集聚产生的知识溢出对于企业创新具有显著的正向影响。赫西和李志贤（2014）认为专业化集聚带来的网络外部性，增加了参与集聚的企业的数量，从而有利于区域创新水平的提高。李习保（2015）认为专业化集聚使交易成本降低，也在一定程度上促进了区域创新要素的集聚，从而推动区域创新水平的提高。吕承超和商圆月（2017）发现，电子及通信设备制造业的专业化集聚对区域创新产出有显著正向影响。柳卸林和杨博旭（2020）发现，本地以及周边地区产业专业化集聚对本地区域创新绩效有显著正向影响。陈大峰等（2020）将城市人口规模纳入产业集聚类型影响城市创新的分析框架中，实证结果发现，专业化集聚对城市创新存在显著的正向促进作用，城市人口规模显著抑制专业化集聚对城市创新的促进作用。黎欣（2021）发现，专业化集聚对区域创新有显著正向空间溢出效应。在地区异质性方面，东部和西部地区的专业化集聚对区域创新有显著正向影响，而在其他地区产业集聚类型对区域创新没有显著影响。

也有学者发现专业化集聚对城市创新有显著负向影响。如洪群联和辜胜阻（2016）以高新技术产业为例，实证分析了专业化集聚对区域创新绩效的影响，结果发现，高新技术产业的专业化集聚对区域创新有显著负向影响。王春晖（2017）基于新经济地理学研究框架，实证分析了产业集聚类型对区域创新水平的影响，结果发现，专业化集聚对区域创新水平有显著负向影响。张彩江等（2017）实证分析发现，专业化集聚对高新技术产业区域创新活动有显著负向影响。还有学者发现专业化集聚对城市创新的影响更为复杂。张秋燕和齐亚伟（2016）利用面板门限模型，实证分析了专业化集聚对区域创新能力的影响，结果发现，专业化集聚对区域创新的影响存在显著的地区规模异质性，当地区规模较小时，专业化集聚对区域创新能力有显著正向影响，当地区规模增大时，专业化集聚对区域创新能力有显著倒"U"型关系。

四、多样化集聚与城市创新

不少学者发现多样化集聚对城市创新有显著正向影响。如王元地等（2016）以 2001～2011 年我国 30 个省份为例，讨论了产业多样化集聚对区域创新能力的影响，结果发现，产业多样化集聚对区域创新能力有显著正向影响。洪群联和辜胜阻（2016）、吕承超（2016）和张彩江等（2017）等学者发现高新技术产业的多样化集聚对区域创新有显著正向影响。张秋燕和齐亚伟（2016）认为多样化集聚对区域创新的影响存在显著的地区规模异质性，当地区规模较小时，多样化集聚对区域创新能力有显著正向影响，当地区规模增大时，多样化集聚对区域创新的正向影响逐渐减弱。王春晖（2017）基于新经济地理学研究框架的实证分析发现，多样化集聚对区域创新水平有显著正向影响，同时发现区域开放程度是决定地区多样化集聚还是专业化集聚的重要因素。

也有学者发现多样化集聚对城市创新有显著负向影响。如吕承超和商圆月（2017）发现，高新技术产业多样化集聚对本地以及周边地区区域创新产出有显著负向影响，在行业细分方面，电子及通信设备制造业的多样化集聚对区域创新产出有显著负向影响。柳卸林和杨博旭（2020）分析了我国情景下，多元化和专业化集聚对区域创新绩效的影响机制，结果发现，周边地区产业多元化对本地区域创新绩效有显著负向影响。黎欣（2021）实证检验了产业集聚类型与知识产权保护的协同创新效应，结果发现，多样化集聚对区域创新有显著负向空间溢出效应。

还有学者关注多样化集聚对城市创新影响的机制分析。如王春雷等（2014）认为多样化集聚能够形成创新要素集聚池，从而有利于不同产业人员进行知识技术交流。王元地等（2016）认为 R&D 投入和地区开放水平调节了产业多样化集聚对区域创新能力的影响。大卫（David，2018）发现多样化集聚提高了创新资源的互补性，从而有利于区域创新水平的提高。柳卸林和杨博旭（2020）提出，R&D 投入强化了产业多元化集聚对区域创新绩效的正向影响，而 FDI 则削弱了产业多元化集聚对区域创新绩效的正向影响。陈大峰等（2020）将城市人口规模纳入产业集聚类型影响城市创新的分析框架中，实证结果发现，多样化集聚与城市创新的关系呈倒"U"型关系，在多样化集聚拐点的左侧，城市人口规模扩张强化了多样化集聚对城市创新的促进作用，在拐点的右侧，城市人口规模则强化了多样化集聚对城市创新的负向影响。黎欣（2021）实证检验了产业集聚类型与知识产权保护的协同创新效应的机制，结果发现，当产业集聚创新溢出尚未产生时，低水平的知识产权保护有利于集聚创新发展；当产业集聚创新溢出产生时，低水平的知识产权保护抑制了集聚创新溢出。

第三节　相关研究评述

既有文献从不同视角讨论了产业集聚对城市创新影响及其机制，通过构建计量模型实证检验了产业集聚是否显著影响城市创新以及作用的方向和程度，并对二者作用机制进行探索分析。这对于本书理解二者关系及其作用机理具有重要意义，也为研究的开展提供了基础。但已有文献仍面临以下不足。

1. 产业集聚对城市创新的影响及其机制还需要深入研究

已有文献中有关产业集聚与城市创新的研究成果还不多，大部分研究者仍然沿袭产业集聚与区域创新的研究思路和方法，未来的研究不能仅仅借鉴产业集聚与区域创新的相关研究成果，还应充分考虑城市创新的自身特征，才能获得针对城市创新的研究成果。本书认为应从以下几个方面强化产业集聚对城市创新影响的分析：一是利用面板数据模型对产业集聚影响城市创新进行再检验；二是利用门限效应模型或高次幂模型对产业集聚影响城市创新的非线性关系进行检验；三是利用空间计量模型对产业集聚影响成果创新的空间效应进行检验。同时，还应深化产业集聚对城市创新影响机制的研究：一是利用中介效应模型，考察是否存在第三变量是产业集聚影响城市创新的中介变量；二是利用调节效应模型，考察是否存在第三变量，当其取值不同时，产业集聚对城市创新的影响有所差异。

2. 不同行业和不同集聚类型的产业集聚对城市创新的影响还需要系统研究

已有文献中，针对某一产业集聚对城市创新影响的研究成果较为丰富，但有关多产业协同、专业化集聚以及多样化集聚对城市创新的研究还处于探索阶段。虽然已经有学者关注到多产业协同、专业化集聚和多样化集聚对城市创新有显著不同影响，但对二者影响机制的分析尚不充分。本书认为，未来的研究应充分考虑不同行业及不同集聚类型对城市创新的影响，具体包括：一是关注单一行业产业集聚对城市创新的影响及其机制分析；二是关注多产业协同集聚对城市创新的影响及其机制分析；三是关注专业化集聚对城市创新的影响及其机制分析；四是关注多样化集聚对城市创新的影响及其机制分析。

3. 产业集聚对城市创新影响的空间效应还需要适当拓展

有关产业集聚对区域（城市）创新影响的相关研究均已表明，产业集聚的空间效应不应被忽视。任何对城市创新有所影响的因素既可能来自城市自身，也可能来自其相邻城市，不应忽视城市间空间地理位置的影响，如果假设个城市之间为相互独立的，则不符合城市发展的实际情况，也不能真实反映产业集聚对城市创新的影响。本书认为，后续研究中应将空间地理因素纳入产业集聚影响城市创新的分析框架中，一方面实证检验产业集聚对城市创新影响的空间效应，另一方面也应关注不同地区的产业集聚对城市创新空间效应的异质性。

第三章

理论基础与理论模型

第一节　理论基础

一、产业集聚相关理论

（一）产业区位理论

产业区位理论最早对产业集聚形成的原因进行理论阐述，该理论是1920 年英国经济学家马歇尔提出的。他认为规模经济是推动产业集聚形成的主要动力，当产业集聚形成后，集聚企业普遍能在集聚规模经济中获益。具体来看产业集聚带来了三个方面的规模经济：一是劳动力供给规模经济，产业集聚带来的企业集聚将形成对产业工人的"需求池"，这为产业工人提供了更多的就业机会，必将吸引更多产业工人，由此形成产业工人的"供给池"，这有利于降低产业工人的失业率，同时能够为企业提供优质的劳动供给；二是相关产业链企业的规模经济，纵向来看，产业集聚有利于上下游企业形成规模经济，这是因为同类企业的增加提高了对上下游企业的需求，能够吸引更多上下游企业参与集聚，而上下游企业的增加又反过来推动中间企业数量或产量的增加，由此形成的高需求则有利于容纳更多上下游企业；三是技术创新的规模经济，产业集聚增加了企业的类型，而不同类型企业间的交易往往能够促进技术创新的实现，同时，由于地理位置的临近，又加快了企业间知识技术的流动，从而有利于技术创新的加快。一般称马歇尔对集聚成因的阐述为"马歇尔集聚"，该理论关注产业集聚的规模经济，对后续产业集聚相关理论具有重要影响。

（二）工业区位理论

在"马歇尔集聚"基础上，德国经济学家韦伯发展了工业区位理论。该理论从更加广阔的视角对产业集聚形成动力进行阐述，特别是对企业最佳选址的影响因素和机制进行阐述。韦伯认为运输成本、劳动力成本以及集聚经济是影响企业最佳选址的关键因素，也是推动产业集聚形成的决定力量（何盛明，1990）。具体而言：一是企业运输费用节约，这是由于产业集聚提高了特定地理空间中企业的数量，而企业空间地理位置的临近对降低企业运输成本具有积极意义，而企业也倾向于选择低运费的地区建厂；二是劳动力成本节约，这与马歇尔集聚类似，企业数量的增加提高了对产业工人的需求，而劳动力的集聚也提高了产业工人的供给，这有利于劳动力成本节约，吸引企业到此建厂；三是集聚经济效应，产业集聚的形成是集聚向心力和集聚离心力共同作用的结果，集聚向心力方面包括企业规模扩大带来的生产集中，而集聚离心力方面，包括企业过度集中带来的拥挤效应。该理论阐明了产业集聚以及企业最佳选址的基本动因，提出产业集聚是自下而上推动形成的，但对产业集聚机制的阐述不足。

（三）增长极理论

法国经济学家佩罗（Perroux，1950）最早提出了增长极理论，该理论被认为是区域经济中研究非平衡发展的基础理论。佩罗指出，一个国家或地区均衡发展在现实中是不存在的，经济增长通常从一个或几个增长点开始，进而向其他地区或部门传导，并最终对国家或地区整体经济发展产生不同影响。具体来看：一是经济空间是由不同经济单元组成的，经济增长表现为不同经济单元之间的相互关系；二是技术创新是经济发展的根本动力，而技术创新不会同时在经济单元发生，那些规模较大的经济单元更容易出现技术创新，进而先发生经济增长，此成为增长极；三是增长极出现后，由此产生的技术创新将在经济空间中进行传导，进而推动其他经济单元经济增长。美国经济学家盖尔在研究了各种增长极观点后，指出"扩散—回流"效应是影响经济空间各单元经济增长的关键因素，如果增长是从增长极向其他单元传导，则是扩散效应，否则为回流效应（吴林海等，2000）。

（四） 中心—外围理论

在增长极理论基础上，克鲁格曼（1958）进一步提出了"中心—外围"理论，其中，中心区域是劳动力、资本、技术等经济增长要素主要集聚地，而外围区域则是上述要素相对缺乏的地区。"中心—外围"理论首次将空间效应纳入经济增长的分析模型中，并利用向心力和离心力对产业集聚的形成进行阐述，在一定程度上解释了中心区域对外围区域劳动力、资本和技术等要素形成虹吸效应的原因。克鲁格曼指出中心外围理论的三个特征：一是该理论对产业空间集聚的内在机制进行解释，以收益递增和成本节约为代表的向心力是促使产业在空间集聚的向心力，特定条件下，上述向心力会持续累积，并最终促使产业集聚的形成；二是产业集聚的离心力包括土地等不能移动的生产要素以及企业数量增加造成的恶性竞争，由此产生的外部不经济将阻碍产业集聚的形成；三是产业集聚是向心力和离心力共同作用的结果，当向心力大于离心力时，产业集聚将形成并发展，当离心力大于向心力时，产业集聚将萎缩直至消失。总的看来，克鲁格曼中心外围理论解释了产业集聚的运行机制，对产业集聚演变机理进行阐述，对于本书研究具有积极的理论参考价值。

（五） 新经济地理理论

新经济地理学的产生与发展使产业集聚问题成为主流经济学研究的范畴。新经济地理学将报酬递增、运输费用及要素流动性纳入分析的框架，以迪克西特—斯蒂格利茨垄断竞争模型（D-S 模型）和新贸易、新增长理论研究为基础，建立了具有规模报酬递增的垄断竞争一般均衡分析框架。克鲁格曼（1991）在借鉴 D-S 模型，建立了中心—外围模型（C-P 模型），该模型将规模报酬递增和不完全竞争市场引入到一般均衡分析框架中，以规模经济、垄断竞争和运输成本为基础阐释了产业集聚的微观原理。维纳布尔斯（Venables，1996）认为上下游产业之间由于不完全竞争和运输成本产生"前向关联"和"后向关联"，而运输成本的变化会引起产业集聚到产业扩散的变化。克鲁格曼和维纳布尔斯（Krugman and Venables，1995）构建了垂直关联模型（CPVL 模型），该模型从产业纵向关联的角度解释了相关联产业之间的协同集聚。阿米蒂（Amiti，2001）、福斯利德和乌尔特维特·莫（Forslid and UIltveit-Moe，2002）等基于垂直关联产业的视角，分析了贸易成本、政府产业政策对产业链上下游企业协同集聚的影响机制。

新经济地理学主要阐述并讨论了产业活动的空间集聚，同时也涉及了空间外部性与溢出效应。产业空间集聚依赖于三种效应。其一，本地市场效应。基于规模经济及节约运输成本的考虑，企业倾向于布局在市场规模大的地区，便于就近销售。其二，生活成本效应，也称为价格效应。在集聚区内，企业生产的产品数量和种类越多，需要输入的产品就越少，那么产品价格会因为运输成本和贸易成本而相对较低，因而产生生活成本效应。生活成本效应吸引人口向集聚区迁移，市场规模再次扩大。本地市场效应和生活成本效应构成了集聚的向心力产生集聚效应，这种集聚效应具有循环累积自我强化的特征。其三，拥挤效应。集聚区内企业集中程度的提高加剧了对资源和消费者的竞争，加之区域间存在的地方保护等，企业选址时优先考虑竞争对手数量少的区域，由此形成分散力。克鲁格曼（1999）指出市场规模效应、劳动力池以及纯外部经济构成了产业集聚的向心力，而要素的不可流动性、地租和纯外部不经济构成了主要的离心力。

二、城市创新相关理论

（一）熊彼特创新理论

熊彼特最早提出了"创新"的概念，从技术与经济相结合的角度，强调生产技术革新和生产方法的变革在经济发展中的至高无上的作用。熊皮特将创新看作"一种新的生产函数"，将"企业家"作为关键生产要素引入"创新生产函数"，再与原有生产要素形成"新组合"，而这种不断被创造出来的"新组合"就成为推动经济发展的关键力量。随后，熊彼特提出了新产品、新方法、新市场、新原料和新组织等创新的五种表现形式，如表3-1所示。

表 3-1　　　　　　　　　　熊彼特提出的五种创新表现形式

创新类别	含义解释	现代名词
新产品	消费者不熟悉的产品或新的产品特性	产品创新
新方法	在生产部门尚未被采用的方法，不必是科学的新发现	技术创新
新市场	进入以前不曾进入的市场，无论这个市场以前是否存在	市场创新
新原料	获得一种不曾使用过的生产材料，不必是被创造出来的	资源配置创新
新组织	造成或打破一种垄断	制度创新

回顾熊彼特的创新理论，可以概括为以下观点（朱富强，2013）。

1. 创新是生产过程内生的

传统的发展观点认为社会发展和经济进步都是可以度量的，特别是经济发展是可以用数据表示的，但熊彼特指出，在这些可度量的经济发展数据之外，还有部分变化是内含在生产过程中，不被人们所观察到，没有被数据反映出来的变化，而这恰恰就是"创新"。

2. 创新是一种具有"突变"性质的变化

熊彼特曾做过这样一个形象的比喻：你不管把多大数量的驿路马车或邮车连续在一起，也决不能得到一条铁路。而生产出铁路就是交通手段中具有"突变"性质的变化，这是具有"革命性"的变化，而这种变化不可能经常性出现。因此，创新通常有突发性和偶然性的特点。

3. 创新与消亡同时存在

创新带来的"突变性""革命性"的变化必将导致传统事务的消亡。例如，铁路的出现就造成马车这种交通工具的消亡，而这种消亡通常是通过竞争的方式发生的，尽管消亡的具体形式不同。

4. 创新必须有新的价值被创造出来

就创新与发明的不同来讲，发明可以是新工具新方法的发现，但该工具方法不一定能被应用到生产生活中，但创新要求新工具新方法必须在经济发展中得到实际应用，即必须能够创造新的价值。这不是将创新和发明割裂开看，而是就他们的不同而言的。

5. 创新是经济发展的本质

熊彼特从"增长"和"发展"两个角度来理解经济，前者是由资本、劳动力和土地等资源要素投入造成的，但这仅仅是增长而非发展，因为经济增长没有创造"新的东西"。创新则可以被称为"发展"的过程，它是经济增长的本质，是经济增长背后的东西。

6. 创新的主体是"企业家"

就"新组合"的推动力而言，这里的企业家不是一种工作或者职业，而是推动"新组合"生产创新产出的执行力，而这恰恰是区分真正企业家活动和其他活动的本质。

（二）区域创新系统理论

库克（Cooke，1992）最早提出区域创新系统概念，他认为区域创新系统是一定地理范围内，企业与其他机构之间经常且密切的创新学习交互系统。当前区域创新系统构成、区域创新系统演化以及区域创新系统运行是区域创新系统理论关注的核心问题。

1. 区域创新系统的构成

一般认为区域创新主体要素、区域创新功能要素和区域创新环境要素是区域创新系统构成的关键要素（Doloreux，2003；黄鲁成，2003）。在区域创新主体方面，通常区域内的地方政府、企事业单位、高等学校、科研院所以及中介组织被认为是区域创新系统的重要组成主体，正是这些主体在区域内进行创新活动与交流，推动创新成果的产出。在区域创新功能要素方面，区域内相关制度安排、知识技术创新服务以及管理创新服务等内容，这些制度安排内容的合理设计，有利于激发区域创新系统主体从事创新活动，从而保障创新成果的产出，推动区域创新水平的提升，当然不合理的制度安排设计，也会对区域创新水平的提升产生阻碍作用。在区域创新环境要素方面，与创新活动相关的政策环境、市场环境以及文化环境是主要内容，良好的创新环境能够激发协同创新效应，有利于促进区域创新系统主体产生创新成果，提升区域系统创新水平。

2. 区域创新系统的运行

区域创新系统运行是指区域创新系统主体在区域创新系统环境下，利用区域创新系统功能要素，实现独立或协同创新的过程。陈凯和肯尼（Chen and Kenney，2007）以北京和深圳的高等学校以及科研机构为例，考察其在知识创新体系运行中的作用，并进一步阐述了知识和技术对知识创新系统的积极意义。库克和摩根（Cooke and Morgan，2014）认为区域创新系统主体之间学习互动的畅通性和有效性对区域创新系统的运行具有决定作用，特别是有关知识技术的学习以及在企业间的相互传递能够有效推动区域创新的产出，提高区域创新系统的运行效率。隋俊和毕克新（2015）提出人力资本以及技术转移有利于区域创新系统运行效率和运行效果的提升。此外，产业集聚也是推动区域创新系统运行的重要支撑，产业集聚的地理邻近特征促使各区域创新系统主体更为频繁的交流，从而帮助新知识、新技术以及新能力在区域创新不同主体间进行流动，提高了知识技术的共享效率，从而推动区域创新系统运行。

3. 区域创新系统的演化

区域创新系统的演化与区域创新系统运行相辅相成，前者描述区域创新系统的发展趋势，而后者刻画区域创新系统的现实状态。一般认区域创新系统的演化是用来表示知识技术等在区域内部或者外部扩散的过程，通常情况下这种扩散或外溢依赖区域创新系统主体的使用和传递。曾国屏等（2013）认为完善区域创新系统主体激励管理机制，培育区域创新系统文化氛围，同时不断提供政策、资源以及金融支持，能够推动区域创新系统向区域创新生态系统转化，更有利于区域创新系统的创新产出的持续性。萨德尔季诺夫等（Sadyrtdinov et al.，2017）提出知识在区域内外各主体之间的流动是需要外力刺激的，因此有必要建立相应培训机制和奖惩机制，尽可能地完善区域创新系统功能要素，夯实区域创新系统环境基础，如此才能激活区域创新系统主体，才能够持续提升区域创新系统的创新产出。刘华海等（Liu Huahai et al.，2018）以澳大利亚为例，将产业集聚纳入区域创新系统演化分析框架，指出企业自发式融合和港口式集聚是推动区域创新系统演化的两种重要途径，前者收益于区域科研实力以及相关政策支持的红利，后者则被较低市场交易成本和较高的市场收益所驱动。

第二节　理论模型

虽然很少有学者对产业集聚影响城市创新的优势和劣势进行研究，但也有不少学者从一般意义上研究了产业集聚发展模式的区域（城市）创新的优势和劣势。本书通过文献研读发现以下模型适用于产业集聚影响城市创新的机制分析。

一、"自稳性"风险模型

"自稳性"风险模型由吴晓波和耿帅（2003）提出，两位作者将由产业集群自身营造优势的因素而引起的风险称为区域产业集聚的"自稳性"风险。图 3-1 展示了产业集聚"自稳性"风险模型的基本逻辑。其中，地理邻近、专业化分工、内部企业相互关联以及协同与溢出效应是产业集聚的重要特征，进而催生出产业集聚的四大竞争优势与四大风险劣势。具体来看：

（1）地理邻近有利于促进组织相互学习，但也导致各企业战略趋同的风险；

（2）专业化分工有利于实现企业最优生产规模，但也增加了企业资产专用性风险；

（3）集聚内部企业相互联系有利于降低较低企业间交易成本，但也在一定程度上固化了产业链，导致企业封闭自守，失去市场活力；

（4）协同与溢出效应有利于企业获得产业集聚的外部经济，但也在一定程度上导致企业创新惰性的出现，使得企业不断"模仿"创新，而失去原始创新动力。

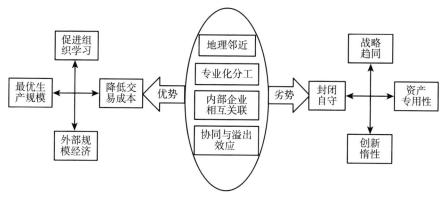

图 3-1　产业集聚"自稳性"风险模型

在上述模型基础上，赵骅（2008）将"自稳性"风险模型中抽象因素"内部企业相互关联"和"协同溢出效应"替换为"资源共享""根植性""集群文化"因素，形成如图 3-2 所示的基于内生性的产业集聚"自稳性"风险模型。

（1）地理集中促进组织学习的同时产生企业战略趋同风险；

（2）专业化分工实现最优生产规模的同时导致资产专用性的出现；

（3）资源共享提升竞争力的同时也导致创新惰性的出现；

（4）根植性降低交易成本的同时也导致企业封闭自守，失去经济活力；

（5）集群文化帮助企业获得外部规模经济的同时也使得企业锁定效应产生。

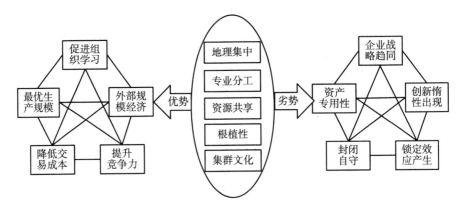

图 3-2　基于内生性的产业集聚"自稳性"风险模型

基于上述模型，本书构建了产业集聚影响区域（城市）创新的"自稳性"风险模型，如图 3-3 所示。图 3-3 展示了基于创新视角的产业集聚的四大创新优势和创新劣势。

（1）地理邻近促进了企业间的学习效应，但也导致了拥挤效应的产生，企业利润下降，进而不能保证企业创新资源投入以及创新产出的增加；

（2）专业分工带来规模经济的同时也造成价格竞争的出现，导致企业创新资源投入减少，从而减少了企业创新成果；

（3）资源共享促进协同效应的同时，也导致企业创新惰性的出现，此时企业倾向于模仿其他企业的创新而非原始创新，不利于企业创新资源的增加；

（4）竞合关系有利于企业创新成本的降低，但也在一定程度上造成创新拥挤效应的发生，此时企业倾向于改善创新而非原始创新，对创新资源投入产生负向影响。

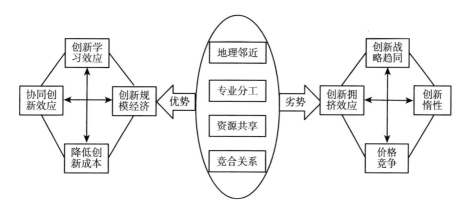

图 3 - 3　基于内生性的产业集聚"自稳性"创新风险模型

二、集群创新动力模型

陶良虎和陈得文（2008）提出了集群创新动力模型，他们认为集群内社会资本、知识资本、企业竞合关系、市场需求、中介机构和地方政府等是影响产业集群创新的六大因素，如图 3 - 4 所示。笔者认为该动力模型包括核心动力系统和辅助动力系统，其中知识资本、社会资本与企业竞合关系构成核心动力系统，是推动集群创新的主要力量；而地方政府、市场需求与中介组织组成了集群创新的辅助动力系统，它们对集群创新产生间接推动作用，通过核心动力系统对集群创新发挥作用。该模型唯一不足之处在于，没有涉及阻碍集群创新的因素，缺乏对阻碍因素的详尽研究。

基于上述模型，本书构建了产业集聚影响城市创新的创新动力模型，如图 3 - 5 所示。在该模型中，与参与集聚企业有密切关系的资源共享、信任机制、学习效应以及协同合作共同构成了产业集聚推动城市创新的核心动力系统；与产业集聚外部环境相关的地方政府、市场需求、中介组织与外部竞争共同构成了产业集聚推动城市创新的辅助动力系统。与前模型相似，辅助动力系统一般通过核心动力系统对城市创新产生影响，同样，该城市创新动力模型没有将阻碍城市创新的因素纳入考虑范围。

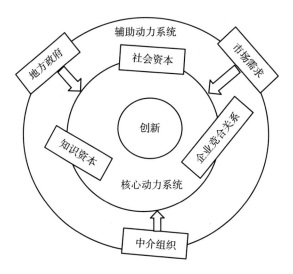

图 3-4　基于产业集群层面的创新动力模型

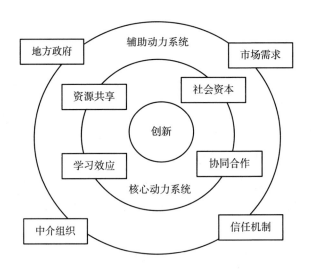

图 3-5　基于产业集聚的城市创新动力模型

三、产业集聚对城市创新的影响模型

从"自稳性"风险模型和集群创新动力模型可以看出，产业集聚的特征要素如地理邻近、专业分工、资源共享、竞合关系、社会资本、学习效应、地方政府、市场需求以及信任机制等因素均从不同层面对城市创新产生影响。产业集聚对城市创新的影响及其机制是一个复杂的系统，很难对其全貌进行细致的刻画，不同学者都是选择不同视角或抓住个别因素对产业集聚进行研究的。参考"自稳性"风险模型和集群创新动力模型，并结合本书主题，我们从核心动力系统和辅助支持系统两方面构建产业集聚影响城市创新的理论模型，如图3-6所示。

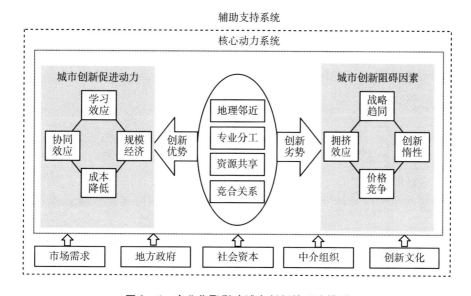

图3-6　产业集聚影响城市创新的理论模型

核心动力系统包括三个方面：一是产业集聚自身体征因素，有地理邻近、专业分工、资源共享以及竞合关系；二是将产业集聚的创新优势因素作为促进城市创新的动力因素，有学习效应、规模经济、协同效应以及成本降低；三是将产业集聚出的创新劣势因素作为阻碍城市创新的因素，有战略趋同、拥挤效应、创新惰性和价格竞争。这三个方面因素的相互作用与"自稳性"风险模型相一致，具体有：地理邻近带来学习效应的创新优

势，也产生战略趋同的创新劣势；专业分工带来规模经济的创新优势，也导致价格竞争的创新劣势；资源共享带来协同效应的创新优势，也导致创新惰性的创新劣势；竞合关系带来降低成本的创新优势，也导致价格竞争的创新劣势。

辅助支持系统包括市场需求、地方政府、社会资本、中介组织以及创新文化等因素，这些因素按照创新动力模型运行，通过影响核心动力系统，对城市创新产生影响。通常情况下，市场需求越旺盛、地方政府支持力度越大、社会资本越充裕、中介组织越活跃以及创新文化越积极，则辅助支持系统往往对核心动力系统的城市创新促进动力产生积极影响，进而推高城市创新成果产出。否则，辅助支持系统则对城市创新阻碍因素产生影响，将抑制城市创新成果的产出，降低城市创新水平。然而，辅助支持系统的各因素一般很难实现同步调变化，因此产业集聚对城市创新的影响也经常存在复杂性。

第三节　本章小结

本章系统梳理了产业集聚与城市创新的相关理论。首先，对产业集聚理论进行梳理，本书关注产业集聚的形成动因理论，回顾了包括产业区位理论与企业最佳选址、增长极理论与中心外围理论以及新经济地理理论等。其次，对城市创新相关理论进行梳理，本书关注城市创新的动力及系统构成，回顾了熊彼特创新理论及区域创新系统理论两个方面。最后，在分析"自稳性"风险模型和集群创新动力模型的基础上，构建了产业集聚对城市创新的影响理论模型。这些理论分析为后续实证分析奠定理论基础。

第四章

产业集聚与城市创新的测算与分析

本章对我国 261 个地级及以上城市的产业集聚与城市创新进行测算和分析。重点关注我国城市制造业集聚、生产性服务业集聚、制造业与生产性服务业协同集聚、专业化集聚、多样化集聚以及集聚类型演变方向等指标的测算与分析。同时，对我国城市创新发展趋势、个体差异及空间分布进行分析。

第一节　产业集聚的测算方法

当前，产业集聚的测算一般以从业人数为基础，少数研究以工业增加值为基础。但是，工业增加值容易受中间投入品、工业总产值等变量的影响。而就业人数不包括货币价格因素，不需做出调整，各年之间具有可比性，以从业人数为基础测算产业集聚水平更具有稳健性（伍先福，2017）。同时，考虑到经济活动主要由人完成，就业人员的集聚在一定程度上能够反映经济活动的集聚（张海峰和姚先国，2010）。从既有文献研究来看，艾里森等（Ellison et al.，2007）、欧文（Overman，2013）、文东伟和冼国明（2014）、张国峰等（2016）和袁冬梅等（2019）均以从业人数为基础测算产业集聚水平。为与已有文献保持一致，本书以从业人数为基础对产业集聚的测算方法进行说明。

一、单一产业集聚的测算

借鉴托马斯（Thomas，2002）提出的区位熵测算样本城市特定产业集聚水平，该指数用以计算某地区产业的专门化程度，其计算公式为：

$$LQ_{ijt} = \frac{e_{ijt}/e_{it}}{e_{jnt}/e_{nt}} \tag{4.1}$$

式（4.1）中，i 表示样本城市数量，j 表示样本城市产业数量，t 表示样本城市时间跨度；LQ_{ijt} 表示城市 i 中产业 j 在第 t 年的区位熵，e_{ijt} 表示第 t 年城市 i 中产业 j 就业人数，$e_{jnt} = \sum_{i=1}^{n} e_{ijt}$ 表示第 t 年产业 j 全国的总就业人数，$e_{it} = \sum_{j=1}^{m} e_{ijt}$ 表示第 t 年城市 i 所有行业的就业人数，$e_{nt} = \sum_{i}^{n} \sum_{j}^{m} e_{ijt}$ 为第 t 年全国所有产业的总就业人数。

区位熵主要用于衡量产业 j 在城市 i 的集中程度，该指数的值越大，说明该产业在相应城市的集聚水平越高、专业化程度越高、比较优势越显著。若 $LQ_{ijt} > 1$，表明第 t 年产业 j 在城市 i 的专业化程度高于全国平均水平，则产业 j 称为第 t 年城市 i 的比较优势产业（李蕾，2016）；若 $LQ_{ijt} < 1$，表明第 t 年产业 j 在城市 i 的专业化程度低于全国平均水平，则产业 j 不是第 t 年城市 i 的优势产业。

结合本书研究对象，样本城市中制造业和生产性服务业的区位熵分别为

$$LQ_{imaggt} = \frac{e_{imaggt}/e_{it}}{e_{nmaggt}/e_{nt}} \tag{4.2}$$

$$LQ_{isaggt} = \frac{e_{isaggt}/e_{it}}{e_{nasggt}/e_{nt}} \tag{4.3}$$

LQ_{jmaggt} 表示第 t 年城市 i 制造业的区位熵，LQ_{jsaggt} 表示第 t 年城市 i 生产性服务业的区位熵；e_{imaggt} 和 e_{isaggt} 分别表示第 t 年城市 i 中制造业和生产性服务业的就业人数，e_{nmaggt} 和 e_{nsaggt} 分别表示第 t 年制造业和生产性服务业在全国总就业人数，其他符号含义与式（4.1）相同。

二、多产业协同集聚的测算

在当前文献研究中，E-G 协同集聚指数和区位熵相对差异指数是测算产业协同集聚的常见方法。

E-G 协同集聚指数用于测算特定区域的整体协同集聚水平，该方法对数据要求较高，需要同时使用区域内相关产业数据和产业内企业数据，能够更为全面地反映地区产业间协同集聚水平。但该指数的测算结果仍仅反映产业层面的整体集聚水平，不能体现特定地区多产业协同水平。

区位熵相对差异指数则可对不同地区内部行业间的产业协同集聚水平进行测算，同时区位熵相对差异指数只需要利用区域内相关产业数据就能获得较为准确的产业协同集聚水平。然而，该方法也存在一定的缺陷，正如伍先福（2017）指出的，区位熵相对差异指数不能准确体现相关产业的专业化集聚情况。

综合考虑数据可得性与本研究目标，最终选择区位熵相对差异指数法对样本城市的制造业与生产性服务业协同集聚水平进行测算。借鉴陈国亮和陈建军（2012）、杨仁发（2013）的相关研究，城市 i 的制造业与生产性服务业协同集聚测算公式为

$$coagg_{it} = 1 - \frac{|LQ_{imaggt} - LQ_{isaggt}|}{LQ_{imaggt} + LQ_{isaggt}} \tag{4.4}$$

式（4.4）中，$coagg_{it}$ 表示第 t 年城市 i 制造业与生产性服务业协同集聚指数，LQ_{imaggt} 和 LQ_{isaggt} 含义与式（4.2）、式（4.3）相同。当城市 i 的 LQ_{imaggt} 和 LQ_{isaggt} 比较接近时，该城市的 $coagg_{it}$ 值较大，表明该城市制造业集聚与生产性服务业协同集聚水平较高；当城市 i 的 LQ_{imaggt} 和 LQ_{isaggt} 差异较大时，该城市的 $coagg_{it}$ 值较小，表明该城市制造业与生产性服务业协同集聚水平较低。

三、专业化与多样化集聚测算

已有文献对产业专业化集聚与多样化集聚的测算方法较多（陈长石等，2019；陈大峰等，2020；柳卸林和杨博旭，2020）。在专业化集聚测算方面，基于克鲁格曼专业化指数构建的地区产业专业化集聚测算方法最为常见，其测算结果以相对数表示，不易受到城市规模的影响，更为科学客观；在多样化集聚测算方面，李金滟与宋德勇（2008）以及柳卸林和

杨博旭（2020）改进了赫芬达尔指数计算方法，在计算过程中不使用产业自身数据，并对赫芬达尔指数求和取倒数，从而弱化了特定产业对城市产业多样化集聚的影响，并使该指标与城市产业多样化程度保持一致。同时，上述两个指标还具有数据获取方便的优点，仅需要产业数据就可以对地区产业专业化集聚与多样化集聚进行测算。这两个指标的计算公式如下：

$$Spec_{it} = \sum_{j=1}^{m} \left| \frac{e_{ijt}}{e_{it}} - \frac{e_{jnt}}{e_{nt}} \right| \tag{4.5}$$

式（4.5）中，$Spec_{it}$ 表示第 t 年城市 i 的产业专业化集聚，其他符号含义与式（4.1）相同。

$$Div_{it} = \frac{1}{\sum_{j=1, j\neq j}^{n} \left[e_{ijt} / (e_{it} - e_{ijt}) \right]^2} \tag{4.6}$$

式（4.6）中，Div_{it} 表示第 t 年城市 i 的产业多样化集聚[①]，其他符号含义与式（4.1）相同。

进一步的，本书拟对样本城市产业集聚类型演进趋势进行分析，参考陈长石等（2019）的研究，采用多样化集聚与专业化集聚之比进行测度，计算公式如下：

$$Trend_{it} = \frac{Div_{it}}{Spec_{it}} \tag{4.7}$$

式（4.7）中，$Trend_{it}$ 表示第 t 年城市 i 的产业集聚类型演进方向，其他符号含义与式（4.5）、式（4.6）相同。$Trend_{it}$ 取值越大，表明该城市产业集聚类型偏向多样化集聚；反之，则表明该城市产业集聚类型偏向专业化集聚。

------

① 本书计算多样化集聚时涉及的产业包括：（1）农林牧渔业；（2）采矿业；（3）制造业；（4）电力、热力、燃气及水生产和供应业；（5）建筑业；（6）批发与零售业；（7）交通运输、仓储和邮政业；（8）住宿和餐饮业；（9）信息传输、软件生产和信息技术服务业；（10）金融业；（11）房地产业；（12）租赁和商务服务业；（13）科学研究、技术服务业；（14）水利、环境和公共设施管理业；（15）居民服务、修理和其他服务业；（16）教育；（17）卫生和社会工作；（18）文化、体育与娱乐业；（19）公共管理、社会保障和社会组织。

第二节 产业集聚的时空演变分析

一、产业集聚的变化趋势分析

图4-1展示了基于行业视角的我国城市产业集聚变化趋势情况。通过分析不同年份的核密度曲线的位置和形态变化，本书发现：

（1）从制造业集聚变化趋势［见图4-1（a）］来看，第一，核密度曲线整体逐年"向左"偏移，表明我国城市制造业集聚水平总体呈现下降趋势；第二，核密度曲线峰值"先降后升"且最高峰值在2003年，表明制造业集聚水平相似城市的数量在2003年最多，随后呈现先减少后增加的趋势；第三，核密度曲线"左高右低"且变化不大，表明制造业集聚水平较低城市的数量比制造业集聚水平较高城市的数量更多，且该差距较为稳定，变化趋势不明显；第四，核密度曲线右拖尾逐年显著，表明制造业集聚水平越来越高且在2009年制造业集聚水平达到最高。

（2）从生产性服务业集聚变化趋势［见图4-1（b）］来看，第一，核密度曲线整体变化趋势不大，表明我国城市生产性服务业集聚水平的总体保持稳定；第二，核密度曲线峰值逐年"升高"且最高峰在2019年，表明生产性服务业集聚水平相似的城市的数量呈现逐年增加的趋势，到2019年数量达到最多；第三，核密度曲线"左尾略高"且变化不大，表明生产性服务业集聚水平较低的城市数量比生产性服务业集聚水平较高的城市数量略多，且该趋势较为稳定；第四，核密度曲线右拖尾明显且在2011年拖尾最长，表明生产性服务业集聚水平较高的城市数量呈现先增加后减少的趋势，且在2011年生产性服务业集聚水平达到最高。

（3）从制造业与生产性服务业协同集聚变化趋势［见图4-1（c）］来看，第一，核密度曲线整体"向左"偏移，表明我国城市制造业与生产性服务业协同集聚水平总体呈现下降趋势；第二，核密度曲线峰值"逐年下降"且最高峰在2003年，表明制造业与生产性服务业协同集聚水平相似城市的数量在2003年最多，随后呈现先减少后增加的趋势；第三，核密度曲线"右尾略高"且变化不大，表明制造业与生产性服务业协同集聚水平较高的城市数量比二者协同集聚水平较低的城市数量略多，且该趋势较为稳定；第四，核密度曲线左拖尾明显且"先增后减"特征显著，表明我国城市制造业与生产性服务业协同集聚水平较低城市的数量较多且呈现先增加后减少的趋势。

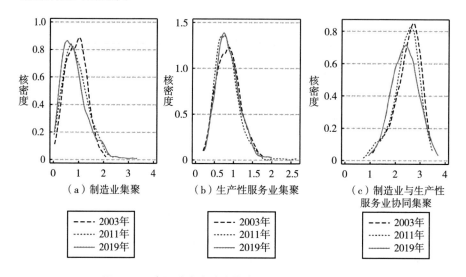

图 4 - 1　我国城市产业集聚变化趋势（行业视角）

图 4 - 2 展示了基于集聚类型视角的我国城市产业集聚变化趋势情况。通过分析不同年份的核密度曲线的位置和形态变化，可以发现：

（1）从专业化集聚变化趋势［见图 4 - 2（a）］来看，第一，核密度曲线整体"向右"偏移，表明我国城市专业化集聚水平总体呈现上升趋势；第二，核密度曲线峰值"先降后升"且最高峰值在 2003 年，表明专业化集聚水平相似城市的数量在 2003 年最多，随后呈现先减少后增加的趋势；第三，核密度曲线"左高右低"且变化不大，表明专业化集聚水平较低城市的数量比专业化集聚水平较高城市的数量更多，且变化趋势不明显；第四，核密度曲线右拖尾明显且逐年缩短，表明我国城市的专业化集聚最高水平正在表现为逐年下降的趋势。

（2）从多样化集聚变化趋势［见图 4 - 2（b）］来看，第一，核密度曲线整体"向右"偏移，表明我国城市多样化集聚水平总体呈现上升趋势；第二，核密度曲线峰值"先降后升"且最高峰值在 2019 年，表明多样化集聚水平相似城市的数量呈现先减少后增加的趋势，并最终在2019年达到最多；第三，核密度曲线"左高右低"姿态明显且作为最低在2019年，表明多样化集聚水平较低的城市数量明显高于多样化集聚水平较高的城市数量，但多样化集聚水平较低的城市数量在2019年出现显著减少；第四，核密度曲线右拖尾明显且逐年变长，表明我国城市多样化集聚水平呈现出越来越高的趋势。

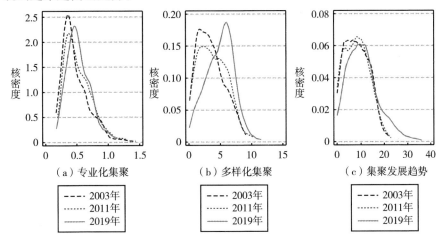

图4-2　我国城市产业集聚变化趋势（集聚类型视角）

（3）从集聚类型演进方向变化趋势［见图4-2（c）］来看，第一，核密度曲线整体呈现"向右"偏移，表明我国城市更多的向多样化产业集聚方向演进；第二，核密度曲线峰值小幅"先升后降"且最高峰在2011年，表明我国多样化集聚与专业化集聚之比相似城市的数量呈现先增加后减少的趋势；第三，核密度曲线"左高右低"且2019年左尾下探明显，表明我国城市多样化集与专业化集聚之比较小的城市数量明显高于二者之比较大的城市数量，但该趋势在2019年显著下降；第四，核密度曲线右侧拖尾明显上扬，表明我国城市多样化集聚与专业化集聚之比较大的城市数量显著增加，即多样化集聚水平高于专业化集聚水平的我国城市越来越多了。

二、产业集聚的个体差异分析

图4-3展示了基于行业视角的我国城市产业集聚个体差异情况。考虑

到篇幅限制，每张图仅对相应产业集聚水平前10名城市进行了列示。从图4-3中可以发现：第一，样本城市制造业集聚水平最高为河源市（30.49），最低为滨州市（27.33），滨州市占河源市的89.64%；第二，样本城市生产性服务业集聚水平最高为怀化市（25.97），最低为长沙市（22.80），长沙市占怀化市的87.79%；第三，样本城市制造业与生产性服务业协同集聚水平最高为绵阳市（54.49），最低为北京市（52.44），北京市占绵阳市的96.24%。综上可知，不同行业的产业集聚水平在各城市间差异不同，生产性服务业集聚差异最大，制造业集聚差异次之，制造业与生产性服务业协同集聚差异最小。

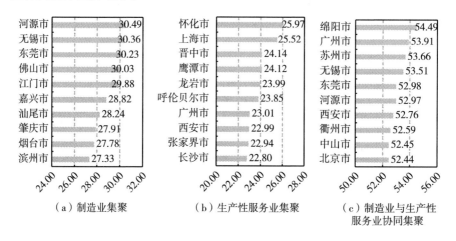

（a）制造业集聚　　（b）生产性服务业集聚　　（c）制造业与生产性服务业协同集聚

图4-3　我国城市产业集聚个体差异（行业视角）

图4-4展示了基于集聚类型视角的我国城市产业集聚个体差异情况。考虑到篇幅限制，每张图仅对相应产业集聚水平前10名城市进行了列示。从图4-4中可以发现：第一，样本城市专业化集聚水平最高为宜春市（17.77），最低为朔州市（14.53），朔州市占宜春市的81.77%；第二，样本城市多样化集聚水平最高为怀化市（138.29），最低为丽江市（122.55），丽江市占怀化市的88.62%；第三，样本城市集聚类型演进方向指数最高为湛江市（300.61），最低为哈尔滨市（276.49），哈尔滨市是湛江市的91.98%。综上可知，不同类型产业集聚在各城市间差异不同，专业化集聚差异较大，多样化集聚差异次之，集聚类型演进方向指数差异最小。

（a）专业化集聚　　　　　　（b）多样化集聚　　　　　　（c）集聚趋势

图4-4　我国城市产业集聚个体差异（集聚类型视角）

三、产业集聚的空间分布特征

利用产业集聚的测算方法计算获得的制造业集聚（*Magg*）、生产性服务业集聚（*Sagg*）、制造业与生产性服务业协同集聚（*Coagg*）、专业化集聚（*Spec*）、多样化集聚（*Div*）以及集聚类型演进方向（*Trend*）等指标，借助 GEODA 软件的 5 级自然断点法进行分析，使用 1～5 级表示相应指标的大小，1 级表示相应指标最小，5 级表示最大。

（一）基于行业视角的我国城市产业集聚空间分布特征分析

（1）制造业集聚的空间分布特征。根据数据分析可知：第一，东部地区 4～5 级城市数量较多，中部地区次之，西部地区最少，表明我国城市的制造业集聚水平存在显著的地区差异，位于东部地区城市的制造业集聚水平普遍高于中部地区和西部地区的城市；第二，2003～2019 年，4～5 级城市数量减少，1～2 级城市数量增加，特别是中部地区 4～5 级城市数量大幅减少，表明我国城市制造业集聚水平呈现下降趋势，而中部地区城市的制造业集聚水平下降最大。

（2）生产性服务业集聚的空间分布特征。根据数据分析可知：第一，东北地区、中东部地区 4～5 级城市数量较多，西部地区较少，表明我国城市的生产性服务业集聚水平存在显著的地区差异，位于东北和中东部地区城市的生产性服务业集聚水平较高；第二，2003～2019年，1级和5级城市数量稳定，2级和4级城市数量明显减少，3级城市数量显著增加，表明我国城市生产性服务业集聚水平呈向中等水平集中的趋势。

（3）制造业与生产性服务业协同集聚的空间分布特征。根据数据分析可知：第一，东北地区、中东部地区5级城市较多，西北地区和西南地区最少，表明我国城市制造业与生产性服务业协同集聚水平存在显著的地区差异，位于东北和中东部地区城市的生产性服务业集聚水平较高，而西北地区和西南地区较低；第二，2003～2019年，5级城市从121个急剧下降到72个，4级城市从84个小幅下降到78个，1～3级城市均有不同程度增加，表明我国城市制造业与生产性服务业协同集聚水平呈大幅下降趋势，也表明我国城市制造业集聚与生产性服务业集聚呈现出分化的发展趋势。

（二）基于集聚类型视角的我国城市产业集聚空间分布特征分析

（1）专业化集聚的空间分布特征。根据数据分析可知：第一，东北地区和东南沿海地区4～5级城市较多，中西部地区2～3级城市较多，表明我国城市专业化集聚水平存在显著的地区差异，位于东北和东南沿海地区城市的专业化集聚水平较高，而中西部地区较低；第二，2003～2019年，1～2级城市数量稳定，4级和5级城市数量明显减少，3级城市数量显著增加，表明高度专业化集聚城市的数量有所下降，我国城市专业化集聚水平越来越向中等水平集中。

（2）多样化集聚的空间分布特征。根据数据分析可知：第一，东北地区和中部地区4～5级城市数量较多，西部和东南沿海地区2～4级城市数量较多，表明我国城市多样化集聚水平存在显著的地区差异，位于东北和中部地区城市的多样化集聚水平较高，而西部和东南沿海地区较低；第二，2003～2019年，1～3级城市数量明显减少，而4～5级城市数量显著增加，表明我国城市多样化集聚水平呈大幅上升趋势，即越来越多的城市选择了产业多样化集聚的发展道路。

（3）集聚类型演变方向的空间分布特征。根据数据分析可知：第一，东北地区、中东部地区更多，西部地区最少，表明我国城市制造业与生产性服务业协同集聚水平存在显著的地区差异，位于东北和中东部地区城市的生产性服务业集聚水平较高；第二，2003～2019 年，2～3 级城市数量增加，而 1 级、4 级和 5 级城市数量下降，表明我国城市多样化集聚与专业化集聚之比极大或极小的情况减少，即专业化集聚与多样化集聚相互替代的情况减少，而是趋于保持稳定。

第三节　城市创新的时空演变分析

一、城市创新的发展趋势分析

图 4-5 展示了我国城市专利申请数量及专利获得授权数量变化趋势。从图 4-5 中可以发现：第一，城市专利申请数量和城市专利获得授权数量呈现逐年上升趋势，前者到 2018 年达到最高点，2019 年出现较大幅度的下降；后者到 2019 年达到最高点。第二，城市专利申请数量的标准差（图中纵向实线）和城市专利获得授权数量的标准差（图中纵向虚线）均表现出逐年增加的趋势，这表明不同城市间的专利申请数量与专利获得授权数量差异呈现出逐渐增大的趋势。第三，城市专利申请数量的标准差比城市专利获得授权数量的标准差的变动幅度更大，这表明不同城市专利申请数量差异较大，但专利获得授权数量差异较小。

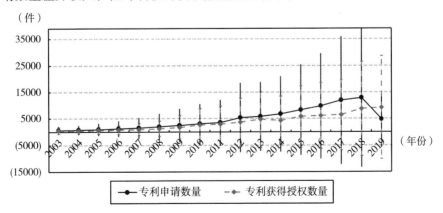

图 4-5　2003～2019 年我国城市专利申请数量及获得授权数量（年均）变化趋势

二、城市创新的个体差异分析

图4-6展示了我国城市专利申请数量的个体差异情况。考虑到篇幅限制，仅对2003年、2019年以及年度均值的前十名城市进行了列示。通过横向与纵向比较分析得出以下结论：第一，就城市专利申请数量年均值来看，北京市以13.30万件名列第一名，无锡市以5.02万件名列第十名，无锡市占北京市的37.74%；就2003年城市专利申请数量来看，上海市以13.36万件名列第一名，成都市以3.16万件名列第十名，成都市占上海市的23.65%；就2019年城市专利申请数量来看，深圳市以85.50万件名列第一名，东莞市以25.08万件名列第十名，东莞市占深圳市的29.33%。这表明，我国城市专利申请数量差异较大，头部城市专利申请数量是城市专利申请的主要力量。第二，就时间趋势变化来看，第一名城市2019年城市专利申请数量与2003年第一名的城市的比值是639.97%，与年度均值第一名的城市的比值是628.86%；第十名城市2019年城市专利申请数量与2003年第十名的城市的比值是793.67%，与年度均值第十名的城市的比值是499.60%。这表明，我国城市专利申请数量均有大幅上升，但第一名城市上升幅度比第十名城市更大。

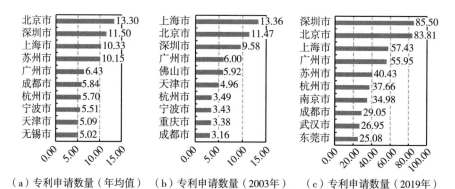

（a）专利申请数量（年均值）　（b）专利申请数量（2003年）　（c）专利申请数量（2019年）

图4-6　我国城市专利申请数量的个体差异分析

图4-7展示了我国城市专利获得授权数量的个体差异情况。考虑到篇幅限制，仅对2003年、2019年以及年度均值的前十名城市进行了列示。

通过横向与纵向比较分析得出以下结论：第一，就城市专利获得授权数量年均值来看，北京市以 8.90 万件名列第一名，无锡市以 3.61 万件名列第十名，无锡市占北京市的 40.56%；就 2003 年城市专利获得授权数量来看，上海市以 13.98 万件名列第一名，天津市以 2.25 万件名列第十名，天津市占上海市的 16.09%；就 2019 年城市专利获得授权数量来看，深圳市以 166.11 万件名列第一名，南京市以 54.89 万件名列第十名，南京市占深圳市的 33.04%。这表明，我国城市的城市专利获得授权数量差异较大，头部城市专利获得授权数量是城市专利获得授权的主要力量。第二，就时间趋势变化来看，第一名城市 2019 年城市专利获得授权数量与 2003 年第一名城市的比值是 1188.20%，与年度均值第一名的比值是 1866.40%；第十名城市 2019 年城市专利获得授权数量与 2003 年第十名城市的比值是 2439.56%，与年度均值第十名的比值是 1520.50%。这表明，我国城市专利获得授权数量均有大幅上升，但第十名城市上升幅度比第一名城市更大。

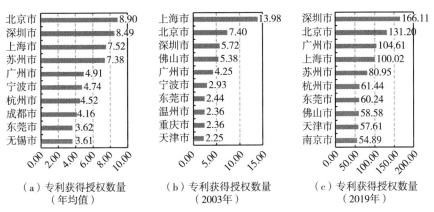

（a）专利获得授权数量　（b）专利获得授权数量　（c）专利获得授权数量
（年均值）　　　　　　（2003年）　　　　　　（2019年）

图 4-7　我国城市专利获得授权数量的个体差异分析

三、城市创新的空间分布特征

借助 GEODA 软件，利用 5 级自然断点法对城市专利申请数量与城市专利获得授权数量进行分析，并使用 1~5 级表示相应指标的大小，1 级表示相应指标最小，5 级表示最大。

（1）我国城市专利申请数量的空间分布特征。根据数据分析可知：第一，3~5级城市多分布在东部沿海地区、中部和西南地区，其他地区多为1~2级城市，这表明我国城市专利申请数量存在地区差异，东部沿海地区城市和中部地区个别城市的城市专利申请数量较多，其他地区城市的城市专利申请数量较少；第二，从2003~2019年，3~5级城市数量减少，2级城市数量增加，这表明我国城市专利申请数量呈现为下降趋势，越来越多城市的城市专利申请数量在1.558万件/年以下。

（2）我国城市专利获得授权数量的空间分布特征。根据数据分析可知：第一，3~5级城市多分布在东南沿海、中部和西南地区，其他地区多为1~2级城市，这表明我国城市专利获得授权数量存在地区差异，东部沿海地区城市和中部地区个别城市的城市专利获得授权数量较多，其他地区城市的城市专利获得授权数量较少；第二，从2003~2019年，3~5级城市数量保持稳定，而1级城市数量增加，2级城市数量减少，表明有少数城市（城市专利获得授权数量在1.481万件以上）城市专利获得授权数量比较稳定，而大部分城市（城市专利获得授权数量在1.481万件以下）城市专利获得授权数量呈下降趋势。

第四节　本章小结

本章主要对261个地级及以上城市产业集聚与城市创新的测算方法进行说明，并借助统计描述分析方法、核密度分析方法和GEODA工具，对二者变化趋势、个体差异以及空间分布特征进行分析，取得如下主要结论。

第一，从行业视角和集聚类型视角构建了本书产业集聚的测算指标体系。在行业视角方面，选择制造业集聚、生产性服务业集聚以及制造业与生产性服务业协同集聚作为度量指标；在集聚类型视角方面，选择专业化集聚、多样化集聚与集聚类型演变方向作为度量指标。同时，选择各行业就业人数为基础，明确了上述指标的测算方法：以区位熵测算制造业集聚和生产性服务业集聚、以区位熵相对差异指数测算制造业与生产性服务业协同集聚、以克鲁格曼专业化指数测算专业化集聚、以改进的赫芬达尔指数测算多样化集聚、以多样化集聚与专业化集聚之比测算集聚类型演进方向。

第二，从行业视角和集聚类型视角分析了我国城市产业集聚的发展趋势、个体差异以及空间分布特征。从行业视角来看：（1）制造业集聚水平以及制造业与生产性服务业协同集聚水平总体呈现下降趋势，而生产性服务业集聚水平的总体保持稳定；（2）不同行业产业集聚在城市个体间存在显著差异，生产性服务业集聚差异最大，制造业集聚差异次之，制造业与生产性服务业协同集聚差异最小；（3）制造业集聚、生产性服务业集聚以及制造业与生产性服务业协同集聚存在显著的空间分布差异，具体表现为东部沿海地区集聚水平较高，中西部地区集聚水平较低。从集聚类型视角来看：（1）专业化集聚与多样化集聚总体呈现上升趋势，产业集聚类型的演进更偏向多样化集聚；（2）不同类型产业集聚在城市个体间存在显著差异，专业化集聚差异较大，多样化集聚差异次之，集聚类型演进方向指数差异最小；（3）专业化集聚、多样化集聚以及集聚类型演进方向存在显著的空间分布差异，具体表现为东部沿海地区的专业集聚水平呈上升趋势，而中部地区的多样化集聚呈上升趋势。

第三，利用城市专利申请数量和城市专利获得授权数量两个指标，对我国城市创新的发展趋势、个体差异以及空间分布特征进行分析。从城市专利申请数量来看：（1）城市专利申请数量表现为逐年上升且在 2018 年达到最高，而且城市专利申请数量的标准差也表现为逐年增大的趋势；（2）我国城市专利申请数量的城市个体差异较大，排名第一的城市约为排名第十城市的 3 倍，但后者上升幅度更大；（3）我国城市专利申请数量较高的城市多分布在东部沿海地区、中部和西南地区，其他地区城市的城市专利申请数量较少。从城市专利获得授权数量来看：（1）城市专利获得授权数量表现为逐年上升且在 2019 年达到最高，而且城市专利获得授权数量的标准差也表现为逐年增大的趋势；（2）我国城市专利获得授权数量的城市个体差异较大，排名第一的城市约为排名第十城市的 2 倍，但后者上升幅度更大；（3）我国城市专利获得授权数量较高的城市多分布在东部沿海地区和西南地区，其他地区城市的城市专利获得授权数量较少。

第五章

产业集聚对城市创新影响的 IV-GMM模型分析

本章构建了产业集聚影响城市创新的实证分析框架，利用我国261个地级及以上城市的面板数据，通过构建 IV-GMM 模型，实证分析产业集聚影响城市创新的方向与程度。同时，为评估产业集聚对城市创新可能存在的非线性关系，进一步利用门限效应模型进行分析。这对于准确把握产业集聚与城市创新的关系，推动产业集聚发展与城市创新提高具有重要的理论和现实意义。

第一节　研究框架

图 5-1 展示了产业集聚对城市创新影响机制的分析逻辑框架图。本章有两个研究目标：一是产业集聚对城市创新的影响是否有显著影响；二是产业集聚对城市创新的影响是否有门限效应。为此，本章构建 IV-GMM 模型进行实证检验，并采用缩尾处理法和更换工具变量法对实证结果进行稳健性检验。在拓展性讨论部分，本章对产业集聚影响城市创新的门限效应进行实证检验，并采用缩尾处理法和替换工具变量法对门限效应检验结果进行稳健性检验。

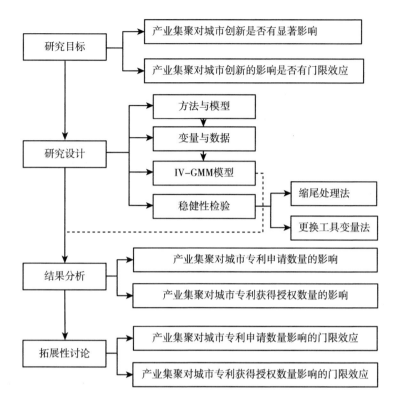

图 5 – 1　产业集聚对城市创新影响的分析逻辑框架

第二节　研究设计

一、IV-GMM 模型

1. 计量模型的构建

本章使用知识生产函数作为分析框架，在不考虑空间效应的情况下，研究产业集聚对我国城市创新的影响，构建以下计量模型：

$$Inno_{it} = \mu_i + \alpha_1 Magg_{it} + \alpha_2 Sagg_{it} + \alpha_3 Coagg_{it}$$

$$+ \alpha_j \sum_{j}^{k} Control_{it} + \upsilon_t + \varepsilon_{it} \qquad (5.1)$$

$$Inno_{it} = \mu_i + \beta_1 Spec_{it} + \beta_2 Div_{it} + \beta_3 Trend_{it}$$

$$+ \beta_j \sum_j^k Control_{it} + \upsilon_t + \varepsilon_{it} \qquad (5.2)$$

其中，$Inno_{it}$ 为被解释变量，表示城市创新，$Magg_{it}$、$Sagg_{it}$ 和 $Coagg_{it}$ 分别表示制造业集聚、生产性服务业集聚以及制造业与生产性服务业协同集聚；$Spec_{it}$、Div_{it} 和 $Trend_{it}$ 分别表示专业化集聚、多样化集聚以及产业集聚类型演进方向；$Control_{it}$ 表示系列控制变量，包括研发投入（$R\&D$）、对外贸易（$Trade$）、就业人口（Emp）、固定资产投资（Fca）和信息基础设施（$Infr$）；μ_i 和 υ_t 分别表示不可观测的城市固定效应和时间固定效应，ε_{it} 为随机扰动项；下标 i 和 t 表示第 i 个城市和第 t 年（$2003 \leqslant t \leqslant 2019$）。

2. 内生性问题的处理

式（5.1）、式（5.2）所示模型并未考虑变量可能存在的内生性问题，将导致模型回归结果存在较大偏误。事实上，产业集聚与城市创新间可能存在反向因果关系，即产业集聚的知识溢出效应对城市创新具有积极意义，同时城市创新水平的提高也可能带来产业集聚水平的提高。此时，如果使用 POOL 模型或 FE 模型对式（5.1）、式（5.2）进行估计，将不能得到参数的无偏一致估计量。为缓解内生性对模型估计的影响，在式（5.1）、式（5.2）中引入工具变量（iv），具体模型如下：

$$Inno_{it} = \mu_i + (Magg_{it} \quad Sagg_{it} \quad Coagg_{it} = ivMagg \quad ivSagg \quad ivCoagg)$$

$$+ \alpha_j \sum_j^k Control_{it} + \upsilon_t + \varepsilon_{it} \qquad (5.3)$$

$$Inno_{it} = \mu_i + (Spec_{it} \quad Div_{it} \quad Trend_{it} = ivSpec \quad ivDiv \quad ivTrend)$$

$$+ \beta_j \sum_j^k Control_{it} + \upsilon_t + \varepsilon_{it} \qquad (5.4)$$

其中，$ivMagg$、$ivSagg$、$ivCoagg$ 分别表示 $Magg_{it}$、$Sagg_{it}$ 和 $Coagg_{it}$ 的工具变量，$ivSpec$、$ivDiv$、$ivTrend$ 分别表示 $Spec_{it}$、Div_{it} 和 $Trend_{it}$ 的工具变量，其他符号含义与式（5.1）、式（5.2）相同。在工具变量选择方面，参考伍先福（2017）和杨芳（2019）的相关研究，本书选择内生解释变量滞后项为工具变量。

为准确估计式（5.3）、式（5.4），采用 IV-GMM 方法对每个方程重新进行面板数据回归。之所以选择 GMM 方法，是考虑到样本是 261 个地级及以上城市 17 年的面板数据，异方差现象难以避免，而 GMM 方法是过度识别且存在异方差情况下更有效的估计方法。由于 GMM 并不支持随机效应模型，因此，先对加入工具变量后的模型利用 2SLS 回归进行 Hausman 检验，如果通过检验则使用 IV-GMM 方法估计，如果没有通过检验，则使用 IV-2SLS 方法进行回归。

二、变量选取

1. 被解释变量

选择当年城市专利申请数量（$Innoa_{it}$）和当年城市专利获得授权数量（$Innog_{it}$）两个指标。这里，当年城市专利申请数量为当年申请的发明专利数量、当年申请的实用新型专利数量以及当年申请的外观设计专利数量之和；当年城市专利获得授权数量为当年获得的发明专利数量、当年获得的实用新型专利数量以及当年获得的外观设计专利数量之和。上述数据均来自佰腾专利数据库和我国专利云数据库。

2. 核心解释变量

本章从产业集聚行业视角和产业集聚类型视角构建核心解释变量。在产业集聚行业视角方面，选择制造业集聚（$Magg_{it}$），生产性服务业集聚（$Sagg_{it}$）以及制造业与生产性服务业协同集聚（$Coagg_{it}$），用来检验"不同集聚行业对城市创新是否存在显著影响"；在产业集聚类型方面，选择专业化集聚（$Spec_{it}$）和多样化集聚（Div_{it}）两个变量，用于检验"不同集聚类型对城市创新是否存在显著影响"。此外，本章还构建了"多样化集聚/专业化集聚（$Trend_{it}$）"指标，用来检验"产业集聚方向的相对动态变化对城市创新是否存在显著影响"。

3. 控制变量

为了防止遗漏重要变量而导致的估计偏误问题，参考王春杨等（2020）、张宽和黄凌云（2020）的研究，选择以下变量来控制不同城市的经济社会环境的。（1）研发投入（$R\&D$）使用城市地方政府预算中的科技经费支出总额的对数表示，科技经费支出往往对城市创新产生直接影响，通常情况下科技经费支出越高的城市其创新水平也越高；（2）对外贸易（*Trade*）使用城市进出口总额的对数表示，城市进出口经济活动不仅涉及货物产品的交换，同时往往也涉及各种知识与科学技术的交流与沟通，而新知识与新技术的引进通常有利于城市创新的提高；（3）就业人口（*Emp*）使用城镇就业职工均值的对数表示，就业人口是城市创新的主要人力支持因素，是城市创新的主要创造者，而就业人口数量较大通常意味着城市创新人力较多，一般也能创造更多创新成果；（4）固定资产投资（*Fca*）使用城市固定资产投资额的对数表示，固定资产投资往往代表了社会资本对经济活动的支持力度，当其总额较大时，表明能够用于创新产出的物质基础较高，通常有利于城市创新的提升；（5）信息基础设施（*Infr*）使用城市邮电业务和电信业务总额表示，信息技术对城市创新的促进作用是不言而喻的，当其取值较大时，表明城市的信息技术基础较好，有利于新知识和新技术的交流与再创新高，有利于城市创新的提高。

三、数据说明

本书以获取统计口径一致的连续数据为样本选取基本原则，统筹考虑区域和时间两个维度对样本城市进行如下处理：第一，剔除未在 2003 ～ 2019 年完整存续的巢湖市、莱芜市、毕节市以及铜仁市等 10 个城市；第二，剔除数据严重缺失的拉萨市、吐鲁番市和哈密市共 3 个城市；第三，剔除关键变量数据严重缺失的中卫市、昭通市和运城市等 11 个城市。最后获得 2003 ～ 2019 年 261 个地级及以上城市作为研究样本。本章除被解释变量外的其他变量数据主要来源于相关年度的《中国统计年鉴》《中国城市统计年鉴》、中经网统计数据库及部分省份的统计年鉴。此外，针对个别城市少数年份的缺失数据利用线性差值法补齐。各变量的描述性统计分析如表 5 - 1 所示。

表5-1　　　　　　　　　　　变量描述性统计分析

符号	观测数	中位数	均值	标准差	最小值	最大值
被解释变量						
Innoa	4437	0.0825	0.4798	1.3501	0.0005	20.2178
Innog	4437	0.0619	0.3564	0.9983	0.0004	16.6105
核心解释变量						
Magg	4437	0.7888	0.8459	0.4652	0.0111	3.3298
Sagg	4437	0.8187	0.8693	0.3744	0.0517	4.3165
Coagg	4437	0.7828	0.6992	0.2108	0.0166	0.9998
Spec	4437	0.4768	0.5292	0.2221	0.1343	1.5051
Div	4437	3.7735	3.9693	2.3113	0.0007	11.5487
Trend	4437	8.2100	8.6580	5.4210	0.0008	37.1899
控制变量						
R&D	4437	8.9306	8.8666	2.1523	0.6931	16.0112
Trade	4437	13.5839	13.6865	2.0625	6.8427	19.6480
Emp	4437	2.6361	2.7781	1.0066	0.1818	6.6490
Fca	4437	15.6660	15.6407	1.2791	12.0178	19.2473
Infr	4437	0.23855	0.3199	0.3021	0.0114	4.3341

第三节　实证发现及结果分析

一、产业集聚对城市专利申请数量的影响分析

（一）基于行业视角的分析

表5-2展示了基于行业视角的产业集聚对我国城市专利申请数量影响的IV-GMM回归估计结果。其中，模型（1）~模型（3）分别将制造业集聚、生产性服务业集聚以及制造业与生产性服务业协同集聚纳入方程的估计结果，模型（4）~模型（6）是将制造业集聚、生产性服务业集聚以及

制造业与生产性服务业协同集聚中的两个纳入方程的估计结果，模型（7）是制造业集聚、生产性服务业集聚以及制造业与生产性服务业协同集聚同时纳入方程的回归估计结果。

从模型检验结果来看，模型（1）~模型（7）的 Hausman 检验结果均通过1%的显著性水平检验，表明应采用 IV-GMM 模型进行回归分析；同时模型（1）~模型（7）的 *LM* 检验和 *CDW* 检验通过1%的显著性水平检验，且 *Sargan P* 值远大于10%，说明 IV-GMM 模型通过了不可识别检验、弱工具变量检验与过度识别检验，表明工具变量的选择合理有效。

从核心解释变量估计系数来看：第一，在模型（1）、模型（4）、模型（5）和模型（7）中，制造业集聚系数为负，但都没有通过显著性检验，表明制造业集聚对城市专利申请数量没有显著影响；第二，在模型（2）、模型（4）、模型（6）和模型（7）中，生产性服务业集聚系数为正且通过10%的显著性水平检验，表明生产性服务业集聚对城市专利申请数量具有显著的促进作用；第三，在模型（3）和模型（5）中，制造业与生产性服务业协同集聚系数为负且通过10%的显著性水平检验，表明制造业与生产性服务业协同集聚对城市专利申请数量具有显著的抑制作用，但在制造业与生产性服务业协同集聚系数又在模型（6）和模型（7）中没有通过显著性水平检验，这提示我们应该进一步分析制造业与生产性服务业协同集聚对城市专利申请数量的影响。

从控制变量估计系数来看：第一，在模型（1）~模型（7）中，研发投入、就业人口和信息基础设施的系数为正且至少通过5%的显著性水平检验，表明研发投入、就业人口和信息基础设施对城市专利申请数量具有显著的促进作用，结合估计系数大小可知，信息基础设施对城市专利申请数量的促进作用最大，就业人口的促进作用次之，研发投入的促进作用最小；第二，在模型（1）~模型（7）中，对外贸易和固定资产投资的系数为负，且至少通过5%的显著性水平检验，表明对外贸易和固定资产投资对城市专利申请数量具有显著的抑制作用，结合估计系数大小可知，固定资产投资对城市专利申请数量的抑制作用比对外贸易更大。

表5－2　　　　　　　基于行业视角的产业集聚对城市专利申请
数量影响的 IV-GMM 回归估计

被解释变量 (Innoa)	模型（1）	模型（2）	模型（3）	模型（4）	模型（5）	模型（6）	模型（7）
Magg	-0.1119 [0.1140]			-0.0433 [0.1169]	-0.0888 [0.1155]		-0.0317 [0.1178]
Sagg		0.3273 * [0.1310]		0.3219 * [0.1341]		0.2861 * [0.1323]	0.2822 * [0.1349]
Coagg			-0.4178 * [0.1978]		-0.4151 * [0.1987]	-0.3536 [0.1990]	-0.3533 [0.1990]
R&D	0.1033 *** [0.0213]	0.1006 *** [0.0213]	0.1051 *** [0.0213]	0.1005 *** [0.0213]	0.1047 *** [0.0213]	0.1021 *** [0.0214]	0.1020 *** [0.0214]
Trade	-0.0884 ** [0.0284]	-0.0829 ** [0.0284]	-0.0842 ** [0.0285]	-0.0818 ** [0.0285]	-0.0815 ** [0.0286]	-0.0776 ** [0.0286]	-0.0768 ** [0.0287]
Emp	0.8250 *** [0.0679]	0.8931 *** [0.0724]	0.7711 *** [0.0623]	0.9028 *** [0.0755]	0.7944 *** [0.0701]	0.8600 *** [0.0745]	0.8671 *** [0.0784]
Fca	-0.2583 *** [0.0374]	-0.2627 *** [0.0374]	-0.2494 *** [0.0374]	-0.2639 *** [0.0375]	-0.2521 *** [0.0376]	-0.2571 *** [0.0375]	-0.2579 *** [0.0377]
Infr	0.1822 ** [0.0619]	0.1793 ** [0.0619]	0.1916 ** [0.0621]	0.1792 ** [0.0619]	0.1912 ** [0.0621]	0.1874 ** [0.0621]	0.1873 ** [0.0621]
城市固定	Y	Y	Y	Y	Y	Y	Y
年份固定	Y	Y	Y	Y	Y	Y	Y
N	3914	3914	3914	3914	3914	3914	3914
adj. R^2	0.184	0.184	0.181	0.184	0.1816	0.1813	0.1813
Hausman	72.74 ***	69.45 ***	72.76 ***	70.13 ***	72.95 ***	70.05 ***	70.31 ***
LM	1375.699 ***	968.728 ***	722.635 ***	937.510 ***	667.550 ***	721.326 ***	655.990 ***
CDW	1097.030 ***	655.377 ***	447.830 ***	313.310 ***	202.198 ***	223.287 ***	132.350 ***
Sargan P	0.5206	0.9286	0.3551	0.8450	0.5597	0.6058	0.7519

注：*、**、*** 是指分别通过0.1、0.05、0.01 的显著性水平检验，中括号内为标准误。Hausman 对模型固定效应进行检验，其原假设为"工具变量模型与固定效应模型无差别"；LM 对模型识别不足问题进行检验，其原假设为"存在识别不足问题"；CDW 对弱工具变量进行检验，其原假设为"工具变量与内生变量不存在较强的相关性"；Sargan P 对工具变量合理性进行检验，其原假设为"工具变量与内生变量相关，而与干扰项不相关"。

（二）基于集聚类型视角的分析

表 5-3 展示了基于集聚类型视角的产业集聚对我国城市专利申请数量影响的 IV-GMM 回归估计结果。其中，模型（1）~模型（3）是分别将专业化集聚、多样化集聚与集聚类型演进方向纳入方程的估计结果，模型（4）是将专业化集聚和多样化集聚纳入方程的估计结果。

从模型检验结果来看，模型（1）~模型（4）的 Hausman 检验结果均通过 1% 的显著水平检验，表明应采用 IV-GMM 模型进行回归分析；同时模型（1）~模型（4）的 LM 检验和 CDW 检验通过 1% 的显著性水平检验，且 Sargan P 值远大于 10%，说明 IV-GMM 模型通过了不可识别检验、弱工具变量检验与过度识别检验，表明工具变量的选择合理有效。

从核心解释变量估计系数来看：第一，在模型（1）和模型（4）中，专业化集聚系数为正且通过 1% 的显著性水平检验，表明专业化集聚对城市专利申请数量具有显著促进作用；第二，在模型（2）和模型（4）中，多样化集聚系数为正且通过 1% 的显著性水平检验，表明多样化集聚对城市专利申请数量具有显著的促进作用；第三，在模型（3）中，集聚类型演进方向系数为正且通过 5% 的显著性水平检验，表明多样化集聚与专业化集聚之比的提高对城市专利申请数量具有显著的促进作用。

从控制变量估计系数来看：第一，在模型（1）~模型（4）中，研发投入、就业人口和信息基础设施的系数为正且至少通过 5% 的显著性水平检验，表明研发投入、就业人口和信息基础设施对城市专利申请数量具有显著的促进作用，结合估计系数大小可知，信息基础设施对城市专利申请数量的促进作用最大，就业人口的促进作用次之，研发投入的促进作用最小；第二，在模型（1）~模型（4）中，对外贸易和固定资产投资的系数为负且至少通过 10% 的显著性水平检验，表明对外贸易和固定资产投资对城市专利申请数量具有显著的抑制作用，结合估计系数大小可知，固定资产投资对城市专利申请数量的抑制作用比对外贸易更大。

表 5 – 3   基于集聚类型视角的产业集聚对城市专利申请
数量影响的 IV-GMM 回归估计

被解释变量 （Innoa）	模型（1）	模型（2）	模型（3）	模型（4）
Spec	0.6434 ** [0.2438]			0.6392 ** [0.2430]
Div		0.0770 *** [0.0202]		0.0710 *** [0.0202]
Trend			0.0238 ** [0.0076]	
R&D	0.1027 *** [0.0213]	0.1021 *** [0.0212]	0.1022 *** [0.0212]	0.1012 *** [0.0212]
Trade	− 0.0722 * [0.0292]	− 0.0724 * [0.0286]	− 0.0906 ** [0.0281]	− 0.0545 [0.0294]
Emp	0.7743 *** [0.0617]	0.9144 *** [0.0684]	0.8501 *** [0.0634]	0.8839 *** [0.0692]
Fca	− 0.2496 *** [0.0373]	− 0.2452 *** [0.0372]	− 0.2502 *** [0.0372]	− 0.2406 *** [0.0373]
Infr	0.1924 ** [0.0620]	0.1806 ** [0.0617]	0.1771 ** [0.0617]	0.1905 ** [0.0618]
城市固定	Y	Y	Y	Y
年份固定	Y	Y	Y	Y
N	3914	3914	3914	3914
adj. R^2	0.1825	0.1877	0.1883	0.1872
Hausman	72.39 ***	71.16 ***	73.74 ***	71.53 ***
LM	900.771 ***	1540.607 ***	1284.749 ***	884.617 ***
CDW	594.354 ***	1324.442 ***	985.160 ***	289.985 ***
Sargan P	0.6343	0.9464	0.6976	0.8199

注：表中符号含义与表 5 – 2 相同。

二、产业集聚对城市专利获得授权数量的影响分析

（一）基于行业视角的分析

表 5 – 4 展示了基于行业视角的产业集聚对我国城市专利获得授权数量

影响的 IV-GMM 回归估计结果。其中，模型（1）~模型（3）分别将制造业集聚、生产性服务业集聚和制造业与生产性服务业协同集聚纳入方程的估计结果，模型（4）~模型（6）是将制造业集聚、生产性服务业集聚和制造业与生产性服务业协同集聚中的两个纳入方程的估计结果，模型（7）是制造业集聚、生产性服务业集聚和制造业与生产性服务业协同集聚同时纳入方程的回归估计结果。

从模型检验结果来看，模型（1）~模型（7）的 Hausman 检验结果均通过 1% 的显著性水平检验，表明应采用 IV-GMM 模型进行回归分析；同时模型（1）~模型（7）的 LM 检验和 CDW 检验通过 1% 的显著性水平检验，且 Sargan P 值远大于 10%，说明 IV-GMM 模型通过了不可识别检验、弱工具变量检验与过度识别检验，表明工具变量的选择合理有效。

从核心解释变量估计系数来看：第一，在模型（1）、模型（4）、模型（5）和模型（7）中，制造业集聚尽管系数为负，但都没有通过显著性检验，表明制造业集聚对城市专利获得授权数量没有显著影响；第二，在模型（2）、模型（4）、模型（6）和模型（7）中，生产性服务业集聚系数为正且通过 10% 的显著性水平检验，表明生产性服务业集聚对城市专利获得授权数量具有显著的促进作用；第三，在模型（3）、模型（5）、模型（6）和模型（7）中，制造业与生产性服务业协同集聚系数为负，但均没有通过显著性水平检验，表明制造业与生产性服务业协同集聚对城市专利获得授权数量没有影响。

从控制变量估计系数来看：第一，在模型（1）~模型（7）中，研发投入、就业人口和信息基础设施的系数为正且通过 1% 的显著性水平检验，表明研发投入、就业人口和信息基础设施对城市专利获得授权数量具有显著的促进作用，结合估计系数大小可知，就业人口对城市专利获得授权数量的促进作用最大，信息基础设施的促进作用次之，研发投入的促进作用最小；第二，在模型（1）~模型（7）中，对外贸易和固定资产投资的系数为负且通过 1% 的显著性水平检验，表明对外贸易和固定资产投资对城市专利获得授权数量具有显著的抑制作用，结合估计系数大小可知，固定资产投资对城市专利获得授权数量的抑制作用比对外贸易更大。

表 5 – 4　　　　　　基于行业视角的产业集聚对城市专利获得授权
数量影响的 IV-GMM 回归估计

被解释变量 （Innog）	模型（1）	模型（2）	模型（3）	模型（4）	模型（5）	模型（6）	模型（7）
Magg	−0.0548 [0.0855]			−0.0071 [0.0877]	−0.0398 [0.0866]		0.0005 [0.0884]
Sagg		0.2214* [0.0982]		0.2219* [0.1006]		0.1988* [0.0992]	0.1996* [0.1011]
Coagg			−0.2411 [0.1483]		−0.2398 [0.1490]	−0.197 [0.1492]	−0.1969 [0.1492]
R&D	0.0889*** [0.0160]	0.0870*** [0.0160]	0.0900*** [0.0160]	0.0870*** [0.0160]	0.0898*** [0.0160]	0.0879*** [0.0160]	0.0879*** [0.0160]
Trade	−0.0872*** [0.0213]	−0.0829*** [0.0213]	−0.0845*** [0.0213]	−0.0827*** [0.0214]	−0.0834*** [0.0214]	−0.0800*** [0.0215]	−0.0800*** [0.0215]
Emp	0.6918*** [0.0509]	0.7434*** [0.0543]	0.6633*** [0.0467]	0.7454*** [0.0566]	0.6738*** [0.0526]	0.7250*** [0.0559]	0.7252*** [0.0588]
Fca	−0.2687*** [0.0280]	−0.2723*** [0.0280]	−0.2639*** [0.0280]	−0.2725*** [0.0281]	−0.2651*** [0.0282]	−0.2691*** [0.0281]	−0.2691*** [0.0283]
Infr	0.1780*** [0.0464]	0.1760*** [0.0464]	0.1834*** [0.0466]	0.1760*** [0.0464]	0.1832*** [0.0466]	0.1805*** [0.0466]	0.1805*** [0.0466]
城市固定	Y	Y	Y	Y	Y	Y	Y
年份固定	Y	Y	Y	Y	Y	Y	Y
N	3914	3914	3914	3914	3914	3914	3914
adj. R^2	0.1944	0.1947	0.1918	0.1946	0.1921	0.1924	0.1922
Hausman	54.90***	52.19***	55.12***	53.09***	55.36***	53.10***	53.43***
LM	1375.699***	968.728***	722.635***	937.510***	667.550***	721.326***	655.990***
CDW	1097.030***	655.377***	447.830***	313.310***	202.918***	223.287***	132.350***
Sargan P	0.6434	0.8639	0.1870	0.9053	0.4045	0.3798	0.5811

注：表中符号含义与表 5 – 2 相同。

（二）基于集聚类型视角的分析

表 5 – 5 展示了基于集聚类型视角的产业集聚对我国城市专利获得授权
数量影响的 IV-GMM 回归估计结果。其中，模型（1）~模型（3）分别将

专业化集聚、多样化集聚和集聚类型演进方向纳入方程的估计结果，模型（4）是将专业化集聚和多样化集聚纳入方程的估计结果。

从模型检验结果来看，模型（1）~模型（4）的 *Hausman* 检验结果均通过 1% 的显著水平检验，表明应采用 IV-GMM 模型进行回归分析；同时模型（1）~模型（4）的 *LM* 检验和 *CDW* 检验通过 1% 的显著性水平检验，且 *Sargan P* 值远大于 10%，说明 IV-GMM 模型通过了不可识别检验、弱工具变量检验与过度识别检验，表明工具变量的选择合理有效。

从核心解释变量估计系数来看：第一，在模型（1）和模型（4）中，专业化集聚系数为正且通过 10% 的显著性水平检验，表明专业化集聚对城市专利获得授权数量具有显著促进作用；第二，在模型（2）和模型（4）中，多样化集聚系数为正且通过 1% 的显著性水平检验，表明多样化集聚对城市专利获得授权数量具有显著的促进作用；第三，在模型（3）中，集聚类型演进方向系数为正且通过 1% 的显著性水平检验，表明多样化集聚与专业化集聚之比的提高对城市专利获得授权数量具有显著的促进作用。

从控制变量估计系数来看：第一，在模型（1）~模型（4）中，研发投入、就业人口和信息基础设施的系数为正且至少通过 5% 的显著性水平检验，表明研发投入、就业人口和信息基础设施对城市专利获得授权数量具有显著的促进作用，结合估计系数大小可知，信息基础设施对城市专利获得授权数量的促进作用最大，就业人口的促进作用次之，研发投入的促进作用最小；第二，在模型（1）~模型（4）中，对外贸易和固定资产投资的系数为负且至少通过 5% 的显著性水平检验，表明对外贸易和固定资产投资对城市专利获得授权数量具有显著的抑制作用，结合估计系数大小可知，固定资产投资对城市专利获得授权数量的抑制作用比对外贸易更大。

表 5-5　基于集聚类型视角的产业集聚对城市专利获得授权数量影响的 IV-GMM 回归估计

被解释变量（*Innog*）	模型（1）	模型（2）	模型（3）	模型（4）
Spec	0.3320* [0.1827]			0.3288* [0.1816]

续表

被解释变量 （Innog）	模型（1）	模型（2）	模型（3）	模型（4）
Div		0.0745 *** [0.0151]		0.0708 *** [0.0151]
Trend			0.0328 *** [0.0057]	
R&D	0.0886 *** [0.0160]	0.0876 *** [0.0159]	0.0871 *** [0.0159]	0.0871 *** [0.0159]
Trade	-0.0788 *** [0.0219]	-0.0702 ** [0.0214]	-0.0874 *** [0.0210]	-0.0612 ** [0.0220]
Emp	0.6665 *** [0.0462]	0.7923 *** [0.0511]	0.7523 *** [0.0473]	0.7756 *** [0.0517]
Fca	-0.2643 *** [0.0280]	-0.2576 *** [0.0278]	-0.2605 *** [0.0277]	-0.2553 *** [0.0279]
Infr	0.1833 *** [0.0465]	0.1763 *** [0.0461]	0.1707 *** [0.0461]	0.1814 *** [0.0462]
城市固定	Y	Y	Y	Y
年份固定	Y	Y	Y	Y
N	3914	3914	3914	3914
adj. R^2	0.1938	0.2034	0.2062	0.2036
Hausman	54.03 ***	54.26 ***	59.30 ***	53.96 ***
LM	900.771 ***	1540.607 ***	1284.749 ***	884.617 ***
CDW	594.354 ***	1324.442 ***	985.160 ***	289.985 ***
Sargan P	0.2665	0.9211	0.5588	0.4590

注：表中符号含义与表5-2相同。

第四节　稳健性检验

为保证实证结果的可靠性，通常需要对实证模型进行稳健性检验。常用的稳健性检验方法包括变量替换法、改变样本容量法、分样本回归法、补充变量法和改变参数估计方法五种。然而，目前有关稳健性检验尚没有统一的标准，也没有明确的说明告诉研究人员要从哪几个角度去进行稳健性检验，因此，需要研究人员结合研究内容进行把握。通常情况下样本容量对方程回归结果的影响较大，同时考虑到工具变量是 IV-GMM 估计的关键，为进一步检验本书研究结论的可靠性与工具变量的有效性，拟采取缩尾法改变样本容量以及更换工具变量的方法进行稳健性检验。

一、改变样本容量法：缩尾处理

改变样本容量是面板数据模型估计常用的稳健性检验方法，通常情况下有选择子样本、缩尾处理法以及扩充样本容量等方法。其中，缩尾处理法常用于剔除样本中的极端值或离群值，陈强远等（2019）在我国技术创新主要激励政策对企业技术创新质量和数量的稳健性检验时，对企业的资产收益率与负债比率进行了 1% 分位上双边缩尾处理，从而达到检验研究结论是否依然稳健的目的。参考上述研究，本书对核心解释变量进行双边缩尾（1%）处理后①，再对式（5.3）、式（5.4）进行 IV-GMM 回归，从而对研究结论是否稳健进行检验。

（一）产业集聚对城市专利申请数量影响的稳健性检验

表 5-6 展示了基于行业视角的产业集聚对城市专利申请数量影响的稳健性检验结果。从表 5-6 中可以看出：第一，模型（1）~模型（7）均通过了 Hausman 检验、LM 检验、CDW 检验且 Sargan P 值远大于 10%，表明 IV-GMM 模型的设定与工具变量的选择合理有效；第二，核心解释变量中制造业集聚没有通过显著性水平检验，生产性服务业集聚系数符号为正且至少通过 5% 的显著性水平检验，制造业与生产性服务业协同集聚系数为负且在部分模型通过 10% 的显著性水平检验；第三，控制变量中，研发投入、就业人口和信息基础设施的系数为正且至少通过 5% 的显著性水平检

---

① 本书每个变量都有 4437 个数据，双侧缩尾 1% 后每个变量约有 88 个取值被调整，已经能够满足去除极值的要求了。

验，对外贸易和固定资产投资系数为负且至少通过10%的显著性水平检验。综上可知，制造业集聚、生产性服务业集聚和制造业与生产性服务业协同集聚对城市专利申请数量的影响通过了稳健性检验。

表5-6　　　基于行业视角的产业集聚对城市专利申请数量影响的稳健性检验

被解释变量（Innoa）	模型（1）	模型（2）	模型（3）	模型（4）	模型（5）	模型（6）	模型（7）
Magg	-0.1965 [0.1206]			-0.0951 [0.1238]	-0.1645 [0.1233]		-0.0759 [0.1258]
Sagg		0.4639*** [0.1375]		0.4432** [0.1413]		0.4258** [0.1385]	0.4093** [0.1414]
Coagg			-0.4190* [0.1994]		-0.4011* [0.2019]	-0.338 [0.1999]	-0.3322 [0.2014]
R&D	0.1031*** [0.0213]	0.1002*** [0.0213]	0.1051*** [0.0213]	0.1000*** [0.0213]	0.1045*** [0.0213]	0.1016*** [0.0213]	0.1014*** [0.0213]
Trade	-0.0851** [0.0285]	-0.0805** [0.0283]	-0.0844** [0.0284]	-0.0778** [0.0285]	-0.0791** [0.0286]	-0.0755** [0.0286]	-0.0734* [0.0287]
Emp	0.8387*** [0.0665]	0.9311*** [0.0730]	0.7706*** [0.0623]	0.9459*** [0.0750]	0.8077*** [0.0690]	0.8998*** [0.0750]	0.9120*** [0.0780]
Fca	-0.2592*** [0.0373]	-0.2654*** [0.0373]	-0.2494*** [0.0374]	-0.2670*** [0.0373]	-0.2531*** [0.0375]	-0.2600*** [0.0375]	-0.2614*** [0.0376]
Infr	0.1794** [0.0618]	0.1773** [0.0618]	0.1914** [0.0621]	0.1760** [0.0618]	0.1884** [0.0621]	0.1849** [0.0621]	0.1837** [0.0621]
固定效应	Y	Y	Y	Y	Y	Y	Y
时间效应	Y	Y	Y	Y	Y	Y	Y
N	3915	3915	3915	3915	3915	3915	3915
adj. R^2	0.1849	0.1859	0.181	0.1863	0.1827	0.1827	0.1834
Hausman	73..00***	69.94***	72.80***	70.73***	73.27***	70.20***	70.60***
LM	1344.265***	1047.379***	716.194***	1020.330***	642.674***	713.580***	630.116***
CDW	1057.203***	729.896***	443.194***	351.678***	193.731***	220.292***	126.035***
Sargan P	0.6303	0.9345	0.3492	0.9176	0.6023	0.5818	0.7675

注：表中符号含义与表5-2相同。

表5-7展示了基于集聚类型视角的产业集聚对城市专利申请数量影响

的稳健性检验结果。从表 5 – 7 中可以看出：第一，模型（1）~模型（4）均通过了 *Hausman* 检验、*LM* 检验、*CDW* 检验且 *Sargan P* 值远大于10%，表明 IV-GMM 模型的设定与工具变量的选择合理有效；第二，核心解释变量中专业化集聚系数为正且通过 5% 的显著性水平检验，多样化集聚系数符号为正且通过 5% 的显著性水平检验，集聚类型演变方向系数为正且通过 5% 的显著性水平检验；第三，控制变量中，研发投入、就业人口和信息基础设施的系数为正且至少通过 5% 的显著性水平检验，对外贸易和固定资产投资系数为负且至少通过 10% 的显著性水平检验。综上可知，专业化集聚、多样化集聚和集聚类型演变方向对城市专利申请数量的影响通过了稳健性检验。

表 5 – 7　　　　基于集聚类型视角的产业集聚对城市专利
申请数量影响的稳健性检验

被解释变量 （*Innoa*）	模型（1）	模型（2）	模型（3）	模型（4）
Spec	0. 6721 ** [0. 2471]			0. 6677 ** [0. 2466]
Div		0. 0594 ** [0. 0204]		0. 0531 ** [0. 0204]
Trend			0. 0233 ** [0. 0082]	
R&D	0. 1029 *** [0. 0213]	0. 1024 *** [0. 0213]	0. 1019 *** [0. 0213]	0. 1017 *** [0. 0213]
Trade	− 0. 0711 * [0. 0292]	− 0. 0771 ** [0. 0286]	− 0. 0899 ** [0. 0281]	− 0. 0582 * [0. 0295]
Emp	0. 7744 *** [0. 0616]	0. 8875 *** [0. 0686]	0. 8504 *** [0. 0639]	0. 8566 *** [0. 0694]
Fca	− 0. 2480 *** [0. 0373]	− 0. 2478 *** [0. 0373]	− 0. 2541 *** [0. 0372]	− 0. 2416 *** [0. 0373]
Infr	0. 1936 ** [0. 0620]	0. 1804 ** [0. 0618]	0. 1769 ** [0. 0618]	0. 1916 ** [0. 0619]
固定效应	Y	Y	Y	Y
时间效应	Y	Y	Y	Y
N	3915	3915	3915	3915

续表

被解释变量 (Innoa)	模型 (1)	模型 (2)	模型 (3)	模型 (4)
adj. R^2	0.1827	0.1863	0.187	0.1857
Hausman	72.62 ***	71.51 ***	73.18 ***	72.10 ***
LM	901.789 ***	1543.704 ***	12217.323 ***	886.600 ***
CDW	595.194 ***	1328.789 ***	907.323 ***	290.818 ***
Sargan P	0.6891	0.7546	0.7759	0.7704

注：表中符号含义与表5-2相同。

（二）产业集聚对城市专利获得授权数量影响的稳健性检验

表5-8展示了基于行业视角的产业集聚对城市专利获得授权数量影响的稳健性检验结果。从表5-8中可以看出：第一，模型（1）~模型（7）均通过了 Hausman 检验、LM 检验、CDW 检验且 Sargan P 值远大于10%，表明 IV-GMM 模型的设定与工具变量的选择合理有效；第二，核心解释变量中制造业集聚系数为负且没有通过显著性检验，生产性服务业集聚系数为正且通过5%的显著性水平检验，制造业与生产性服务业协同集聚系数为负且没有通过显著性检验；第三，控制变量中，研发投入、就业人口和信息基础设施的系数为正且通过1%的显著性水平检验，对外贸易和固定资产投资系数为负且通过1%的显著性水平检验。综上可知，制造业集聚、生产性服务业集聚和制造业与生产性服务业协同集聚对城市专利获得授权数量的影响通过了稳健性检验。

表5-8　　　　　　基于行业视角的产业集聚对城市专利获得
授权数量影响的稳健性检验

被解释变量 (Innog)	模型 (1)	模型 (2)	模型 (3)	模型 (4)	模型 (5)	模型 (6)	模型 (7)
Magg	-0.1562 [0.0904]			-0.0845 [0.0929]	-0.1367 [0.0925]		-0.0735 [0.0943]
Sagg		0.3256 ** [0.1031]		0.3069 ** [0.1059]		0.3067 ** [0.1038]	0.2903 ** [0.1059]

被解释变量 （Innog）	模型（1）	模型（2）	模型（3）	模型（4）	模型（5）	模型（6）	模型（7）
Coagg			− 0. 2434 [0. 1495]		− 0. 228 [0. 1514]	− 0. 1817 [0. 1499]	− 0. 1759 [0. 1509]
R&D	0. 0887 *** [0. 0160]	0. 0867 *** [0. 0160]	0. 0900 *** [0. 0160]	0. 0866 *** [0. 0160]	0. 0895 *** [0. 0160]	0. 0874 *** [0. 0160]	0. 0873 *** [0. 0160]
Trade	− 0. 0836 *** [0. 0213]	− 0. 0810 *** [0. 0213]	− 0. 0847 *** [0. 0213]	− 0. 0786 *** [0. 0214]	− 0. 0803 *** [0. 0214]	− 0. 0783 *** [0. 0214]	− 0. 0763 *** [0. 0215]
Emp	0. 7116 *** [0. 0498]	0. 7725 *** [0. 0548]	0. 6629 *** [0. 0467]	0. 7855 *** [0. 0562]	0. 6937 *** [0. 0517]	0. 7561 *** [0. 0562]	0. 7678 *** [0. 0585]
Fca	− 0. 2704 *** [0. 0280]	− 0. 2744 *** [0. 0280]	− 0. 2638 *** [0. 0280]	− 0. 2758 *** [0. 0280]	− 0. 2669 *** [0. 0281]	− 0. 2715 *** [0. 0281]	− 0. 2728 *** [0. 0282]
Infr	0. 1757 *** [0. 0464]	0. 1745 *** [0. 0463]	0. 1833 *** [0. 0466]	0. 1734 *** [0. 0463]	0. 1808 *** [0. 0466]	0. 1785 *** [0. 0465]	0. 1774 *** [0. 0465]
固定效应	Y	Y	Y	Y	Y	Y	Y
时间效应	Y	Y	Y	Y	Y	Y	Y
N	3915	3915	3915	3915	3915	3915	3915
adj. R^2	0. 1958	0. 1963	0. 1918	0. 1972	0. 1938	0. 1939	0. 1949
Hausman	54. 98 ***	52. 52 ***	55. 17 ***	53. 34 ***	55. 50 ***	53. 21 ***	53. 57 ***
LM	1344. 265 ***	1047. 379 ***	761. 660 ***	1020. 330 ***	642. 674 ***	713. 580 ***	630. 116 ***
CDW	1057. 203 ***	729. 896 ***	443. 194 ***	351. 678 ***	193. 731 ***	220. 292 ***	126. 035 ***
Sargan P	0. 6952	0. 6274	0. 1870	0. 8361	0. 4162	0. 3533	0. 5614

注：表中符号含义与表5 − 2相同。

表5 − 9展示了基于集聚类型视角的产业集聚对城市专利获得授权数量影响的稳健性检验结果。从表5 − 9中可以看出：第一，模型（1）～模型（4）均通过了 Hausman 检验、LM 检验、CDW 检验且 Sargan P 值远大于 10% ，表明 IV-GMM 模型的设定与工具变量的选择合理有效；第二，核心解释变量中专业化集聚系数为正且通过 10% 的显著性水平检验，多样化集聚系数符号为正且通过 1% 的显著性水平检验，集聚类型演变方向系数为正且通过 1% 的显著性水平检验；第三，控制变量中，研发投入、就业人口和信息基础设施的系数为正且至少通过 1% 的显著性水平检验，对外贸

易和固定资产投资系数为负且至少通过1%的显著性水平检验。综上可知，专业化集聚、多样化集聚和集聚类型演变方向对城市专利申请数量的影响通过了稳健性检验。

表5-9 基于集聚类型视角的产业集聚对城市专利获得授权数量影响的稳健性检验

被解释变量（Innog）	模型（1）	模型（2）	模型（3）	模型（4）
Spec	0.3565 * [0.1852]			0.3534 * [0.1844]
Div		0.0601 *** [0.0152]		0.0561 *** [0.0153]
Trend			0.0302 *** [0.0062]	
R&D	0.0887 *** [0.0160]	0.0878 *** [0.0159]	0.0868 *** [0.0159]	0.0875 *** [0.0159]
Trade	-0.0780 *** [0.0219]	-0.0742 *** [0.0214]	-0.0865 *** [0.0210]	-0.0643 ** [0.0220]
Emp	0.6662 *** [0.0462]	0.7703 *** [0.0513]	0.7484 *** [0.0478]	0.7530 *** [0.0519]
Fca	-0.2634 *** [0.0280]	-0.2598 *** [0.0279]	-0.2660 *** [0.0278]	-0.2566 *** [0.0279]
Infr	0.1840 *** [0.0465]	0.1760 *** [0.0462]	0.1709 *** [0.0462]	0.1819 *** [0.0463]
固定效应	Y	Y	Y	Y
时间效应	Y	Y	Y	Y
N	3915	3915	3915	3915
adj. R^2	0.1939	0.2008	0.2017	0.2008
Hausman	54.21 ***	54.21 ***	57.94 ***	54.20 ***
LM	901.789 ***	1543.704 ***	1217.323 ***	886.600 ***
CDW	595.194 ***	1328.789 ***	907.493 ***	290.188 ***
Sargan P	0.2856	0.7495	0.7464	0.4567

注：表中符号含义与表5-2相同。

二、工具变量法：更换工具变量

内生性问题是面板数据模型普遍面临的重要问题。施炳展和李建桐（2020）在分析互联网对我国制造业企业分工水平的影响时将大部分稳健性检验的篇幅都留给了内生性问题，可见内生性问题对我们研究的重要性。通常情况下，工具变量法和加入滞后变量是缓解内生性问题的常用方法。本章在分析中使用核心解释变量的一阶到二阶滞后项作为工具变量，为检验其有效性，这里使用核心解释变量与其当期均值之差作为工具变量。当地区固定效应和年份效应被控制后，该变量能够刻画各城市—年份的产业集聚经济水平，它与该城市—年份的产业专业化或多样化相关，但与每年的城市创新没有直接的因果关系，可以减弱内生性问题对计量结果的影响（陈大峰，2019）。

（一）产业集聚对城市专利申请数量影响的稳健性检验

表 5 – 10 展示了基于行业视角的产业集聚对城市专利申请数量影响的稳健性检验结果。从表 5 – 10 中可以看出：第一，模型（1）~ 模型（7）均通过了 *Hausman* 检验、*LM* 检验、*CDW* 检验且 *Sargan P* 值远大于10%，表明 IV-GMM 模型的设定与工具变量的选择合理有效；第二，核心解释变量中制造业集聚没有通过显著性水平检验，生产性服务业集聚系数符号为正且至少通过 5% 的显著性水平检验，制造业与生产性服务业协同集聚系数为负且在部分模型通过 10% 的显著性水平检验；第三，控制变量中，研发投入、就业人口和信息基础设施的系数为正且至少通过 5% 的显著性水平检验，对外贸易和固定资产投资系数为负且至少通过 5% 的显著性水平检验。综上可知，制造业集聚、生产性服务业集聚和制造业与生产性服务业协同集聚对城市专利申请数量的影响通过了稳健性检验。

表5-10 基于行业视角的产业集聚对城市专利申请数量影响的稳健性检验

被解释变量（Innoa）	模型（1）	模型（2）	模型（3）	模型（4）	模型（5）	模型（6）	模型（7）
Magg	-0.1121 [0.1139]			-0.0434 [0.1168]	-0.0894 [0.1153]		-0.0321 [0.1177]
Sagg		0.3274 * [0.1309]		0.3220 * [0.1341]		0.2864 * [0.1322]	0.2825 * [0.1348]
Coagg			-0.4166 * [0.1975]		-0.4141 * [0.1984]	-0.3526 [0.1987]	-0.3524 [0.1986]
R&D	0.1033 *** [0.0213]	0.1006 *** [0.0213]	0.1051 *** [0.0213]	0.1005 *** [0.0213]	0.1048 *** [0.0213]	0.1022 *** [0.0214]	0.1021 *** [0.0214]
Trade	-0.0884 ** [0.0284]	-0.0829 ** [0.0284]	-0.0843 ** [0.0285]	-0.0818 ** [0.0285]	-0.0816 ** [0.0286]	-0.0777 ** [0.0286]	-0.0769 ** [0.0287]
Emp	0.8250 *** [0.0679]	0.8931 *** [0.0724]	0.7710 *** [0.0623]	0.9029 *** [0.0755]	0.7945 *** [0.0701]	0.8600 *** [0.0745]	0.8673 *** [0.0784]
Fca	-0.2583 *** [0.0374]	-0.2627 *** [0.0374]	-0.2495 *** [0.0374]	-0.2639 *** [0.0374]	-0.2522 *** [0.0376]	-0.2571 *** [0.0375]	-0.2580 *** [0.0377]
Infr	0.1822 ** [0.0618]	0.1793 ** [0.0619]	0.1915 ** [0.0621]	0.1792 ** [0.0618]	0.1912 ** [0.0621]	0.1873 ** [0.0621]	0.1872 ** [0.0621]
固定效应	Y	Y	Y	Y	Y	Y	Y
时间效应	Y	Y	Y	Y	Y	Y	Y
N	3915	3915	3915	3915	3915	3915	3915
adj. R^2	0.1841	0.1841	0.1811	0.1842	0.1817	0.1814	0.1814
Hausman	72.81 ***	69.52 ***	72.84 ***	70.20 ***	73.03 ***	70.12 ***	70.38 ***
LM	1377.178 ***	969.170 ***	724.098 ***	937.771 ***	669.619 ***	722.585 ***	657.732 ***
CDW	1098.744 ***	655.720 ***	448.931 ***	313.398 ***	203.676 ***	223.758 ***	132.771 ***
Sargan P	0.5199	0.9279	0.3569	0.8446	0.5602	0.6072	0.7523

注：表中符号含义与表5-2相同。

表5-11展示了基于集聚类型视角的产业集聚对城市专利申请数量影响的稳健性检验结果。从表5-11中可以看出：第一，模型（1）~模型（4）均通过了 Hausman 检验、LM 检验、CDW 检验且 Sargan P 值远大于 10%，表明 IV-GMM 模型的设定与工具变量的选择合理有效；第二，核心解释变量中专业化集聚系数为正且通过 5% 的显著性水平检验，多样化集

聚系数符号为正且通过1%的显著性水平检验，集聚类型演变方向系数为正且通过5%的显著性水平检验；第三，控制变量中，研发投入、就业人口和信息基础设施的系数为正且至少通过5%的显著性水平检验，对外贸易和固定资产投资系数为负且至少通过10%的显著性水平检验。综上可知，专业化集聚、多样化集聚和集聚类型演变方向对城市专利申请数量的影响通过了稳健性检验。

表5-11　　　　　基于集聚类型视角的产业集聚对城市专利申请
数量影响的稳健性检验

被解释变量 （Innoa）	模型（1）	模型（2）	模型（3）	模型（4）
Spec	0.6433 ** [0.2437]			0.6392 ** [0.2430]
Div		0.0771 *** [0.0202]		0.0710 *** [0.0202]
Trend			0.0238 ** [0.0076]	
R&D	0.1027 *** [0.0213]	0.1021 *** [0.0212]	0.1023 *** [0.0212]	0.1012 *** [0.0212]
Trade	-0.0722 * [0.0292]	-0.0724 * [0.0286]	-0.0907 ** [0.0281]	-0.0545 [0.0294]
Emp	0.7742 *** [0.0616]	0.9144 *** [0.0684]	0.8501 *** [0.0633]	0.8839 *** [0.0692]
Fca	-0.2496 *** [0.0373]	-0.2452 *** [0.0372]	-0.2502 *** [0.0372]	-0.2406 *** [0.0373]
Infr	0.1924 ** [0.0620]	0.1806 ** [0.0617]	0.1771 ** [0.0617]	0.1905 ** [0.0618]
固定效应	Y	Y	Y	Y
时间效应	Y	Y	Y	Y
N	3915	3915	3915	3915
adj. R^2	0.1826	0.1878	0.1884	0.1873
Hausman	72.46 ***	71.22 ***	73.81 ***	71.59 ***
LM	901.022 ***	1541.327 ***	1285.343 ***	884.886 ***
CDW	594.522 ***	1325.250 ***	985.717 ***	290.077 ***
Sargan P	0.6349	0.9468	0.6979	0.8202

注：表中符号含义与表5-2相同。

（二）产业集聚对城市专利获得授权数量影响的稳健性检验

表5-12展示了基于行业视角的产业集聚对城市专利获得授权数量影响的稳健性检验结果。从表5-12中可以看出：第一，模型（1）~模型（7）均通过了 *Hausman* 检验、*LM* 检验、*CDW* 检验且 *Sargan P* 值远大于10%，表明 IV-GMM 模型的设定与工具变量的选择合理有效；第二，核心解释变量中制造业集聚系数为负但没有通过显著性检验，生产性服务业集聚系数为正且通过 10% 的显著性水平检验，制造业与生产性服务业协同集聚系数为负但没有通过显著性检验；第三，控制变量中，研发投入、就业人口和信息基础设施的系数为正且通过 1% 的显著性水平检验，对外贸易和固定资产投资系数为负且通过 1% 的显著性水平检验。综上可知，制造业集聚、生产性服务业集聚和制造业与生产性服务业协同集聚对城市专利获得授权数量的影响通过了稳健性检验。

表 5-12　　　基于行业视角的产业集聚对城市专利获得授权
数量影响的稳健性检验

被解释变量（Innog）	模型（1）	模型（2）	模型（3）	模型（4）	模型（5）	模型（6）	模型（7）
Magg	-0.0551 [0.0854]			-0.0074 [0.0876]	-0.0404 [0.0865]		0.0001 [0.0883]
Sagg		0.2215 * [0.0982]		0.2220 * [0.1006]		0.1991 * [0.0991]	0.1999 * [0.1011]
Coagg			-0.2400 [0.1481]		-0.2388 [0.1488]	-0.1961 [0.1489]	-0.1960 [0.1489]
R&D	0.0890 *** [0.0160]	0.0871 *** [0.0160]	0.0900 *** [0.0160]	0.0870 *** [0.0160]	0.0898 *** [0.0160]	0.0879 *** [0.0160]	0.0879 *** [0.0160]
Trade	-0.0873 *** [0.0213]	-0.0830 *** [0.0213]	-0.0846 *** [0.0213]	-0.0827 *** [0.0214]	-0.0834 *** [0.0214]	-0.0801 *** [0.0214]	-0.0800 *** [0.0215]
Emp	0.6918 *** [0.0509]	0.7434 *** [0.0543]	0.6632 *** [0.0467]	0.7455 *** [0.0566]	0.6738 *** [0.0526]	0.7251 *** [0.0559]	0.7253 *** [0.0588]
Fca	-0.2687 *** [0.0280]	-0.2723 *** [0.0280]	-0.2639 *** [0.0280]	-0.2725 *** [0.0281]	-0.2651 *** [0.0282]	-0.2692 *** [0.0281]	-0.2692 *** [0.0282]

续表

被解释变量 （Innog）	模型（1）	模型（2）	模型（3）	模型（4）	模型（5）	模型（6）	模型（7）
Infr	0.1780 *** [0.0464]	0.1760 *** [0.0464]	0.1833 *** [0.0466]	0.1760 *** [0.0464]	0.1832 *** [0.0466]	0.1804 *** [0.0466]	0.1804 *** [0.0466]
固定效应	Y	Y	Y	Y	Y	Y	Y
时间效应	Y	Y	Y	Y	Y	Y	Y
N	3915	3915	3915	3915	3915	3915	3915
adj. R^2	0.1944	0.1947	0.1918	0.1946	0.1921	0.1924	0.1922
Hausman	54.96 ***	52.25 ***	55.18 ***	53.15 ***	55.42 ***	53.15 ***	53.48 ***
LM	1377.170 ***	969.170 ***	724.098 ***	937.771 ***	669.619 ***	722.585 ***	657.732 ***
CDW	1098.744 ***	655.720 ***	448.931 ***	313.398 ***	203.676 ***	223.758 ***	132.771 ***
Sargan P	0.6419	0.8624	0.1884	0.9043	0.4060	0.3814	0.5826

注：表中符号含义与表5-2相同。

表5-13展示了基于集聚类型视角的产业集聚对城市专利获得授权数量影响的稳健性检验结果。从表5-13中可以看出：第一，模型（1）～模型（4）均通过了Hausman检验、LM检验、CDW检验且Sargan P值远大于10%，表明IV-GMM模型的设定与工具变量的选择合理有效；第二，核心解释变量中专业化集聚系数为正且通过10%的显著性水平检验，多样化集聚系数符号为正且通过1%的显著性水平检验，集聚类型演变方向系数为正且通过1%的显著性水平检验；第三，控制变量中，研发投入、就业人口和信息基础设施的系数为正且至少通过1%的显著性水平检验，对外贸易和固定资产投资系数为负且至少通过1%的显著性水平检验。综上可知，专业化集聚、多样化集聚和集聚类型演变方向对城市专利申请数量的影响通过了稳健性检验。

表5-13　　基于集聚类型视角的产业集聚对城市专利获得授权
数量影响的稳健性检验

被解释变量 （Innog）	模型（1）	模型（2）	模型（3）	模型（4）
Spec	0.3319 * [0.1827]			0.3287 * [0.1816]

续表

被解释变量 （Innog）	模型（1）	模型（2）	模型（3）	模型（4）
Div		0.0745 *** [0.0151]		0.0708 *** [0.0151]
Trend			0.0328 *** [0.0057]	
R&D	0.0887 *** [0.0160]	0.0876 *** [0.0159]	0.0871 *** [0.0158]	0.0871 *** [0.0159]
Trade	− 0.0789 *** [0.0219]	− 0.0702 ** [0.0214]	− 0.0874 *** [0.0210]	− 0.0612 ** [0.0220]
Emp	0.6664 *** [0.0462]	0.7923 *** [0.0511]	0.7523 *** [0.0473]	0.7756 *** [0.0517]
Fca	− 0.2643 *** [0.0280]	− 0.2576 *** [0.0278]	− 0.2605 *** [0.0277]	− 0.2553 *** [0.0279]
Infr	0.1832 *** [0.0465]	0.1763 *** [0.0461]	0.1707 *** [0.0461]	0.1814 *** [0.0462]
固定效应	Y	Y	Y	Y
时间效应	Y	Y	Y	Y
N	3915	3915	3915	3915
adj. R^2	0.1939	0.2034	0.2063	0.2036
Hausman	54.08 ***	54.13 ***	59.35 ***	54.00 ***
LM	901.022 ***	1541.327 ***	1285.343 ***	884.886 ***
CDW	594.522 ***	1325.250 ***	985.717 ***	290.077 ***
Sargan P	0.2670	0.9219	0.5591	0.4594

注：表中符号含义与表5-2相同。

第五节　扩展性讨论：门限效应检验

上面的研究结论显示，产业集聚对城市创新的影响方向以及程度与产业集聚类型、集聚行业和城市创新变量选取具有一定的关系。尽管多数情况下在不同模型中可以获得一致估计并且也能通过稳健性检验，但仍有个别变量，如制造业与生产性服务业协同集聚，在不同模型中的回归结果有所差异。这种结论上的差异提示需要对核心解释变量进行更为细致的研究，我们推测产业集聚与城市创新之间可能并非传统的线性关系，而是非线性的。正是这种非线性关系导致特定核心解释变量系数估计值、符号方向和显著性方面出现差异。本书拟采用"门限效应"模型对可能存在的非线性关系进行检验。就本书而言，所谓"门限效应"就是说，产业集聚对城市创新的影响可能存在某一"阈值"，在该"阈值"前后，产业集聚对城市创新的边际作用系数将变得更大或更小，甚至其作用方向都会相反。

一、门限效应模型

1. 门限模型的构建

汉森（Hansen，1999）正式提出并构建了门限模型，并对门限值的参数估计与假设检验进行了严格的统计推断。对于面板数据 $\{y_{it}, x_{it}, q_{it}: 1 \leqslant i \leqslant n, 1 \leqslant t \leqslant T\}$，其中，$i$ 表示个体，t 表示时间，考虑固定效应门限回归模型：

$$\begin{cases} y_{it} = \mu_i + \beta_1' x_{it} + \varepsilon_{it}, \text{若 } q_{it} \leqslant \gamma \\ y_{it} = \mu_i + \beta_2' x_{it} + \varepsilon_{it}, \text{若 } q_{it} > \gamma \end{cases} \tag{5.5}$$

其中，y_{it}、x_{it}、q_{it} 分别表示被解释变量、解释变量和门限变量（可以是解释变量 x_{it} 的一部分），γ 为待估的门限值，扰动项 ε_{it} 为独立同分布的。假设解释变量 x_{it} 为外生变量，与扰动项 ε_{it} 不相关。使用指示性函数 $I(\cdot)$，可以将上述单一门限的固定效应回归模型更简洁地表示如下：

$$y_{it} = \mu_i + \beta_1' x_{it} \cdot 1(q_{it} \leqslant \gamma) + \beta_2' x_{it} \cdot 1(q_{it} < \gamma) + \varepsilon_{it} \tag{5.6}$$

类似地，如果需要同时考虑两个或两个以上的门限值，则可建立包含两个或两个以上门限值的更一般的门限模型。例如，假设两个门限值分别为 γ_1、γ_2，且 $\gamma_1 < \gamma_2$，则其门限方程为

$$y_{it} = \mu_i + \beta'_1 x_{it} \cdot 1(q_{it} \leqslant \gamma_1) + \beta'_2 x_{it} \cdot 1(\gamma_1 < q_{it} \leqslant \gamma_2)$$
$$+ \beta'_3 x_{it} \cdot 1(\gamma_2 < q_{it}) + \varepsilon_{it} \tag{5.7}$$

依据上述分析，构建如下门限效应模型：

$$Inno_{it} = \mu_i + \beta'_1 aggI(agg \leqslant \gamma) + \beta'_2 aggI(agg > \gamma)$$
$$+ \sum_{j=1}^{n} \gamma_j control_{it} + \varepsilon_{it} \tag{5.8}$$

其中，$Inno_{it}$ 表示城市创新，为本书的被解释变量，在本节中用城市专利申请数量（$Innoa_{it}$）和城市专利获得授权数量（$Innog_{it}$）代理；$I(\cdot)$ 表示指示性函数，γ 表示所需要的估计的门限值；agg 既是本书的核心解释变量也是门限变量，在具体模型中可以是制造业集聚（$Magg_{it}$）、生产性服务业集聚（$Sagg_{it}$）、制造业与生产性服务业协同集聚（$Coagg_{it}$）、专业化集聚（$Spec_{it}$）、多样化集聚（Div_{it}）以及产业集聚类型演进方向（$Trend_{it}$）；$control_{it}$ 为系列控制变量，包括研发投入（$R\&D$）、对外贸易（$Trade$）、就业人口（Emp）、固定资产投资（Fca）和信息基础设施（$Infr$）等变量；下标 i 和 t 分别表示第 i 个城市和第 t 年（$2003 \leqslant t \leqslant 2019$）。

2. 门限效应的检验

对于采用上述两步法求解出的门限值，通常需要对其进行两方面的检验，即门限效应的存在性与真实性检验。对于门限效应的存在性检验，可根据原假设"$H_0: \beta_1 = \beta_2$"及相应备择假设"$H_1: \beta_1 \neq \beta_2$"，对以下 F 统计量进行检验：

$$F = \frac{[SSR^* - SSR(\hat{\gamma})]}{\hat{\sigma}^2} \tag{5.9}$$

式（5.9）中，SSR^*、$SSR(\hat{\gamma})$ 分别为原假设 H_0 和备择假设 H_1 对应下的残差平方和，$\hat{\sigma}^2 \equiv SSR(\hat{\gamma})/n(T-1)$ 为对扰动项的一直估计。但是，上述 F 统计量的渐进分布并非标准的 χ^2 分布，无法根据其样本矩求出对应的临界值。对此，汉森（1999）指出，可采用自主抽样法（bootstrap method）来求解相应的临界值，并根据临界值即可计算出相应的 P 值（经验 P 值），从而可作出是否拒绝原假设的决定。例如，如果 P 值小于 0.05，则说明在 95% 的显著水平下应该拒绝 H_0 而接受 H_1，即存在门限效应。

当门限效应存在性通过检验后，需要进一步对门限效应的真实性进行检验，通常采用如下似然比统计量进行检验：

$$LR(\gamma) = \frac{\left[SSR(\gamma) - SSR(\hat{\gamma}) \right]}{\hat{\sigma}^2} \tag{5.10}$$

虽然 $LR(\gamma)$ 的渐进分布同样不是标准的 χ^2 分布，但可以根据其累积分布函数 $(1 - e^{-x/2})^2$ 来直接计算其临界值。这样就可以进一步利用式（5.10）构建的统计量 $LR(\gamma)$ 来求出 $\hat{\gamma}$ 的置信区间。根据相应置信水平下的置信区间，可对门限值的真实性进行判断。一般来说，置信水平越高，且置信区间越小，就说明门限值越有效。

3. 基于内生性视角的模型改善

门限变量的估计值通过上述存在性和真实性检验后，就可以代入面板门限模型进行参数估计。从既有文献来看，参数估计模型包括沿用原有门限模型回归、以门限为界分组回归以及以门限值生成虚拟变量后引入交乘项回归三种处理方法。为更好地解决变量的内生性问题，参考李梅和柳士昌（2012）、吴先福（2017）的思路，选择第三种方法进行参数估计，即根据前述所求的门限值，将式（5.8）调整为

$$Inno_{it} = \mu_i + \beta'_1 agg \cdot D + \beta_k \cdot IV(L/L2. agg) + \sum_{j=1}^{n} \gamma_j control_{it} + \varepsilon_{it} \tag{5.11}$$

式（5.11）中，D 为存在一个门限值下生成的虚拟变量，假如存在两个门限则生成两个虚拟变量，以此类推；IV 表示括号内为工具变量，$L/L2. agg$ 分别表示核心解释变量的一阶、二阶滞后项；其他变量及符号的含义同式（5.8）。

二、产业集聚对城市专利申请数量影响的门限效应分析

表 5 – 14 展示了产业集聚对城市专利申请数量影响的门限效应估计结果。该表中门限个数的确定以式（5.5）为估算依据，每种门限检验均采用自抽样法连续抽样 1000 次。由表 5 – 14 可知，制造业集聚和集聚类型演

进方向的单一门限通过5%的显著性水平检验，制造业与生产性服务业协
同集聚的单一门限通过1%的显著水平检验，同时双重门限通过5%的显著
性水平检验，其他变量没有通过门限显著性水平检验。这表明在门限效应
估计时，制造业集聚和集聚类型演进方向应该选择单一门限，制造业与生
产性服务业协同集聚应该选择双重门限。

表 5 – 14   产业集聚影响城市专利申请数量的门限效应估计

门限变量	门限数	F 值	P 值	临界值		
				10%	5%	1%
Magg	单一门限	46.60 **	0.0400	36.4084	42.4251	63.2592
	双重门限	15.84	0.4280	30.0674	35.9910	46.5590
	三重门限	10.55	0.7750	31.1626	35.3546	47.1161
Sagg	单一门限	10.08	0.6840	28.2691	36.0097	64.6926
	双重门限	8.08	0.6630	18.9237	24.3324	34.6110
	三重门限	4.64	0.8270	15.2110	20.1996	34.3541
Coagg	单一门限	43.12 ***	0.0030	21.6775	25.6748	38.1348
	双重门限	45.94 **	0.0150	22.8561	30.1422	47.3363
	三重门限	12.83	0.7090	39.3642	48.6094	70.0303
Spec	单一门限	22.61	0.1990	28.0901	34.3651	46.0079
	双重门限	14.54	0.3640	26.5577	33.5083	48.9071
	三重门限	10.59	0.6610	31.8056	39.4885	54.0177
Div	单一门限	22.73	0.3160	36.7332	45.3855	65.2022
	双重门限	19.17	0.2650	27.6776	32.4671	45.1205
	三重门限	4.57	0.9390	23.0813	30.9860	50.9191
Trend	单一门限	46.33 **	0.0450	34.9488	44.2636	91.4728
	双重门限	16.91	0.3840	29.8107	36.6024	53.7753
	三重门限	13.30	0.3850	25.4315	31.7590	55.4329

注：*、**、*** 是指分别通过0.1、0.05、0.01的显著性水平检验；P 值与临界值均为采
用 Bootstrap 法反复抽样1000次得到的结果。

表5 – 15展示了产业集聚影响城市专利申请数量的门限估计值及其置
信区间。根据式（5.8）估算门限变量估计值的置信区间，在置信区间内，
当 $LR(\gamma)=0$ 时，其所对应的门限变量取值即为门限变量估计值。进一步
地，本书绘制了门限变量（横轴）与 $LR(\gamma)$ 统计量（纵轴）间的关系图，

如图5-2、图5-3所示。门限变量置信区间是$LR(\gamma)$曲线与水平虚线相交形成的线段，门限变量的估计值为$LR(\gamma)$曲线与零值水平线相交对应的横轴值。

表5-15　　　　　产业集聚影响城市专利申请数量的门限估计值及其置信区间

门限变量	模型	门限估计值	95%的置信区间	
			下限	上限
$Magg$	单一门限	1.7233	1.6758	1.7501
$Coagg$	双重门限	0.3285	0.3232	0.3329
		0.8481	0.8415	0.8498
$Trend$	单一门限	17.5337	17.2143	17.7427

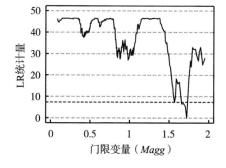 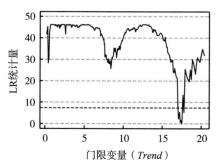

图5-2　产业集聚对城市专利申请数量的门限估计值及其置信区间

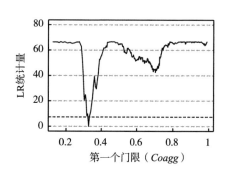 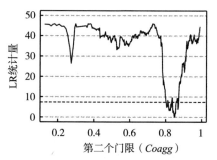

图5-3　产业集聚对城市专利申请数量的门限估计值及其置信区间

表5-16展示了产业集聚对城市专利申请数量影响的门限效应估计结果。其中，模型（1）是对制造业集聚的单一门限效应估计结果，模型（2）是对制造业与生产性服务业协同集聚的双重门限效应估计结果，模型

(3) 是对集聚类型演变方向的单一门限效应估计结果。考虑到核心解释变量的内生性问题，采用核心解释变量一阶到二阶滞后项作为工具变量，构建 IV-GMM 模型进行估计。

从模型检验结果来看，模型（1）~模型（3）的 *Hausman* 检验结果均通过 1% 的显著性水平，表明应采用 IV-GMM 模型进行回归分析；同时模型（1）~模型（3）的 LM 检验和 CDW 检验通过 1% 的显著性水平检验，且 *Sargan P* 值远大于 10%，说明 IV-GMM 模型通过了不可识别检验、弱工具变量检验与过度识别检验，表明 IV-GMM 模型的设定与工具变量的选择合理有效。

从核心解释变量来看：第一，根据模型（1）估计可知，制造业集聚在 1% 的显著性水平上对城市专利申请存在显著门限效应。当 $Magg \leqslant 1.7233$ 时，制造业集聚水平对城市专利申请数量的影响显著为负；当 $Magg > 1.7233$ 时，制造业集聚水平对城市专利申请数量的影响显著为正，其边际影响系数相对于跨越门限前的参照组系数上升了 0.6799，其对城市专利申请数量的整体边际效应系数为 0.1249（0.6799 − 0.5550）。第二，根据模型（2）估计可知，制造业与生产性服务业协同集聚在 1% 的显著性水平上对城市专利申请数量存在显著门限效应。当 $Cagg \leqslant 0.3285$ 时，制造业与生产性服务业协同集聚对城市专利申请数量没有显著影响；当 $0.8481 \geqslant Magg > 0.3285$ 时，制造业与生产性服务业协同集聚对城市专利申请数量的影响显著为正，其边际影响系数相对于跨越门限（0.3285）前的参照组系数上升了 0.8730，其对城市专利申请数量的整体边际效应系数为 0.9284（0.8730 + 0.0554）；当 $Magg > 0.8481$ 时，导致模型出现多重共线性，不能判断是否具有门限效应，未能获得其对城市专利申请数量的边际影响。第三，根据模型（3）估计可知，集聚类型演变方向在 1% 的显著性水平上对城市专利申请数量存在显著门限效应。当 $Trend \leqslant 17.5337$ 时，集聚类型演变方向对城市专利申请数量的影响不显著；当 $Trend > 17.5337$ 时，集聚类型演变方向对城市专利申请数量的影响显著为正，其边际影响系数相对于跨越门限前的参照组系数上升了 0.0442，其对城市专利申请数量的整体边际效应系数为 0.0347（−0.0095 + 0.0442）。

从控制变量估计系数来看：第一，在模型（1）~模型（3）中，研发投入、就业人口和信息基础设施的系数为正且至少通过5%的显著性水平检验，表明上述变量对城市专利获得授权数量具有显著的促进作用，结合估计系数大小可知，信息基础设施对城市专利获得授权数量的促进作用最大，就业人口的促进作用次之，研发投入的促进作用最小；第二，在模型（1）~模型（3）中，对外贸易和固定资产投资的系数为负且至少通过10%的显著性水平检验，表明上述变量对城市专利获得授权数量具有显著的抑制作用，结合估计系数大小可知，固定资产投资对城市专利获得授权数量的抑制作用比对外贸易更大。

表 5-16　　　　　产业集聚对城市专利申请数量影响的门限效应

变量	模型（1）	模型（2）	模型（3）
$Magg$	-0.5550*** [0.1316]		
$Magg \times I\,(Magg_{it} > 1.7233)$	0.6799*** [0.1025]		
$Coagg$		0.0554 [0.2231]	
$Coagg \times I$ $(0.8481 \geqslant Coagg_{it} > 0.3285)$		0.8730*** [0.1882]	
$Coagg \times I\,(Coagg_{it} > 0.8481)$		0 [.]	
$Trend$			-0.0095 [0.0104]
$Trend \times I\,(Trend_{it} > 17.5337)$			0.0442*** [0.0093]
$R\&D$	0.1022*** [0.0214]	0.1100*** [0.0219]	0.1059*** [0.0213]
$Trade$	-0.0494* [0.0291]	-0.0808** [0.0292]	-0.1005*** [0.0282]
Emp	0.7421*** [0.0694]	0.8161*** [0.0645]	0.7735*** [0.0654]
Fca	-0.2382*** [0.0376]	-0.2569*** [0.0384]	-0.2314*** [0.0374]

变量	模型（1）	模型（2）	模型（3）
Infr	0.2108 *** ［0.0622］	0.1931 ** ［0.0637］	0.1791 ** ［0.0618］
N	3915	3915	3915
adj. R²	0.1781	0.1393	0.1865
LM	953.853 ***	256.404 ***	576.188 ***
CDW	320.671 ***	91.404 ***	169.937 ***
Sargan P	0.3993	0.2741	0.8524

注：表中符号含义与表 5 - 2 相同。

三、产业集聚对城市专利获得授权数量影响的门限效应分析

表 5 - 17 展示了产业集聚对城市专利获得授权数量影响的门限效应估计结果。该表中门限个数的确定以式（5.5）为估算依据，每重门限检验均采用自抽样法（Bootstrap）连续抽样 1000 次。由表 5 - 19 可知，制造业集聚和集聚类型演进方向的单一门限分别通过 1% 和 5% 的显著性水平检验，制造业与生产性服务业协同集聚的单一门限通过 5% 的显著水平检验，同时双重门限通过 5% 的显著性水平检验，其他变量没有通过门限显著性水平检验。这表明在门限效应估计时，制造业集聚和集聚类型演进方向应该选择单一门限，制造业与生产性服务业协同集聚应该选择双重门限。

表 5 - 17　　产业集聚影响城市专利获得授权数量的门限效应估计

门限变量	门限数	*F* 值	*P* 值	临界值		
				10%	5%	1%
Magg	单一门限	67.12 ***	0.0070	35.9367	44.6473	63.6120
	双重门限	24.49	0.2290	31.9796	40.0080	63.9191
	三重门限	12.88	0.7200	37.2260	43.4795	65.0167
Sagg	单一门限	8.47	0.7360	26.1285	32.9003	53.7610
	双重门限	7.37	0.6500	17.8100	21.8694	29.2684
	三重门限	8.72	0.4480	18.6697	24.1733	43.7002

续表

门限变量	门限数	F 值	P 值	临界值		
				10%	5%	1%
Coagg	单一门限	34.82 **	0.0200	21.2193	26.4457	43.9054
	双重门限	42.77 **	0.0110	23.6892	29.6469	47.0550
	三重门限	10.74	0.7250	35.4550	44.3753	59.8356
Spec	单一门限	13.57	0.5230	27.6759	35.2083	45.2710
	双重门限	9.99	0.5250	19.9023	24.5264	34.5170
	三重门限	5.27	0.8970	21.1472	25.6375	36.5051
Div	单一门限	18.08	0.4680	35.7004	45.2467	73.6696
	双重门限	10.99	0.6530	29.0932	37.3362	53.3447
	三重门限	7.77	0.6810	22.6195	30.1373	49.3063
Trend	单一门限	99.96 **	0.0130	39.7915	50.4720	117.5915
	双重门限	19.13	0.3450	40.9976	75.6639	134.2461
	三重门限	13.18	0.6120	31.9161	38.5175	60.8818

注：＊、＊＊、＊＊＊ 是指分别通过 0.1、0.05、0.01 的显著性水平检验；P 值与临界值均为采用 Bootstrap 法反复抽样 1000 次得到的结果。

　　表 5-18 展示了产业集聚影响城市专利申请数量的门限估计值及其置信区间。根据式（5.8）估算门限变量估计值的置信区间，在置信区间内，当 $LR(\gamma)=0$ 时，其所对应的门限变量取值即为门限变量估计值。图 5-4 和图 5-5 展示了门限变量（横轴）与 $LR(\gamma)$ 统计量（纵轴）间的关系。门限变量置信区间是 $LR(\gamma)$ 曲线与水平虚线相交形成的线段，门限变量的估计值为 $LR(\gamma)$ 曲线与零值水平线相交对应的横轴值。

表 5-18　　　　　　产业集聚影响城市专利获得授权数量的
门限估计值及其置信区间

门限变量	模型	门限估计值	95% 的置信区间	
			下限	上限
Magg	单一门限	1.7233	1.6937	1.7501
Coagg	双重门限	0.3285 0.8418	0.3185 0.8281	0.3329 0.8429
Trend	单一门限	19.8300	19.5250	20.1494

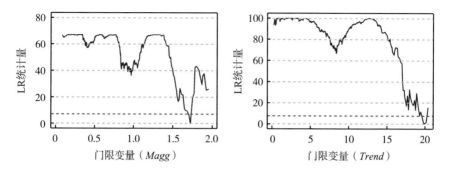

图 5 - 4　产业集聚对城市专利获得授权数量的门限估计值及其置信区间

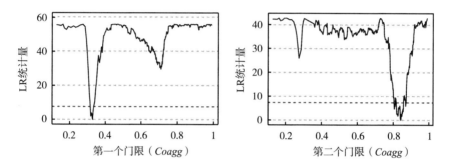

图 5 - 5　产业集聚对城市专利获得授权数量的门限估计值及其置信区间

　　表 5 - 19 展示了产业集聚对城市专利获得授权数量影响的门限效应估计结果。其中，模型（1）是对制造业集聚的单一门限效应估计结果，模型（2）是对制造业与生产性服务业协同集聚的双重门限效应估计结果，模型（3）是对集聚类型演变方向的单一门限效应估计结果。考虑到核心解释的变量的内生性问题，采用核心解释变量一阶到二阶滞后项作为工具变量，构建 IV-GMM 模型进行估计。

　　从模型检验结果来看，模型（1）~模型（3）的 Hausman 检验结果均通过 1% 的显著性水平，表明应采用 IV-GMM 模型进行回归分析；同时模型（1）~模型（3）的 LM 检验和 CDW 检验通过 1% 的显著性水平检验且 *Sargan P* 值远大于 10%，说明 IV-GMM 模型通过了不可识别检验、弱工具变量检验与过度识别检验，表明 IV-GMM 模型的设定与工具变量的选择合理有效。

从核心解释变量回归结果来看：第一，根据模型（1）可知，制造业集聚在 1% 的显著性水平上对城市专利申请存在显著门限效应。当 $Magg \leqslant 1.7233$ 时，制造业集聚水平对城市专利获得授权数量的影响显著为负；当 $Magg > 1.7233$ 时，制造业集聚水平对城市专利获得授权数量的影响显著为正，其边际影响系数相对于跨越门限前的参照组系数上升了 0.5517，其对城市专利获得授权数量的整体边际效应系数为 0.1385（ – 0.4132 + 0.5517）。第二，根据模型（2）可知，制造业与生产性服务业协同集聚在 1% 的显著性水平上对城市专利申请存在显著门限效应。当 $Cagg \leqslant 0.3285$ 时，制造业与生产性服务业协同集聚对城市专利获得授权数量没有显著影响；当 $0.8418 \geqslant Magg > 0.3285$ 时，制造业与生产性服务业协同集聚对城市专利获得授权数量的影响显著为正，其边际影响系数相对于跨越门限（0.3285）前的参照组系数上升了 0.5909，其对城市专利获得授权数量的整体边际效应系数为 0.6888（0.0979 + 0.5909）；当 $Magg > 0.8418$ 时，导致模型出现多重共线性，不能判断是否具有门限效应，未能获得其对城市专利获得授权数量的边际影响。第三，根据模型（3）可知，集聚类型演变方向在 1% 的显著性水平上对城市专利申请存在显著门限效应。当 $Trend \leqslant 19.83$ 时，集聚类型演变方向对城市专利获得授权数量的影响显著为正；当 $Trend > 19.83$ 时，集聚类型演变方向对城市专利获得授权数量的影响显著为正，其边际影响系数相对于跨越门限前的参照组系数上升了 0.0340，其对城市专利获得授权数量的整体边际效应系数为 0.0492（0.0152 + 0.0340）。

从控制变量估计系数来看：第一，研发投入、就业人口和信息基础设施的系数为正且在模型（1）~ 模型（3）中通过 1% 的显著性水平检验，表明研发投入、就业人口和信息基础设施对城市专利获得授权数量具有显著的促进作用，结合估计系数大小可知，信息基础设施对城市专利获得授权数量的促进作用最大，就业人口的促进作用次之，研发投入的促进作用最小；第二，对外贸易和固定资产投资的系数为负且模型（1）~ 模型（3）中至少通过 10% 的显著性水平检验，表明对外贸易和固定资产投资对城市专利获得授权数量具有显著的抑制作用，而且固定资产投资对城市专利获得授权数量的抑制作用比对外贸易更大。

表 5 - 19　　　产业集聚对城市专利获得授权数量影响的门限效应

变量	模型（1）	模型（2）	模型（3）
$Magg$	-0.4132 *** [0.0988]		
$Magg \times \mathrm{I}$（$Magg_{it} > 1.7233$）	0.5517 *** [0.0769]		
$Coagg$		0.0979 [0.1688]	
$Coagg \times \mathrm{I}$ （$0.8418 > Coagg_{it} > 0.3285$）		0.5909 *** [0.1420]	
$Coagg \times \mathrm{I}$（$Coagg_{it} > 0.8418$）		0 [.]	
$Trend$			0.0152 * [0.0071]
$Trend \times \mathrm{I}$（$Trend_{it} > 19.83$）			0.0340 *** [0.0078]
$R\&D$	0.0881 *** [0.0160]	0.0914 *** [0.0163]	0.0892 *** [0.0157]
$Trade$	-0.0557 * [0.0218]	-0.0834 *** [0.0217]	-0.0948 *** [0.0209]
Emp	0.6243 *** [0.0521]	0.6999 *** [0.0483]	0.7076 *** [0.0482]
Fca	-0.2524 *** [0.0283]	-0.2659 *** [0.0286]	-0.2394 *** [0.0279]
$Infr$	0.2012 *** [0.0467]	0.1872 *** [0.0475]	0.1676 *** [0.0457]
N	3915	3915	3915
$adj. R^2$	0.1871	0.1605	0.2178
LM	953.853 ***	253.543 ***	615.657 ***
CDW	320.671 ***	90.269 ***	183.937 ***
$Sargan\ P$	0.1197	0.1522	0.8427

注：表中符号含义与表 5 - 2 相同。

四、稳健性检验

表 5 - 20 展示了产业集聚对城市专利申请数量影响门限效应的稳健性检验结果。其中，模型（1）、模型（3）和模型（5）采用替换工具变量法进行稳健性检验，模型（2）、模型（4）和模型（6）采用缩尾处理法进行稳健性检验。从表 5 - 20 中可以看出：第一，模型（1）~模型（6）均通过了 Hausman 检验、LM 检验、CDW 检验且 Sargan P 值远大于 10%，表明 IV-GMM 模型的设定与工具变量的选择合理有效；第二，核心解释变量中，制造业集聚跨越门限后边际效应由显著为负变为显著为正，制造业与生产性服务业协同集聚跨越第一门限后边际效应由不显著变为显著为正，集聚类型演变方向跨越门限后边际效应由不显著变成显著为正；第三，控制变量中，研发投入、就业人口和信息基础设施的系数为正且至少通过5%的显著性水平检验，对外贸易和固定资产投资系数为负且至少通过 10%的显著性水平检验。综上可知，制造业集聚、制造业与生产性服务业协同集聚以及集聚类型演变方向对城市专利申请数量的影响通过了稳健性检验。

表 5 - 20　　　　产业集聚对城市专利申请数量影响的门限效应

变量	模型（1）	模型（2）	模型（3）	模型（4）	模型（5）	模型（6）
$Magg$	-0.5853*** [0.1323]	-0.5898*** [0.1337]				
$Magg \times I$ ($Magg_{it} > 1.7233$)	0.7283*** [0.1030]	0.6711*** [0.1049]				
$Coagg$			0.037 [0.2103]	0.0707 [0.2268]		
$Coagg \times I$ ($0.8481 > Coagg_{it} > 0.3285$)			0.8369*** [0.1872]	0.8810*** [0.1897]		
$Coagg \times I$ ($Coagg_{it} > 0.8418$)			0 [.]	0 [.]		
$Trend$					-0.0065 [0.0104]	-0.0095 [0.0104]

续表

变量	模型（1）	模型（2）	模型（3）	模型（4）	模型（5）	模型（6）
$Trend \times \mathrm{I}$ （$Trend_{it} > 19.83$）					0.0403 *** [0.0093]	0.0468 *** [0.0096]
$R\&D$	0.1022 *** [0.0214]	0.1019 *** [0.0214]	0.1098 *** [0.0218]	0.1101 *** [0.0219]	0.1056 *** [0.0212]	0.1054 *** [0.0213]
$Trade$	−0.0467 * [0.0291]	−0.0489 * [0.0291]	−0.0810 ** [0.0291]	−0.0805 ** [0.0292]	−0.0996 *** [0.0282]	−0.0997 *** [0.0283]
Emp	0.7359 *** [0.0695]	0.7574 *** [0.0681]	0.8143 *** [0.0641]	0.8176 *** [0.0646]	0.7804 *** [0.0653]	0.7762 *** [0.0656]
Fca	−0.2368 *** [0.0377]	−0.2401 *** [0.0376]	−0.2566 *** [0.0382]	−0.2573 *** [0.0384]	−0.2331 *** [0.0373]	−0.2360 *** [0.0374]
$Infr$	0.2128 *** [0.0623]	0.2113 *** [0.0623]	0.1930 ** [0.0635]	0.1933 ** [0.0637]	0.1789 ** [0.0617]	0.1784 ** [0.0619]
N	3915	3915	3915	3915	3915	3915
$adj. R^2$	0.1748	0.1784	0.1439	0.1388	0.1892	0.1838
LM	948.647 ***	924.966 ***	251.166 ***	254.064 ***	578.667 ***	554.099 ***
CDW	318.308 ***	307.669 ***	89.360 ***	90.460 ***	170.806 ***	162.258 ***
$Sargan\ P$	0.2309	0.4138	0.2764	0.2632	0.8729	0.8923

注：表中符号含义与表5-2相同。

表5-21展示了产业集聚对城市专利获得授权数量影响门限效应的稳健性检验结果。其中，模型（1）、模型（3）和模型（5）采用替换工具变量法进行稳健性检验，模型（2）、模型（4）和模型（6）采用缩尾处理法进行稳健性检验。从表5-21中可以看出：第一，模型（1）~模型（6）均通过了 Hausman 检验、LM 检验、CDW 检验且 $Sargan\ P$ 值远大于10%，表明 IV-GMM 模型的设定与工具变量的选择合理有效；第二，核心解释变量中，制造业集聚跨越门限后边际效应由显著为负变为显著为正，制造业与生产性服务业协同集聚跨越第一门限后边际效应由不显著变为显著为正，集聚类型演变方向跨越门限后边际效应大幅提高；第三，控制变量中，研发投入、就业人口和信息基础设施的系数为正且至少通过5%的显著性水平检验，对外贸易和固定资产投资系数为负且至少通过10%的显著性水平检验。综上可知，制造业集聚、制造业与生产性服务业协同集聚

以及集聚类型演变方向对城市专利获得授权数量的影响通过了稳健性检验。

表 5 - 21　　　　产业集聚对城市专利获得授权数量影响的门限效应

变量	模型 (1)	模型 (2)	模型 (3)	模型 (4)	模型 (5)	模型 (6)
$Magg$	-0.4214 *** [0.0999]	-0.4701 *** [0.1003]				
$Magg \times I$ ($Magg_{it} > 1.7233$)	0.5576 *** [0.0801]	0.5370 *** [0.0788]				
$Coagg$			0.0915 [0.1578]	0.1061 [0.1716]		
$Coagg \times I$ ($0.8481 > Coagg_{it} > 0.3285$)			0.5779 *** [0.1407]	0.5948 *** [0.1433]		
$Coagg \times I$ ($Coagg_{it} > 0.8418$)			0 [.]	0 [.]		
$Trend$					0.0140 * [0.0071]	0.0137 * [0.0071]
$Trend \times I$ ($Trend_{it} > 19.83$)					0.0364 *** [0.0077]	0.0391 *** [0.0086]
$R\&D$	0.0881 *** [0.0160]	0.0877 *** [0.0160]	0.0914 *** [0.0163]	0.0915 *** [0.0163]	0.0893 *** [0.0157]	0.0885 *** [0.0158]
$Trade$	-0.0552 * [0.0219]	-0.0547 * [0.0218]	-0.0835 *** [0.0217]	-0.0832 *** [0.0217]	-0.0953 *** [0.0209]	-0.0941 *** [0.0210]
Emp	0.6247 *** [0.0522]	0.6464 *** [0.0511]	0.6991 *** [0.0480]	0.7008 *** [0.0484]	0.7045 *** [0.0482]	0.7071 *** [0.0483]
Fca	-0.2523 *** [0.0283]	-0.2551 *** [0.0282]	-0.2658 *** [0.0285]	-0.2661 *** [0.0286]	-0.2379 *** [0.0280]	-0.2446 *** [0.0280]
$Infr$	0.2014 *** [0.0467]	0.2012 *** [0.0467]	0.1871 *** [0.0474]	0.1875 *** [0.0475]	0.1674 *** [0.0458]	0.1663 *** [0.0459]
N	3915	3915	3915	3915	3915	3915
adj. R^2	0.1865	0.188	0.1624	0.1602	0.2168	0.2123
LM	881.056 ***	924.966 ***	250.326 ***	250.930 ***	622.835 ***	556.289 ***
CDW	384.669 ***	307.669 ***	89.040 ***	89.270 ***	186.522 ***	163.014 ***
$Sargan\ P$	1.0000	0.1187	0.1526	0.1483	0.8426	0.901

注：表中符号含义与表 5 - 2 相同。

第四节 本章小结

本章以 261 个地级及以上城市 2003～2019 年的面板数据为观测样本，通过构建面板数据 IV – GMM 模型和面板数据门限回归模型，从行业视角和集聚类型视角对产业集聚与城市创新的关系进行实证检验。为保证研究结论的可靠性，本书采用缩尾处理法和更换工具变量法对模型回归结果进行了稳健性检验。主要结论如下：

第一，制造业集聚对城市专利申请数量和城市专利获得授权数量都没有显著影响，但制造业集聚存在显著单一门限效应，跨越门限值后，制造业对城市专利申请数量和城市专利获得授权数量的影响均由显著为负变成显著为正。

第二，生产性服务业集聚对城市专利申请数量和城市专利获得授权数量均具有显著的促进作用，但没有通过门限效应检验。

第三，制造业与生产性服务业协同集聚对城市专利申请数量的影响存在显著双重门限效应，跨越第一门限值后，制造业与生产性服务业协同集聚对城市专利申请数量和城市专利获得授权数量的影响由不显著变成显著为正，但跨越第二门限后出现多重共线性而未能获得边际影响系数。

第四，专业化集聚对城市专利申请数量和城市专利获得授权数量均具有显著促进作用，但没有通过门限效应检验。

第五，多样化集聚对城市专利申请数量和城市专利获得授权数量均具有显著促进作用，但没有通过门限效应检验。

第六，集聚类型演变方向对城市专利申请数量和城市专利获得授权数量均具有显著的促进作用，集聚类型演变方向存在显著单一门限效应，跨越门限值后集聚类型演变方向对城市专利申请数量的影响由不显著变为显著为正，对城市专利获得授权数量的影响的边际效应大幅提高。

第七，从控制变量估计系数来看，研发投入、就业人口和信息基础设施对城市专利申请数量和城市专利获得授权数量具有显著的促进作用，对外贸易和固定资产投资对城市专利申请数量和城市专利获得授权数量具有显著的抑制作用。

第六章

产业集聚对城市创新的影响机制分析

利用 IV-GMM 模型和面板门限模型验证了产业集聚对城市创新有显著性影响，但并未探讨产业集聚对城市创新的影响机制。近年来，通过机制分析把握变量间内在联系及其规律已经成为经济社会课题研究的重要内容，中介效应、调节效应以及结构方程模型是讨论影响机制的重要方法。结合研究主题及数据特点，选择中介效应模型和调节效应模型对产业集聚影响城市创新的机制进行分析。其中，中介效应模型用以回答是否存在某个变量，受到产业集聚的影响同时又对城市创新产生影响，即对中介变量的存在性进行检验；调节效应模型用以回答是否存在某个量，当其取值不同时，产业集聚对城市创新的影响有显著差异。上述分析结论对于准确把握产业集聚与城市创新的内在联系和规律具有重要意义。

第一节　研究框架

图 6 - 1 展示了产业集聚对城市创新影响机制的分析逻辑框架图。本章有两个研究目标：一是检验产业集聚对城市创新的影响是否有显著中介效应；二是检验产业集聚对城市创新的影响是否有显著调节效应。为此，本章选择经济发展水平、政府行为、金融支持、外商直接投资和人力资本 5 个中介变量，构建中介效应检验模型进行实证检验，并采用缩尾处理法和 Bootstrap 自助抽样法对实证结果进行稳健性检验。在拓展性讨论部分，本章构建了调节效应检验模型对上述中介变量是否具有调节作用进行检验，并采用缩尾处理法和工具变量法对调节效应检验结果进行稳健性检验。

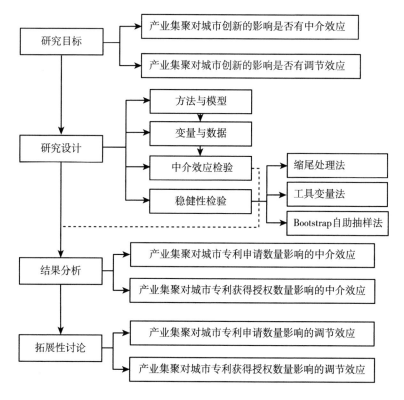

图 6 – 1 产业集聚对城市创新影响机制分析的逻辑框架

第二节 研究设计

一、中介效应模型

1. 计量模型的构建

本章在上面分析的基础上，对产业集聚影响城市创新的中介效应进行实证检验，借鉴温忠麟等（2004）的研究，构建以下中介效应模型：

$$Inno_{it} = \mu_i + cX_{it} + \alpha_{j(1)} \sum_j^k Control_{it} + \upsilon_t + \varepsilon_{it} \tag{6.1}$$

$$Med_{it} = \mu_i + aX_{it} + \alpha_{j(2)} \sum_j^k Control_{it} + \upsilon_t + \varepsilon_{it} \tag{6.2}$$

$$Inno_{it} = \mu_i + c'X_{it} + bMed_{it} + \alpha_{j(3)} \sum_j^k Control_{it} + v_t + \varepsilon_{it} \qquad (6.3)$$

其中，$Inno_{it}$ 为被解释变量，分别用 $Innoa_{it}$ 和 $Innog_{it}$ 表示；X_{it} 为核心解释变量，在具体模型中分别为 $Magg_{it}$、$Sagg_{it}$、$Coagg_{it}$、$Spec_{it}$、Div_{it} 和 $Trend_{it}$；Med_{it} 为中介变量；$Control_{it}$ 表示系列控制变量，包括研发投入（R&D）、对外贸易（Trade）、就业人口（Emp）、固定资产投资（Fca）和信息基础设施（Infr）；a、b、c、c' 为相应方程回归系数；μ_i 和 v_t 分别表示不可观测的城市固定效应和时间固定效应，ε_{it} 为随机扰动项；下标 i 和 t 表示第 i 个城市和第 t 年（$2003 \leqslant t \leqslant 2019$）。

2. 中介效应的检验

参考温忠麟等（2014）的中介效应检验方法，本书构建了如图 6 - 2 所示的中介效应检验思路，图中各个符号含义与式（6.1）~式（6.3）相同。该思路以 Sobel 检验法为主要检验方法，根据 ab 是否为零对中介效应的存在进行判断，当 $ab \neq 0$ 时，则认为存在中介效应，当 $ab = 0$ 时，则认为不存在中介效应。在 $ab \neq 0$ 情况下，进一步采用逐步回归法对 c' 是否为零进行检验，当 $c' = 0$ 时，判定为完全中介效应，当 $c' \neq 0$ 时，判定为部分中介效应，此时计算中介效应占总效应的比重（ab/c）。

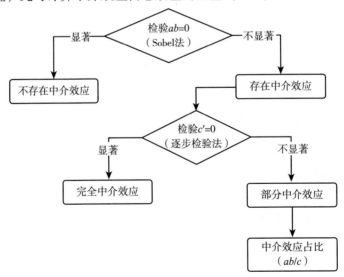

图 6 - 2　中介效应检验思路

二、变量选取

在被解释变量方面，仍然使用城市专利申请数量（$Innoa_{it}$）和当年城市专利获得授权数量（$Innog_{it}$）两个指标。

在核心解释变量方面，选择制造业集聚（$Magg_{it}$），生产性服务业集聚（$Sagg_{it}$）以及制造业与生产性服务业协同集聚（$Coagg_{it}$），用来分析"不同集聚行业对城市创新的影响机制"；选择专业化集聚（$Spec_{it}$）和多样化集聚（Div_{it}），用于检验"不同集聚类型对城市创新的影响机制"；选择产业集聚演变方向（$Trend_{it}$），用来检验产业集聚方向的相对动态变化对城市创新的影响机制。

在控制变量方面，继续使用研发投入（$R\&D$）、对外贸易（$Trade$）、就业人口（Emp）、固定资产投资（Fca）和信息基础设施（$Infr$）等变量。

在中介变量方面，选择经济发展水平（GDP），用城市地区生产总值表示，产业集聚往往有利于城市经济发展水平的提高，而城市经济发展水平提高又为城市创新提供了坚实的物质基础，有利于促进城市创新的发展；政府行为（Gov），用城市预算支出总额表示，推动产业发展通常会导致政府预算支出的增加，而现阶段地方政府倾向于对创新能力强的企业或组织进行支持，因此政府预算支出的增加有利于城市创新的提高；金融支持（$Loan$），用城市金融机构贷款余额表示，产业集聚往往导致企业数量和规模的增加，通常情况下会导致对贷款资金需求的增加，而资金的获得又有利于企业创新的提高，故也有利于城市创新的提升；外商直接投资（FDI），用城市获得的外商直接投资额表示，产业集聚往往带来对外贸易的增加，将吸引更多外商到该城市投资，而对外贸易也是外部知识和技术的重要来源，外商直接投资对城市创新具有正向促进作用；人力资本（Stu），用城市每百万人大学生数量表示，产业集聚创造的良好就业条件往往对大学生有巨大的吸引力，而大学生数量的增加提升了城市平均智力水平，有利于城市创新的提高。表 6 - 1 展示了中介变量描述性统计分析。

表6-1　　　　　　　中介变量描述性统计分析

符号	观测数	中位数	均值	标准差	最小值	最大值
GDP	4437	3.9001	11.4453	26.6226	0.1232	381.5600
Gov	4437	0.5949	1.5885	4.7867	0.0003	83.5154
Loan	4437	3.6546	16.7840	50.9381	0.0022	738.2366
FDI	4437	0.8250	5.6102	17.0256	0.0001	308.2563
Stu	4437	0.3224	0.8521	1.5240	0.0001	11.5299

三、数据说明

本章研究样本依然为2003~2019年261个地级以上城市，数据来源与处理方法与第五章相同，此处不再赘述。

第三节　实证发现及结果分析

表6-2~表6-13展示了产业集聚对城市创新影响的中介效应检验结果。其中，模型（0）报告了依据式（6.1）的估计结果，模型（1）、模型（3）、模型（5）、模型（7）和模型（9）报告了依据式（6.2）的估计结果，模型（2）、模型（4）、模型（6）、模型（8）和模型（10）报告了依据式（6.3）的估计结果。模型（0）~模型（10）中均加入了控制变量，并对城市固定效应和年份固定效应进行控制。

一、产业集聚对城市专利申请数量影响的中介效应分析

表6-2展示了制造业集聚对城市专利申请数量影响的中介效应回归结果。根据中介效应检验结果可知：第一，在模型（1）~模型（4）和模型（7）~模型（10）中，中介变量GDP、Gov、FDI和Stu至少在5%的显著性水平上通过了中介效应检验，但直接效应没有通过显著性水平检验，表明该中介效应为完全中介效应；从各变量系数来看，制造业集聚对中介变

量的影响显著为负，而中介变量对城市专利申请数量的影响显著为正，这表明制造业集聚水平的下降有利于 *GDP*、*Gov*、*FDI* 和 *Stu* 的提高，从而间接促进了城市专利申请数量的提高。第二，在模型（5）和模型（6）中，中介变量 *Loan* 在1%的显著性水平上通过了中介效应检验，且在1%的显著性水平上通过直接效应检验，但模型（6）中 *Loan* 系数没有通过显著性检验，表明 *Loan* 没有通过中介效应检验，即 *Loan* 不是制造业集聚影响城市专利申请数量的中介变量。

表6-3展示了生产性服务业集聚对城市专利申请数量影响的中介效应回归结果。根据中介效应检验结果可知：第一，在模型（1）~模型（4）和模型（7）~模型（10）中，中介变量 *GDP*、*Gov*、*FDI* 和 *Stu* 至少在10%的显著性水平上通过了中介效应检验，且直接效应也至少在5%的显著性水平上通过显著性检验，表明该中介效应为部分中介效应，其占总效应的比重分别为66.20%、60.41%、26.87%和23.02%，即生产性服务业集聚对城市专利申请数量的影响中约66.20%是通过中介变量 *FDI* 传导的，约60.41%是通过中介变量 *Gov* 传导的，约26.84%是通过中介变量 *FDI* 传导的，约23.02%是通过中介变量 *Stu* 传导的。第二，在模型（5）和模型（6）中，中介变量 *Loan* 在1%的显著性水平上通过了中介效应检验，但直接效应没有通过显著性水平检验，表明该中介效应为完全中介效应；从各变量系数来看，生产性服务业集聚对金融支持的影响显著为正，且金融支持对城市专利申请数量的影响显著为正，这表明生产性服务业集聚的提高促进 *Loan* 的提高，间接促进了城市专利申请数量的提高。

表6-4展示了制造业与生产性服务业协同集聚对城市专利申请数量影响的中介效应回归结果。从模型（1）~模型（10）可知，中介变量 *GDP*、*Gov*、*Loan*、*FDI* 和 *Stu* 均没有通过中介效应显著性检验，表明制造业与生产性服务业协同集聚对城市专利申请数量的影响不存在中介效应。具体来看，中介变量 *GDP*、*Gov*、*Loan*、*FDI* 和 *Stu* 均对城市专利申请数量存在显著正向影响，但制造业与生产性服务业协同集聚对中介变量 *GDP*、*Gov*、*Loan*、*FDI* 和 *Stu* 的影响没有通过显著性水平检验，这也是造成中介效应检验不显著的原因。

表6-2　制造业集聚对城市专利申请数量影响的中介效应

变量	模型(0) Innoa	模型(1) GDP	模型(2) Innoa	模型(3) Gov	模型(4) Innoa	模型(5) Loan	模型(6) Innoa	模型(7) FDI	模型(8) Innoa	模型(9) Stu	模型(10) Innoa
Magg	-0.1323** [0.0656]	-3.8118*** [1.0426]	0.0436 [0.0446]	-0.7353*** [0.2183]	0.0203 [0.0475]	-15.2501*** [2.4747]	0.1566*** [0.0461]	-1.4733*** [0.7366]	-0.0619 [0.0554]	-0.1995*** [0.0309]	0.0067 [0.0623]
GDP			0.0462*** [0.0007]								
Gov					0.2076*** [0.0033]						
Loan							0.0189 [0.0003]				
FDI									0.0478*** [0.0012]		
Stu											0.6970*** [0.0312]
中介效应		-0.1760***		-0.1527***		-0.2890***		-0.0704**		-0.1391***	
直接效应		0.0436		0.0203		0.1566***		-0.0619		0.0067	
ab/c											
控制变量	Y	Y	Y	Y	Y	Y	Y	Y	Y	Y	Y
城市固定	Y	Y	Y	Y	Y	Y	Y	Y	Y	Y	Y
年份固定	Y	Y	Y	Y	Y	Y	Y	Y	Y	Y	Y
N	4437	4437	4437	4437	4437	4437	4437	4437	4437	4437	4437
adj. R^2	0.6643	0.7818	0.8451	0.7041	0.8246	0.6643	0.8359	0.7337	0.7610	0.9417	0.7003

注:*、**、***是指分别通过0.1、0.05、0.01的显著性水平检验,中括号内为标准误;中介效应为Sobel检验结果,原假设为"模型不存在中介效应";ab/c表示中介效应占总效应的比重,当检验结果为部分中介效应时汇报该值,当不需要汇报该值时用NA表示。

表6-3　生产性服务业集聚对城市专利申请数量影响的中介效应

变量	模型 (0) Innoa	模型 (1) GDP	模型 (2) Innoa	模型 (3) Gov	模型 (4) Innoa	模型 (5) Loan	模型 (6) Innoa	模型 (7) FDI	模型 (8) Innoa	模型 (9) Stu	模型 (10) Innoa
Sagg	0.2281 *** [0.0619]	3.2769 *** [0.9862]	0.0771 ** [0.0422]	0.6650 *** [0.2065]	0.0903 ** [0.0449]	9.2497 *** [2.3464]	0.0539 [0.4350]	1.2848 * [0.6966]	0.1567 *** [0.0523]	0.0757 *** [0.0293]	0.1756 *** [0.0586]
GDP			0.0461 *** [0.0007]								
Gov					0.2072 *** [0.0034]						
Loan							0.0188 *** [0.0003]				
FDI									0.0477 *** [0.0011]		
Stu											0.6929 *** [0.0310]
中介效应		0.1510 ***		0.1378 ***		0.1742 ***		0.0613 *		0.0525 *	
直接效应		0.0771 **		0.0903 **		0.0539		0.1667 ***		0.1756 ***	
ab/c											
控制变量	Y	Y	Y	Y	Y	Y	Y	Y	Y	Y	Y
城市固定	Y	Y	Y	Y	Y	Y	Y	Y	Y	Y	Y
年份固定	Y	Y	Y	Y	Y	Y	Y	Y	Y	Y	Y
N	4437	4437	4437	4437	4437	4437	4437	4437	4437	4437	4437
adj. R²	0.6651	0.7817	0.8451	0.7040	0.8247	0.6624	0.8355	0.7337	0.7615	0.9412	0.7010

注：*、**、***是指分别通过0.1、0.05、0.01的显著性水平检验，中括号内为标准误；中介效应为 Sobel 检验结果，原假设为"模型不存在中介效应"；ab/c 表示中介效应占总效应的比重，当检验结果为部分中介效应时汇报该值，当不需要汇报该值时用 NA 表示。

表6-4 制造业集聚与生产性服务业协同集聚对城市专利申请数量影响的中介效应

变量	模型(0) Innoa	模型(1) GDP	模型(2) Innoa	模型(3) Gov	模型(4) Innoa	模型(5) Loan	模型(6) Innoa	模型(7) FDI	模型(8) Innoa	模型(9) Stu	模型(10) Innoa
Coagg	-0.1081 [0.0830]	-0.6132 [1.3211]	-0.0798 [0.0564]	0.0913 [0.2766]	-0.1271** [0.0600]	-0.8309 [3.1453]	-0.0924 [0.0581]	0.2451 [0.9324]	-0.1198* [0.0700]	-0.0346 [0.0392]	-0.0840*** [0.0784]
GDP			0.0461*** [0.0007]								
Gov					0.2076*** [0.0034]						
Loan							0.0189*** [3.1453]				
FDI									0.0479*** [0.0012]		
Stu											0.6962*** [0.0310]
中介效应		-0.0282		0.0190		-0.0157		0.0117		-0.0241	
直接效应		-0.0798		-0.1271**		-0.0924		-0.1198*		-0.0840***	
ab/c	NA		NA		NA		NA		NA		NA
控制变量	Y	Y	Y	Y	Y	Y	Y	Y	Y	Y	Y
城市固定	Y	Y	Y	Y	Y	Y	Y	Y	Y	Y	Y
年份固定	Y	Y	Y	Y	Y	Y	Y	Y	Y	Y	Y
N	4437	4437	4437	4437	4437	4437	4437	4437	4437	4437	4437
adj. R^2	0.6641	0.7812	0.8451	0.7033	0.8247	0.6612	0.8355	0.7335	0.7611	0.9411	0.7004

注：*、**、***是指分别通过0.1、0.05、0.01的显著性水平检验，中括号内为标准误；中介效应为Sobel检验结果，原假设为"模型不存在中介效应"；ab/c表示中介效应占总效应的比重，当检验结果为部分中介效应时汇报该值，当不需要汇报该值时用NA表示。

表6-5展示了专业化集聚对城市专利申请数量影响的中介效应回归结果。根据中介效应检验结果可知：第一，在模型（1）~模型（2）和模型（9）~模型（10）中，中介变量 GDP 和 Stu 在10%的显著性水平上通过了中介效应检验，且在至少5%的显著性水平上通过直接效应检验，表明中介效应为部分中介效应；中介效应占总效应的比重分别为45.34%和20.37%，表明专业化集聚对城市专利申请数量的影响中，约45.34%是通过中介变量 GDP 传导的，约20.27%是通过中介变量 Stu 在传导的。第二，在模型（3）~模型（8）中，中介变量 Gov、Loan 和 FDI 均没有通过中介效应检验，表明上述变量不是专业化集聚影响城市专利申请数量的路径，具体来看，中介变量 Gov、Loan 和 FDI 均对城市专利申请数量存在显著正向影响，但专业化集聚对 Gov、Loan 和 FDI 的影响没有通过显著性水平检验，这也是造成中介效应检验不显著的原因。

表6-6展示了多样化集聚对城市专利申请数量影响的中介效应回归结果。根据中介效应检验结果可知：第一，在模型（1）~模型（2）和模型（9）~模型（10）中，中介变量 FDI 和 Stu 在1%的显著性水平上通过了中介效应检验，且直接效应也在1%的显著性水平上通过了且在1%显著性水平上通过了直接效应检验，表明该中介效应为部分中介效应，其占总效应的比重分别为40.94%和30.70%，即多样化集聚对城市专利申请数量的影响中约40.94%是通过中介变量 FDI 传导的，约30.70%是通过中介变量 Stu 在传导的。第二，在模型（3）~模型（8）中，中介变量 GDP、Gov 和 Loan 在1%的显著性水平上通过了中介效应检验，但直接效应没有通过显著性水平检验，表明该中介效应为完全中介效应，结合系数估计可知，多样化集聚通过促进 GDP、Gov 和 Loan 的提高，间接促进了城市专利申请数量的提高。

表6-7展示了集聚类型演进方向对城市专利申请数量影响的中介效应回归结果。根据中介效应检验结果可知：第一，在模型（1）~模型（2）和模型（9）~模型（10）中，中介变量 FDI 和 Stu 在1%的显著性水平上通过了中介效应检验，且直接效应也在1%的显著性水平上通过了且在1%显著性水平上通过了直接效应检验，表明该中介效应为部分中介效应，其占总效应的比重分别为25.79%和68.33%，即集聚类型演进方向对城市

表 6－5　专业化集聚对城市专利申请数量影响的中介效应

变量	模型 (0) Innoa	模型 (1) GDP	模型 (2) Innoa	模型 (3) Gov	模型 (4) Innoa	模型 (5) Loan	模型 (6) Innoa	模型 (7) FDI	模型 (8) Innoa	模型 (9) Stu	模型 (10) Innoa
Spec	0.3048 *** [0.1136]	2.9980 * [1.8089]	0.1667 ** [0.0772]	0.2815 [0.3788]	0.0584 [0.0562]	5.6654 [4.3070]	0.1981 ** [0.0795]	0.6236 [1.2770]	0.2750 *** [0.0958]	0.0894 * [0.0537]	0.2427 *** [0.0800]
GDP			0.0461 *** [0.0007]								
Gov					0.2074 *** [0.0034]						
Loan							0.0188 *** [0.0003]				
FDI									0.0478 *** [0.0012]		
Stu											0.6949 *** [0.0310]
中介效应		0.1382 *		0.0584		0.1067		0.0298		0.0621 *	
直接效应		0.1667 **		0.0584		0.1981 **		0.2750 ***		0.2427 ***	
ab/c		0.4534		NA		NA		NA		0.2037	
控制变量	Y	Y	Y	Y	Y	Y	Y	Y	Y	Y	Y
城市固定	Y	Y	Y	Y	Y	Y	Y	Y	Y	Y	Y
年份固定	Y	Y	Y	Y	Y	Y	Y	Y	Y	Y	Y
N	4437	4437	4437	4437	4437	4437	4437	4437	4437	4437	4437
adj. R²	0.6646	0.7952	0.8452	0.7033	0.8249	0.6613	0.8357	0.7335	0.7614	0.9449	0.7007

注：*、**、*** 是指分别通过 0.1、0.05、0.01 的显著性水平检验，中括号内为标准误。中介效应为 Sobel 检验检验结果，原假设设为"模型不存在中介效应"；ab/c 表示中介效应占总效应的比重，当检验结果为总效应部分中介效应时汇报该值，当不需要汇报该值时用 NA 表示。

表6-6　多样化集聚对城市专利申请数量影响的中介效应

变量	模型(0) Innoa	模型(1) GDP	模型(2) Innoa	模型(3) Gov	模型(4) Innoa	模型(5) Loan	模型(6) Innoa	模型(7) FDI	模型(8) Innoa	模型(9) Stu	模型(10) Innoa
Div	0.0684*** [0.0121]	1.6733*** [0.1915]	-0.0089 [0.0083]	0.3048*** [0.0402]	0.0053 [0.0088]	4.0225*** [0.4557]	-0.0075 [0.0054]	0.5890*** [0.1360]	0.0404*** [0.0102]	0.0306*** [0.0057]	0.0474*** [0.0115]
GDP			0.0462*** [0.0007]								
Gov					0.2073*** [0.0034]						
Loan							0.0189*** [0.0003]				
FDI									0.0475*** [0.0012]		
Stu											0.6860*** [0.0310]
中介效应		0.0773***		0.0631***		0.0760***		0.0280***		0.0210***	
直接效应		-0.0089		0.0053		-0.0075		0.0404		0.0474	
ab/c		NA		NA		NA		0.4094		0.3070	
控制变量	Y	Y	Y	Y	Y	Y	Y	Y	Y	Y	Y
城市固定	Y	Y	Y	Y	Y	Y	Y	Y	Y	Y	Y
年份固定	Y	Y	Y	Y	Y	Y	Y	Y	Y	Y	Y
N	4437	4437	4437	4437	4437	4437	4437	4437	4437	4437	4437
adj. R²	0.6665	0.7851	0.8451	0.7073	0.8246	0.6674	0.8355	0.7347	0.7618	0.9415	0.7016

注：*、**、***是指分别通过0.1、0.05、0.01的显著性水平检验，中括号内为标准误差；中介效应为总效应占比重，当检验结果为部分中介效应时汇报该值，当不需要汇报该值时用NA表示；ab/c表示中介效应占总效应的比重，原假设为"模型不存在中介效应"，当检验结果为Sobel检验结果，当需要汇报该值时用NA表示。

表6-7　集聚类型演进方向对城市专利申请数量影响的中介效应

变量	模型(0) Innoa	模型(1) GDP	模型(2) Innoa	模型(3) Gov	模型(4) Innoa	模型(5) Loan	模型(6) Innoa	模型(7) FDI	模型(8) Innoa	模型(9) Stu	模型(10) Innoa
Trend	0.0221*** [0.0043]	0.5672*** [0.0674]	-0.0042 [0.0029]	0.0995*** [0.0142]	0.0014 [0.0031]	1.3445*** [0.1605]	-0.0034 [0.0031]	0.1193** [0.0479]	0.0164*** [0.0036]	0.0101*** [0.0014]	0.0151*** [0.0040]
GDP			0.0463*** [0.0007]								
Gov					0.2074*** [0.0034]						
Loan							0.0189*** [0.0003]				
FDI									0.0476*** [0.0012]		
Stu											0.6876*** [0.0310]
中介效应		0.0262***		0.0206***		0.0254***		0.0057**		0.0070***	
直接效应		-0.0042		0.0014		-0.0034		0.0164***		0.0151***	
ab/c		NA		NA		NA		0.2579		0.6833	
控制变量	Y	Y	Y	Y	Y	Y	Y	Y	Y	Y	Y
城市固定	Y	Y	Y	Y	Y	Y	Y	Y	Y	Y	Y
年份固定	Y	Y	Y	Y	Y	Y	Y	Y	Y	Y	Y
N	4437	4437	4437	4437	4437	4437	4437	4437	4437	4437	4437
adj. R^2	0.6661	0.7848	0.8451	0.7068	0.8246	0.6668	0.8355	0.7339	0.7621	0.9414	0.7013

注：*、**、***是指分别通过0.1、0.05、0.01的显著性水平检验，中括号内为标准误；中介效应为Sobel检验结果，原假设为"模型不存在中介效应"；ab/c是指中介效应占总效应的比重，当检验结果为部分中介效应时汇报该值，当不需要汇报该值时用NA表示。

专利申请数量的影响中约 25.79% 是通过中介变量 *FDI* 传导的，约 68.33% 是通过中介变量 *Stu* 在传导的。第二，在模型（3）~ 模型（8）中，中介变量 *GDP*、*Gov* 和 *Loan* 在 1% 的显著性水平上通过了中介效应检验，但直接效应没有通过显著性水平检验，表明该中介效应为完全中介效应，结合系数估计可知，集聚类型演进方向通过促进 *GDP*、*Gov* 和 *Loan* 的提高，间接促进了城市专利申请数量的提高。

二、产业集聚对城市专利获得授权数量影响的中介效应分析

表 6-8 展示了制造业集聚对城市专利获得授权数量影响的中介效应回归结果。根据中介效应检验结果可知：第一，在模型（1）和模型（2）中，中介变量 *GDP* 在 1% 的显著性水平上通过了中介效应检验，且直接效应也至少在 10% 的显著性水平上通过显著性检验，表明该中介效应为部分中介效应，其占总效应的比重分别为 74.15%，即制造业集聚对城市专利获得授权数量的影响中约 74.15% 是通过中介变量 *GDP* 传导的。第二，在模型（3）~ 模型（4）和模型（7）~ 模型（10）中，中介变量 *Gov*、*FDI* 和 *Stu* 至少在 5% 的显著性水平上通过了中介效应检验，但直接效应没有通过显著性水平检验，表明该中介效应为完全中介效应；从各变量系数可知，制造业集聚对中介变量的影响显著为负，而中介变量对城市专利获得授权数量的影响显著为正，这表明制造业集聚水平的下降有利于 *Gov*、*FDI* 和 *Stu* 的提高，从而间接促进了城市专利获得授权数量的提高。第三，在模型（5）和模型（6）中，中介变量 *Loan* 在 1% 的显著性水平上通过了中介效应检验，且在 1% 的显著性水平上通过直接效应检验，但模型（6）中 *Loan* 系数没有通过显著性检验，表明 *Loan* 没有通过中介效应检验，即 *Loan* 不是制造业集聚影响城市专利获得授权数量的中介变量。

表 6-9 展示了生产性服务业集聚对城市专利获得授权数量影响的中介效应回归结果。根据中介效应检验结果可知：第一，在模型（1）~ 模型（2）和模型（9）~ 模型（10）中，中介变量 *GDP* 和 *Loan* 在 1% 的显著性水平上通过了中介效应检验，但直接效应没有通过显著性水平检验，

表明该中介效应为完全中介效应，结合系数估计可知，生产性服务业集聚通过促进 GDP 和 Loan 的提高，间接促进了城市专利获得授权数量的提高。第二，在模型（3）~模型（8）中，中介变量 Gov、FDI 和 Stu 至少在 10% 的显著性水平上通过了中介效应检验，且直接效应也至少在 10% 的显著性水平上通过显著性检验，表明该中介效应为部分中介效应，其占总效应的比重分别为 67.56%、26.25% 和 23.82%，即生产性服务业集聚对城市专利获得授权数量的影响中约 67.56% 是通过中介变量 Gov 传导的，约 26.25% 是通过中介变量 FDI 传导的，约 23.82% 是通过中介变量 Stu 传导的。

　　表 6-10 展示了制造业与生产性服务业协同集聚对城市专利获得授权数量影响的中介效应回归结果。根据模型（1）~模型（10）可知，中介变量 GDP、Gov、Loan、FDI 和 Stu 均没有通过中介效应显著性检验，表明制造业与生产性服务业协同集聚对城市专利获得授权数量的影响不存在中介效应。具体来看，中介变量 GDP、Gov、Loan、FDI 和 Stu 均对城市专利获得授权数量存在显著正向影响，但制造业与生产性服务业协同集聚对中介变量 GDP、Gov、Loan、FDI 和 Stu 的影响没有通过显著性水平检验，这也是造成中介效应检验不显著的原因。

　　表 6-11 展示了专业化集聚对城市专利获得授权数量影响的中介效应回归结果。根据中介效应检验结果可知：第一，在模型（1）~模型（2）和模型（9）~模型（10）中，中介变量 GDP 和 Stu 在 10% 的显著性水平上通过了中介效应检验，且在 10% 的显著水平上通过直接效应检验，表明该中介效应为部分中介效应，中介效应占总效应的比重分别为 58.62% 和 23.73%，表明专业化集聚对城市专利获得授权数量的影响中约 58.62% 是通过中介变量 GDP 传导的，约 23.73% 是通过中介变量 Stu 传导的。第二，在模型（3）~模型（8）中，中介变量 Gov、Loan 和 FDI 均没有通过中介效应检验，表明上述变量不是专业化集聚影响城市专利获得授权数量的路径，具体来看，中介变量 Gov、Loan 和 FDI 均对城市专利获得授权数量存在显著正向影响，但专业化集聚对 Gov、Loan 和 FDI 的影响没有通过显著性水平检验，这也是造成中介效应检验不显著的原因。

表6-8 制造业集聚对城市专利获得授权数量影响的中介效应

变量	模型(0) Innoa	模型(1) GDP	模型(2) Innoa	模型(3) Gov	模型(4) Innoa	模型(5) Loan	模型(6) Innoa	模型(7) FDI	模型(8) Innoa	模型(9) Stu	模型(10) Innoa
Magg	-0.0951* [0.0489]	-3.8118*** [0.0400]	0.0509* [0.0283]	-0.7353*** [0.2183]	0.0281 [0.0325]	-15.2501*** [2.4747]	0.1487*** [0.0289]	-1.4733 [0.7366]	-0.0455 [0.0422]	-0.1995*** [0.0309]	0.0087 [0.0464]
GDP			0.0383*** [0.0004]								
Gov					0.1676*** [0.0023]						
Loan							0.0156 [0.0002]				
FDI									0.0337*** [0.0009]		
Stu											0.5203*** [0.0232]
中介效应		-0.1460***		-0.1232***		-0.2438***		-0.0496**		-0.1038***	
直接效应		0.0509*		0.0281		0.1487***		-0.0455		0.0087	
ab/c		0.7415		NA		NA		NA		NA	
控制变量	Y	Y	Y	Y	Y	Y	Y	Y	Y	Y	Y
城市固定	Y	Y	Y	Y	Y	Y	Y	Y	Y	Y	Y
年份固定	Y	Y	Y	Y	Y	Y	Y	Y	Y	Y	Y
N	4437	4437	4437	4437	4437	4437	4437	4437	4437	4437	4437
adj. R^2	0.6587	0.7818	0.8863	0.7041	0.8497	0.6643	0.8822	0.7337	0.7466	0.9417	0.6955

注：*、**、***是者分别通过0.1、0.05、0.01的显著性水平检验，中括号内为标准误差；中介效应为Sobel检验结果，原假设为"模型不存在中介效应"；ab/c表示中介效应占总效应的比重，当检验结果为负值或中介效应部分汇报该值时用NA表示。

表6-9　生产性服务业集聚对城市专利获得授权数量影响的中介效应

变量	模型(0) Innog	模型(1) GDP	模型(2) Innog	模型(3) Gov	模型(4) Innog	模型(5) Loan	模型(6) Innog	模型(7) FDI	模型(8) Innog	模型(9) Stu	模型(10) Innog
Sagg	0.1646*** [0.0462]	3.2769*** [0.9862]	0.0394 [0.0367]	0.6650*** [0.2065]	0.0534* [0.0307]	9.2497*** [2.3464]	0.0176 [0.0273]	1.2848* [0.6966]	0.1214*** [0.0398]	0.0757*** [0.0293]	0.1255*** [0.0437]
GDP			0.0382*** [0.0004]								
Gov					0.1673*** [0.0023]						
Loan							0.0159*** [0.0002]				
FDI									0.0336*** [0.0009]		
Stu											0.5172*** [0.0231]
中介效应		0.1253***		0.1112***		0.1471***		0.0432*		0.0392*	
直接效应		0.0394		0.0534*		0.0176		0.1214***		0.1255***	
ab/c		NA		0.6756		NA		0.2625		0.2382	
控制变量	Y	Y	Y	Y	Y	Y	Y	Y	Y	Y	Y
城市固定	Y	Y	Y	Y	Y	Y	Y	Y	Y	Y	Y
年份固定	Y	Y	Y	Y	Y	Y	Y	Y	Y	Y	Y
N	4437	4437	4437	4437	4437	4437	4437	4437	4437	4437	4437
adj. R²	0.6595	0.7817	0.8863	0.7040	0.8498	0.6624	0.8815	0.7337	0.7471	0.9412	0.6961

注：*、**、*** 是指分别通过0.1、0.05、0.01的显著性水平检验，中括号内为标准误；中介效应Sobel检验结果，原假设为"模型不存在中介效应"；ab/c是指中介效应占总效应的比重，当检验结果为部分中介效应时汇报该值。

表6—10　制造业与生产性服务业协同集聚对城市专利获得授权数量影响的中介效应

变量	模型（0）	模型（1）	模型（2）	模型（3）	模型（4）	模型（5）	模型（6）	模型（7）	模型（8）	模型（9）	模型（10）
	Innog	GDP	Innog	Gov	Innog	Loan	Innog	FDI	Innog	Stu	Innog
Cougg	-0.0402 [0.0619]	-0.6132 [1.3212]	-0.0167 [0.0357]	0.0913 [0.2766]	-0.0555 [0.0410]	-0.8309 [3.1453]	-0.0270 [0.0364]	0.2451 [0.9324]	-0.0485 [0.0533]	-0.0347 [0.0392]	-0.0222 [0.0584]
GDP			0.0383 [0.0004]								
Gov					0.1676*** [0.0023]						
Loan							0.0159*** [0.0002]				
FDI									0.0337*** [0.0009]		
Stu											0.5197*** [0.0231]
中介效应		-0.0235		0.0153		-0.0132		0.0083		-0.0180	
直接效应		-0.0167		-0.0555		-0.0270		-0.0485		-0.0222	
ab/c		NA		NA		NA		NA		NA	
控制变量	Y	Y	Y	Y	Y	Y	Y	Y	Y	Y	Y
城市固定	Y	Y	Y	Y	Y	Y	Y	Y	Y	Y	Y
年份固定	Y	Y	Y	Y	Y	Y	Y	Y	Y	Y	Y
N	4437	4437	4437	4437	4437	4437	4437	4437	4437	4437	4437
adj.R²	0.6585	0.7812	0.8862	0.7033	0.8498	0.6612	0.8815	0.7335	0.7466	0.9411	0.6955

注：*、**、***是指分别通过0.1、0.05、0.01的显著性水平检验，中括号内为标准误，中介效应为Sobel检验结果，原假设为"模型不存在中介效应"；ab/c表示中介效应占总效应的比重，当检验结果为部分中介效应时汇报该值，当不需要汇报该值时用NA表示。

表6-11　专业化集聚对城市专利获得授权数量影响的中介效应

变量	模型(0) Innog	模型(1) GDP	模型(2) Innog	模型(3) Gov	模型(4) Innog	模型(5) Loan	模型(6) Innog	模型(7) FDI	模型(8) Innog	模型(9) Stu	模型(10) Innog
Spec	0.1955** [0.0847]	2.9980* [1.8089]	0.0808* [0.0489]	0.2814 [0.3788]	0.1484** [0.0562]	5.6653 [4.3069]	0.1054** [0.0499]	0.6236 [1.2770]	0.1744 [0.0730]	0.0894* [0.0537]	0.1491* [0.0800]
GDP			0.0382*** [0.0004]								
Gov					0.1674*** [0.0023]						
Loan							0.0159*** [0.0002]				
FDI									0.0337*** [0.0009]		
Stu											0.5187*** [0.0231]
中介效应		0.1146*		0.0471		0.0900		0.0210		0.0464*	
直接效应		0.0808*		0.1484**		0.1054**		0.1744		0.1491*	
ab/c		0.5862		NA		NA		NA		0.2373	
控制变量	Y	Y	Y	Y	Y	Y	Y	Y	Y	Y	Y
城市固定	Y	Y	Y	Y	Y	Y	Y	Y	Y	Y	Y
年份固定	Y	Y	Y	Y	Y	Y	Y	Y	Y	Y	Y
N	4437	4437	4437	4437	4437	4437	4437	4437	4437	4437	4437
adj. R²	0.6589	0.7813	0.8863	0.7033	0.8500	0.6613	0.8816	0.7335	0.7469	0.9411	0.6957

注：*、**、***是指分别通过0.1、0.05、0.01的显著性水平检验，中括号内为标准误，中介效应为Sobel检验结果，原假设为"模型不存在中介效应"；ab/c表示中介效应占总效应的比重，当检验结果为部分中介效应时汇报该值，当不需要汇报该值时用NA表示。

表 6-12 展示了多样化集聚对城市专利获得授权数量影响的中介效应回归结果。根据中介效应检验结果可知：第一，在模型（1）~模型（2）和模型（5）~模型（6）中，中介变量 GDP 和 Loan 在 1% 的显著性水平上通过了中介效应检验，但直接效应没有通过显著性水平检验，表明该中介效应为完全中介效应，结合系数估计可知，多样化集聚通过促进 GDP 和 Loan 的提高，间接促进了城市专利获得授权数量的提高。第二，在模型（3）~模型（4）和模型（7）~模型（10）中，中介变量 Gov、FDI 和 Stu 在 1% 的显著性水平上通过了中介效应检验，且直接效应也在 1% 的显著性水平上通过了显著性水平检验，表明该中介效应为部分中介效应，其占总效应的比重分别为 75.48%、29.12% 和 23.18%，即多样化集聚对城市专利获得授权数量的影响中约 75.48% 是通过中介变量 Gov 传导的，约 29.12% 是通过中介变量 FDI 传导的，约 23.18% 是通过中介变量 Stu 传导的。

表 6-13 展示了集聚类型演进方向对城市专利获得授权数量影响的中介效应回归结果。根据在模型（1）~模型（10）的中介效应检验结果可知：中介变量 GDP、Gov、Loan、FDI 和 Stu 在 1% 的显著性水平上通过了中介效应检验，且直接效应也在 1% 的显著性水平上通过了显著性检验，表明该中介效应为部分中介效应，其占总效应的比重分别为 85.38%、65.61%、84.19%、15.81% 和 20.16%，即集聚类型演进方向对城市专利获得授权数量的影响中约 85.38% 是通过中介变量 GDP 传导的，约 65.61% 是通过中介变量 Gov 传导的，约 84.19% 是通过中介变量 Loan 传导的，约 15.81% 是通过中介变量 FDI 传导的，约 20.16% 是通过中介变量 Stu 传导的。

表6-12　多样化集聚对城市专利获得授权数量影响的中介效应

变量	模型（0）Innog	模型（1）GDP	模型（2）Innog	模型（3）Gov	模型（4）Innog	模型（5）Loan	模型（6）Innog	模型（7）FDI	模型（8）Innog	模型（9）Stu	模型（10）Innog
Div	0.0673 *** [0.0090]	1.6733 *** [0.1915]	0.0034 [0.0053]	0.3045 *** [0.0402]	0.0165 *** [0.0060]	4.0225 *** [0.4557]	0.0034 [0.0054]	0.5890 *** [0.1360]	0.0477 *** [0.0078]	0.0306 *** [0.0057]	0.0517 *** [0.0085]
GDP			0.0382 *** [0.0004]								
Gov					0.1667 [0.0023]						
Loan							0.0159 *** [0.0002]				
FDI									0.0334 *** [0.0009]		
Stu											0.5083 *** [0.0231]
中介效应		0.0640 ***		0.0508 ***		0.0639 ***		0.0196 ***		0.0156 ***	
直接效应		0.0034		0.0165		0.0034		0.0477		0.0517	
ab/c		NA		0.7548		NA		0.2912		0.2318	
控制变量	Y	Y	Y	Y	Y	Y	Y	Y	Y	Y	Y
城市固定	Y	Y	Y	Y	Y	Y	Y	Y	Y	Y	Y
年份固定	Y	Y	Y	Y	Y	Y	Y	Y	Y	Y	Y
N	4437	4437	4437	4437	4437	4437	4437	4437	4437	4437	4437
adj. R^2	0.6630	0.7851	0.8862	0.7073	0.8500	0.6674	0.8815	0.7347	0.7488	0.9415	0.6981

注：*、**、***是指分别通过0.1、0.05、0.01的显著性水平检验，中括号内为标准误，中介效应为Sobel检验结果，原假设为"模型不存在中介效应"；ab/c表示中介效应占总效应的比重，当检验结果为部分中介效应时汇报该值，当不需要汇报该值时用NA表示。

表6-13 集聚类型演进方向对城市专利获得授权数量影响的中介效应

变量	模型(0)	模型(1)	模型(2)	模型(3)	模型(4)	模型(5)	模型(6)	模型(7)	模型(8)	模型(9)	模型(10)
	Innog	GDP	Innog	Gov	Innog	Loan	Innog	FDI	Innog	Stu	Innog
Trend	0.0253*** [0.0032]	0.5672*** [0.0674]	0.0036** [0.0019]	0.0995*** [0.0142]	0.0087*** [0.0021]	1.3445*** [0.1605]	0.0040** [0.0019]	0.1193** [0.0480]	0.0213*** [0.0027]	0.0101*** [0.0010]	0.0201*** [0.0030]
GDP			0.0381*** [0.0004]								
Gov					0.1664*** [0.0023]						
Loan							0.0159*** [0.0002]				
FDI									0.0335*** [0.0009]		
Stu											0.5078*** [0.0231]
中介效应		0.0216***		0.0166***		0.0213***		0.0040**		0.0051***	
直接效应			0.0036**		0.0087***		0.0040**		0.0213***		0.0201***
ab/c			0.8538		0.6561		0.8419		0.1581		0.2016
控制变量	Y	Y	Y	Y	Y	Y	Y	Y	Y	Y	Y
城市固定	Y	Y	Y	Y	Y	Y	Y	Y	Y	Y	Y
年份固定	Y	Y	Y	Y	Y	Y	Y	Y	Y	Y	Y
N	4437	4437	4437	4437	4437	4437	4437	4437	4437	4437	4437
adj. R^2	0.7659	0.7848	0.8863	0.7068	0.8503	0.6668	0.8816	0.7339	0.7502	0.9414	0.6987

注：*、**、***是指分别通过0.1、0.05、0.01的显著性水平检验，中括号内为标准误；中介效应为Sobel检验结果，原假设为"模型不存在中介效应"；ab/c表示中介效应占总效应的比重，当检验结果为部分中介效应时汇报该值，当不需要汇报该值时用NA表示。

第四节　稳健性检验

当前，常见的中介效应检测方法都有所不足，就本书而言，Sobel 检验法容易导致"第二类错误"的发生，而逐步检验法又常常导致"第一类错误"的出现。为验证研究结论的稳健性，选择缩尾处理法和 Bootstrap 自助抽样法对产业集聚影响城市创新的中介效应进行稳健性检验。其中，缩尾处理法检验结果如表 6 - 14 和表 6 - 15 所示，Bootstrap 自助抽样法检验结果如表 6 - 16 ~ 表 6 - 27 所示。考虑到篇幅限制，这里仅展示了中介效应和直接效应的检验结果。

一、改变样本容量法：缩尾处理

表 6 - 14 展示了产业集聚影响城市专利申请数量的中介效应回归结果。从各核心解释变量来看，制造业集聚通过了 GDP、Gov、Loan 和 FDI 等变量的中介效应检验；生产性服务业集聚、多样化集聚和集聚类型演变方向通过了全部变量的中介效应检验；制造业与生产性服务业协同集聚未能通过任一变量的中介效应检验；专业化集聚通过了 GDP 和 Stu 等变量的中介效应检验。该检验结论与上面研究基本一致，表明产业集聚对城市专利申请数量的中介效应通过了稳健性检验。

表 6 - 14　　产业集聚影响城市专利申请数量的中介效应估计

中介变量	检验类别	Magg	Sagg	Coagg	Spec	Div	Trend
GDP	中介效应	- 0.1860 ***	0.2007 ***	- 0.0291	0.1429 *	0.0675 ***	0.0225 ***
	直接效应	- 0.0025	0.1144 **	- 0.0782	0.1796 **	- 0.0110	- 0.0025
Gov	中介效应	- 0.1506 ***	0.2016 ***	0.0185	0.0662	0.0510 ***	0.0182 ***
	直接效应	- 0.0379	0.1136	- 0.1258 **	0.2563	0.0055	0.0018
Loan	中介效应	- 0.0288 ***	0.2255 ***	- 0.0162	0.1091	0.0644 ***	0.0198 ***
	直接效应	0.0995 **	0.3151	- 0.0911	0.2134	- 0.0079	0.0002

中介变量	检验类别	Magg	Sagg	Coagg	Spec	Div	Trend
FDI	中介效应	− 0. 0708 *	0. 0986 ***	0. 0117	0. 0246	0. 0222 ***	0. 0076 ***
	直接效应	− 0. 1177 **	0. 2165	− 0. 1190 *	0. 2979	0. 0343	0. 0124
Stu	中介效应	− 0. 1481	0. 0578 ***	− 0. 0247	0. 0670 *	0. 0210 ***	0. 0044 ***
	直接效应	− 0. 0404	0. 2574	− 0. 0826	0. 2555	0. 0565	0. 0156

注：* 、** 、*** 是指分别通过 0.1、0.05、0.01 的显著性水平检验。

表 6 – 15 展示了产业集聚影响城市专利获得授权数量的中介效应回归结果。从各核心解释变量来看，制造业集聚、生产性服务业集聚、多样化集聚和集聚类型演变方向通过了全部变量的中介效应检验；制造业与生产性服务业协同集聚未能通过任一变量的中介效应检验；专业化集聚通过了 GDP 和 Stu 等变量的中介效应检验。该检验结论与上面研究一致，表明产业集聚对城市专利获得授权数量的中介效应通过了稳健性检验。

表 6 – 15　　　　　产业集聚影响城市专利获得数量的中介效应估计

中介变量	检验类别	Magg	Sagg	Coagg	Spec	Div	Trend
GDP	中介效应	− 0. 1542 ***	0. 1666 ***	− 0. 0241	0. 1186 *	0. 0558 ***	0. 0186 ***
	直接效应	− 0. 0061	0. 0639 **	− 0. 0164	0. 0881 *	0. 0023	0. 0032 *
Gov	中介效应	− 0. 1215 ***	0. 1628 ***	0. 0149	0. 0534	0. 0410 ***	0. 0147 ***
	直接效应	− 0. 0388	0. 0677	− 0. 0555	0. 1533	0. 0171	0. 0071
Loan	中介效应	− 0. 2428 ***	0. 1903 ***	− 0. 0136	0. 0920	0. 0542 ***	0. 0167 ***
	直接效应	0. 0825 ***	0. 040	− 0. 0269	0. 1147	0. 0040	0. 0051
FDI	中介效应	− 0. 0498 *	0. 0695 ***	0. 0083	0. 0173	0. 0156 ***	0. 0054 ***
	直接效应	− 0. 1104 **	0. 1610	− 0. 0488	0. 1894	0. 0425	0. 0164
Stu	中介效应	− 0. 1103 ***	0. 0431 ***	− 0. 0184	0. 0500 *	0. 0156 ***	0. 0033 ***
	直接效应	− 0. 0499	0. 1874	− 0. 0221	0. 1567	0. 0426	0. 0185

注：* 、** 、*** 是指分别通过 0.1、0.05、0.01 的显著性水平检验。

二、更换检验方法：Bootstrap 自助抽样法

Bootstrap 自助抽样法是假设检验、标准差估计以及置信区间估计的常

用方法。就本书而言，Bootstrap 自助抽样法的基本步骤如下：

第一，提出原假设 H_0：产业集聚对城市创新的影响不存在中介效应。

第二，重复抽样 1000 次，得到 1000 个 ab 估计值，将他们从小到大排序，得到 2.5% 和 97.5% 的分位数，构成 ab 估计值的置信度为 95% 的置信区间。

第三，根据置信区间是否包括 0 判断中介效应是否存在。当该置信区间包含 0 时，不拒绝 H_0，认为不存在中介效应；否则，拒绝 H_0，认为存在中介效应。

（一）产业集聚对城市专利申请数量影响中介效应的稳健性检验

表 6 – 16 展示了制造业集聚影响城市专利申请数量中介效应的稳健性检验结果。从表 6 – 16 中可以看出，GDP、Gov、$Loan$、FDI 和 Stu 等中介变量的 95% 置信区间都包含 0，表明上述变量不是制造业影响城市专利申请数量的中介变量，即不存在中介效应。这与研究结论存在较大差异，说明制造业集聚没有通过稳健性检验，进而不能判断制造业集聚对城市专利申请数量的影响是否存在中介效应。

表 6 – 16　　　　制造业集聚影响城市专利申请数量的中介效应估计

中介变量	检验类别	估计参数	标准差	95% 置信区间		置信区间类别
GDP	中介效应	- 0.1760	0.0435	- 0.2642	- 0.0945	（P）
				- 0.2612	- 0.0937	（BC）
	直接效应	0.0436	0.0560	- 0.0651	0.1607	（P）
				- 0.0650	0.1607	（BC）
Gov	中介效应	- 0.1527	0.0377	- 0.2325	- 0.0812	（P）
				- 0.2360	- 0.0840	（BC）
	直接效应	0.0203	0.0609	- 0.0915	0.1372	（P）
				- 0.0851	0.1440	（BC）
Loan	中介效应	- 0.2890	0.0462	- 0.3832	- 0.2024	（P）
				- 0.3832	- 0.2032	（BC）
	直接效应	0.1566	0.0613	0.0338	0.2780	（P）
				0.0263	0.2722	（BC）

续表

中介变量	检验类别	估计参数	标准差	95% 置信区间		置信区间类别
FDI	中介效应	- 0.0704	0.0324	- 0.1428	- 0.0166	（P）
				- 0.1441	- 0.0171	（BC）
	直接效应	- 0.0619	0.0711	- 0.2014	0.0802	（P）
				- 0.1931	0.0876	（BC）
Stu	中介效应	- 0.1391	0.0228	- 0.1845	- 0.0968	（P）
				- 0.1862	- 0.0981	（BC）
	直接效应	0.0067	0.0685	- 0.1268	0.1381	（P）
				- 0.1256	0.1381	（BC）

注：95% 置信区间采用 Bootstrap 法反复抽样 1000 次得到的结果；（P）表示百分位置信区间，（BC）表示偏差校正置信区间。

表 6 – 17 展示了生产性服务业集聚影响城市专利申请数量中介效应的稳健性检验结果。从表 6 – 17 中可以看出，中介变量 GDP、Gov、Loan 和 Stu 的 95% 置信区间都不包含 0，表明上述变量是生产性服务业集聚影响城市专利申请数量的中介变量，即存在中介效应，说明通过了稳健性检验。而中介变量 FDI 的 95% 置信区间包含 0，表明 FDI 不是生产性服务业集聚影响城市专利申请数量的中介变量，即不存在中介效应，表明没有通过稳健性检验。

表 6 – 17　　　生产性服务业集聚影响城市专利申请数量的中介效应估计

中介变量	检验类别	估计参数	标准差	95% 置信区间		置信区间类别
GDP	中介效应	0.1983	0.0603	0.0808	0.3134	（P）
				0.0741	0.3119	（BC）
	直接效应	0.0259	0.0317	- 0.0349	0.0891	（P）
				- 0.0456	0.0810	（BC）
Gov	中介效应	0.1378	0.0539	0.0253	0.2331	（P）
				0.0156	0.2308	（BC）
	直接效应	0.0903	0.0409	0.0045	0.1682	（P）
				0.0079	0.1730	（BC）
Loan	中介效应	0.1742	0.0500	0.0733	0.2754	（P）
				0.0712	0.2719	（BC）
	直接效应	0.0539	0.0436	- 0.0399	0.1322	（P）
				- 0.0406	0.1317	（BC）

中介变量	检验类别	估计参数	标准差	95% 置信区间		置信区间类别
FDI	中介效应	0.0613	0.0334	-0.0057	0.1283	（P）
				-0.0058	0.1282	（BC）
	直接效应	0.1667	0.0468	0.0759	0.2560	（P）
				0.0804	0.2591	（BC）
Stu	中介效应	0.0525	0.0185	0.0180	0.0893	（P）
				0.0180	0.0893	（BC）
	直接效应	0.1756	0.0607	0.0569	0.2930	（P）
				0.0527	0.2851	（BC）

注：95% 置信区间采用 Bootstrap 法反复抽样 1000 次得到的结果；（P）表示百分位置信区间，（BC）表示偏差校正置信区间。

表 6 - 18 展示了制造业与生产性服务业协同集聚影响城市专利申请数量中介效应的稳健性检验结果。从表 6 - 18 中可以看出，GDP、Gov、Loan、FDI 和 Stu 等中介变量的 95% 置信区间都包含 0，表明上述变量不是制造业与生产性服务业协同集聚影响城市专利申请数量的中介变量，即不存在中介效应。说明制造业与生产性服务业协同集聚通过了稳健性检验。

表 6 - 18　　　　制造业与生产性服务业协同集聚影响城市
专利申请数量的中介效应估计

中介变量	检验类别	估计参数	标准差	95% 置信区间		置信区间类别
GDP	中介效应	-0.0283	0.0404	-0.1094	0.0499	（P）
				-0.1031	0.0532	（BC）
	直接效应	-0.0798	0.0426	-0.1578	0.0040	（P）
				-0.1735	-0.0041	（BC）
Gov	中介效应	0.0190	0.0300	-0.0372	0.0802	（P）
				-0.0350	0.0857	（BC）
	直接效应	-0.1271	0.0473	-0.2208	-0.0311	（P）
				-0.2209	-0.0313	（BC）
Loan	中介效应	-0.0157	0.0368	-0.0937	0.0509	（P）
				-0.0850	0.0552	（BC）
	直接效应	-0.0924	0.0488	-0.1923	0.0012	（P）
				-0.2005	-0.0007	（BC）

续表

中介变量	检验类别	估计参数	标准差	95% 置信区间		置信区间类别
FDI	中介效应	0.0117	0.0248	-0.0380	0.0598	(P)
				-0.0382	0.0581	(BC)
	直接效应	-0.1198	0.0543	-0.2260	-0.0139	(P)
				-0.2246	-0.0131	(BC)
Stu	中介效应	-0.0241	0.0206	-0.0637	0.0126	(P)
				-0.0650	0.0116	(BC)
	直接效应	-0.0840	0.0544	-0.1871	0.0193	(P)
				-0.1869	0.0203	(BC)

注：95% 置信区间采用 Bootstrap 法反复抽样 1000 次得到的结果；（P）表示百分位置信区间，（BC）表示偏差校正置信区间。

表 6-19 展示了专业化集聚影响城市专利申请数量中介效应的稳健性检验结果。从表 6-19 中可以看出：第一，中介变量 GDP 和 Stu 的 95% 置信区间都不包含 0，表明上述变量是专业化集聚影响城市专利申请数量的中介变量，即存在中介效应，这与上面研究一致，说明通过了稳健性检验。第二，中介变量 Gov、Loan 和 FDI 的 95% 置信区间包含 0，表明上述变量不是专业化集聚影响城市专利申请数量的中介变量，即不存在中介效应，说明通过了稳健性检验。

表 6-19 专业化集聚影响城市专利申请数量的中介效应估计

中介变量	检验类别	估计参数	标准差	95% 置信区间		置信区间类别
GDP	中介效应	0.1854	0.0738	0.0446	0.3241	(P)
				0.0404	0.3225	(BC)
	直接效应	0.1033	0.0602	-0.0140	0.2288	(P)
				-0.0118	0.2300	(BC)
Gov	中介效应	0.0584	0.0553	-0.0485	0.1758	(P)
				-0.0642	0.1565	(BC)
	直接效应	0.2464	0.0717	0.1127	0.4004	(P)
				0.1034	0.3794	(BC)
Loan	中介效应	0.1067	0.0558	-0.0078	0.2130	(P)
				-0.0135	0.2059	(BC)
	直接效应	0.1981	0.0761	0.0556	0.3542	(P)
				0.0426	0.3360	(BC)

中介变量	检验类别	估计参数	标准差	95% 置信区间		置信区间类别
FDI	中介效应	0.0298	0.0440	-0.0549	0.1228	（P）
				-0.0559	0.1218	（BC）
	直接效应	0.2750	0.0872	0.1106	0.4483	（P）
				0.0977	0.4291	（BC）
Stu	中介效应	0.0621	0.0295	0.0046	0.1164	（P）
				0.0047	0.1166	（BC）
	直接效应	0.2427	0.0906	0.0770	0.4144	（P）
				0.0783	0.4147	（BC）

注：95% 置信区间采用 Bootstrap 法反复抽样 1000 次得到的结果；（P）表示百分位置信区间，（BC）表示偏差校正置信区间。

表 6-20 展示了多样化集聚影响城市专利申请数量中介效应的稳健性检验结果。从表 6-20 中可以看出：第一，中介变量 GDP、Gov、Loan、FDI 和 Stu 的 95% 置信区间都不包含 0，表明上述变量是多样化集聚影响城市专利申请数量的中介变量，即存在中介效应，这与上面研究一致，说明通过了稳健性检验。

表 6-20　　　　　　多样化集聚影响城市专利申请数量的中介效应估计

中介变量	检验类别	估计参数	标准差	95% 置信区间		置信区间类别
GDP	中介效应	0.0674	0.0123	0.0438	0.0936	（P）
				0.0456	0.0950	（BC）
	直接效应	0.0008	0.0052	-0.0089	0.0116	（P）
				-0.0089	0.0115	（BC）
Gov	中介效应	0.0631	0.0095	0.0453	0.0825	（P）
				0.0452	0.0825	（BC）
	直接效应	0.0053	0.0091	-0.0122	0.0236	（P）
				-0.0119	0.0246	（BC）
Loan	中介效应	0.0760	0.0119	0.0533	0.0998	（P）
				0.0542	0.1004	（BC）
	直接效应	-0.0075	0.0088	-0.0247	0.0101	（P）
				-0.0260	0.0091	（BC）

续表

中介变量	检验类别	估计参数	标准差	95% 置信区间		置信区间类别
FDI	中介效应	0.0280	0.0078	0.0146	0.0457	（P）
				0.0136	0.0442	（BC）
	直接效应	0.0404	0.0117	0.0178	0.0639	（P）
				0.0190	0.0646	（BC）
Stu	中介效应	0.0210	0.0055	0.0113	0.0326	（P）
				0.0116	0.0336	（BC）
	直接效应	0.0474	0.0120	0.0251	0.0724	（P）
				0.0250	0.0723	（BC）

注：95% 置信区间采用 Bootstrap 法反复抽样 1000 次得到的结果；（P）表示百分位置信区间，（BC）表示偏差校正置信区间。

表 6-21 展示了集聚类型演进方向影响城市专利申请数量中介效应的稳健性检验结果。从表 6-21 中可以看出，中介变量 GDP、Gov、Loan 和 Stu 的 95% 置信区间都不包含 0，表明上述变量是集聚类型演进方向影响城市专利申请数量的中介变量，即存在中介效应，说明通过了稳健性检验。而中介变量 FDI 的 95% 置信区间包含 0，表明 FDI 不是集聚类型演进方向影响城市专利申请数量的中介变量，即不存在中介效应，表明没有通过稳健性检验。

表 6-21　　产业集聚类型演进方向影响城市专利申请数量的中介效应估计

中介变量	检验类别	估计参数	标准差	95% 置信区间		置信区间类别
GDP	中介效应	0.0212	0.0058	0.0097	0.0329	（P）
				0.0108	0.0341	（BC）
	直接效应	0.0018	0.0026	−0.0035	0.0071	（P）
				−0.0037	0.0066	（BC）
Gov	中介效应	0.0206	0.0036	0.0136	0.0283	（P）
				0.0138	0.0286	（BC）
	直接效应	0.0014	0.0044	−0.0080	0.0093	（P）
				−0.0083	0.0088	（BC）
Loan	中介效应	0.0254	0.0042	0.0169	0.0334	（P）
				0.0174	0.0338	（BC）
	直接效应	−0.0034	0.0041	−0.0118	0.0042	（P）
				−0.0129	0.0040	（BC）

中介变量	检验类别	估计参数	标准差	95% 置信区间		置信区间类别
FDI	中介效应	0.0057	0.0041	−0.0024	0.0135	（P）
				−0.0038	0.0128	（BC）
	直接效应	0.0164	0.0059	0.0052	0.0283	（P）
				0.0059	0.0291	（BC）
Stu	中介效应	0.0070	0.0021	0.0028	0.0112	（P）
				0.0030	0.0115	（BC）
	直接效应	0.0151	0.0045	0.0067	0.0243	（P）
				0.0068	0.0246	（BC）

注：95% 置信区间采用 Bootstrap 法反复抽样 1000 次得到的结果；（P）表示百分位置信区间，（BC）表示偏差校正置信区间。

（二）产业集聚对城市专利获得授权数量影响中介效应的稳健性检验

表 6 – 22 展示了制造业集聚影响城市专利获得授权数量中介效应的稳健性检验结果。从表 6 – 22 中可以看出，GDP、Gov、$Loan$、FDI 和 Stu 等中介变量的 95% 置信区间都包含 0，表明上述变量不是制造业集聚影响城市专利获得授权数量的中介变量，即不存在中介效应。这与上面研究结论有较大差异，说明没有通过稳健性检验。

表 6 – 22　　　制造业集聚影响城市专利获得授权数量的中介效应估计

中介变量	检验类别	估计参数	标准差	95% 置信区间		置信区间类别
GDP	中介效应	−0.1460	0.0378	−0.2242	−0.0703	（P）
				−0.2270	−0.0757	（BC）
	直接效应	0.0509	0.0414	−0.0333	0.1282	（P）
				−0.0329	0.1289	（BC）
Gov	中介效应	−0.1232	0.0299	−0.1861	−0.0660	（P）
				−0.1832	−0.0656	（BC）
	直接效应	0.0281	0.0479	−0.0619	0.1148	（P）
				−0.0601	0.1234	（BC）

续表

中介变量	检验类别	估计参数	标准差	95%置信区间		置信区间类别
Loan	中介效应	-0.2438	0.0369	-0.3207	-0.1735	(P)
				-0.3257	-0.1767	(BC)
	直接效应	0.1487	0.0489	0.0583	0.2446	(P)
				0.0593	0.2478	(BC)
FDI	中介效应	-0.0496	0.0234	-0.1032	-0.0137	(P)
				-0.1062	-0.0146	(BC)
	直接效应	-0.0455	0.0539	-0.1454	0.0674	(P)
				-0.1554	0.0598	(BC)
Stu	中介效应	-0.1038	0.0183	-0.1405	-0.0705	(P)
				-0.1457	-0.0723	(BC)
	直接效应	0.0087	0.0540	-0.0957	0.1187	(P)
				-0.0980	0.1171	(BC)

注：95%置信区间采用 Bootstrap 法反复抽样 1000 次得到的结果；（P）表示百分位置信区间，（BC）表示偏差校正置信区间。

表 6-23 展示了生产性服务业集聚影响城市专利获得授权数量中介效应的稳健性检验结果。从表 6-23 中可以看出，中介变量 GDP、Gov、Loan 和 Stu 的 95%置信区间都不包含 0，表明上述变量是生产性服务业集聚影响城市专利获得授权数量的中介变量，即存在中介效应，说明通过了稳健性检验。而中介变量 FDI 的 95%置信区间包含 0，表明 FDI 不是生产性服务业集聚影响城市专利获得授权数量的中介变量，即不存在中介效应，表明没有通过稳健性检验。

表 6-23   生产性服务业集聚影响城市专利获得授权数量的中介效应估计

中介变量	检验类别	估计参数	标准差	95%置信区间		置信区间类别
GDP	中介效应	0.1213	0.0364	0.0443	0.1872	(P)
				0.0443	0.1867	(BC)
	直接效应	0.0315	0.0222	-0.0136	0.0719	(P)
				-0.0180	0.0684	(BC)

续表

中介变量	检验类别	估计参数	标准差	95% 置信区间		置信区间类别
Gov	中介效应	0.1112	0.0410	0.0322	0.1894	（P）
				0.0240	0.1875	（BC）
	直接效应	0.0534	0.0258	0.0015	0.1041	（P）
				0.0025	0.1048	（BC）
Loan	中介效应	0.1470	0.0381	0.0709	0.2238	（P）
				0.0722	0.2244	（BC）
	直接效应	0.0176	0.0250	−0.0362	0.0604	（P）
				−0.0386	0.0587	（BC）
FDI	中介效应	0.0432	0.0229	−0.0020	0.0869	（P）
				−0.0020	0.0871	（BC）
	直接效应	0.1214	0.0379	0.0455	0.1961	（P）
				0.0435	0.1956	（BC）
Stu	中介效应	0.0392	0.0138	0.0132	0.0665	（P）
				0.0132	0.0669	（BC）
	直接效应	0.1255	0.0455	0.0405	0.2144	（P）
				0.0268	0.2090	（BC）

注：95% 置信区间采用 Bootstrap 法反复抽样 1000 次得到的结果；（P）表示百分位置信区间，（BC）表示偏差校正置信区间。

表 6-24 展示了制造业与生产性服务业协同集聚影响城市专利获得授权数量中介效应的稳健性检验结果。从表 6-24 中可以看出，GDP、Gov、Loan、FDI 和 Stu 等中介变量的 95% 置信区间都包含 0，表明上述变量不是制造业与生产性服务业协同集聚影响城市专利获得授权数量的中介变量，即不存在中介效应。说明制造业与生产性服务业协同集聚通过了稳健性检验。

表 6-24　　　制造业与生产性服务业协同集聚影响城市
专利获得授权数量的中介效应估计

中介变量	检验类别	估计参数	标准差	95% 置信区间		置信区间类别
GDP	中介效应	−0.0235	0.0328	−0.0911	0.0400	（P）
				−0.0923	0.0385	（BC）
	直接效应	−0.0167	0.0308	−0.0742	0.0495	（P）
				−0.0754	0.0458	（BC）

中介变量	检验类别	估计参数	标准差	95% 置信区间		置信区间类别
Gov	中介效应	0.0153	0.0247	−0.0340	0.0627	（P）
				−0.0345	0.0626	（BC）
	直接效应	−0.0555	0.0342	−0.1229	0.0095	（P）
				−0.1223	0.0107	（BC）
Loan	中介效应	−0.0132	0.0314	−0.0728	0.0489	（P）
				−0.0757	0.0479	（BC）
	直接效应	−0.0270	0.0322	−0.0847	0.0378	（P）
				−0.0865	0.0344	（BC）
FDI	中介效应	0.0083	0.0182	−0.0270	0.0448	（P）
				−0.0279	0.0446	（BC）
	直接效应	−0.0485	0.0415	−0.1326	0.0318	（P）
				−0.1417	0.0234	（BC）
Stu	中介效应	−0.0180	0.0156	−0.0465	0.0132	（P）
				−0.0493	0.0100	（BC）
	直接效应	−0.0222	0.0401	−0.1016	0.0575	（P）
				−0.1010	0.0582	（BC）

注：95% 置信区间采用 Bootstrap 法反复抽样 1000 次得到的结果；（P）表示百分位置信区间，（BC）表示偏差校正置信区间。

表 6 – 25 展示了专业化集聚影响城市专利获得授权数量中介效应的稳健性检验结果。从表 6 – 25 中可以看出：第一，中介变量 GDP 和 Stu 的 95% 置信区间都不包含 0，表明上述变量是专业化集聚影响城市专利获得授权数量的中介变量，即存在中介效应，说明通过了稳健性检验。第二，中介变量 Gov、Loan 和 FDI 的 95% 置信区间包含 0，表明上述变量不是专业化集聚影响城市专利获得授权数量的中介变量，即不存在中介效应，说明通过了稳健性检验。

表 6 – 25 专业化集聚影响城市专利获得授权数量的中介效应估计

中介变量	检验类别	估计参数	标准差	95% 置信区间		置信区间类别
GDP	中介效应	0.1135	0.0441	0.0262	0.2029	（P）
				0.0196	0.1958	（BC）
	直接效应	0.0317	0.0388	− 0.0424	0.1094	（P）
				− 0.0485	0.1046	（BC）
Gov	中介效应	0.0471	0.0415	− 0.0411	0.1269	（P）
				− 0.0480	0.1210	（BC）
	直接效应	0.1484	0.0497	0.0540	0.2463	（P）
				0.0580	0.2471	（BC）
Loan	中介效应	0.0900	0.0449	0.0031	0.1767	（P）
				− 0.0042	0.1744	（BC）
	直接效应	0.1054	0.0511	0.0001	0.2045	（P）
				0.0014	0.2052	（BC）
FDI	中介效应	0.0210	0.0333	− 0.0376	0.0901	（P）
				− 0.0398	0.0867	（BC）
	直接效应	0.1744	0.0703	0.0266	0.2997	（P）
				0.0263	0.2995	（BC）
Stu	中介效应	0.0464	0.0221	0.0038	0.0901	（P）
				0.0036	0.0894	（BC）
	直接效应	0.1491	0.0607	0.0273	0.2743	（P）
				0.0302	0.2778	（BC）

注：95% 置信区间采用 Bootstrap 法反复抽样 1000 次得到的结果；（P）表示百分位置信区间，（BC）表示偏差校正置信区间。

表 6 – 26 展示了多样化集聚影响城市专利获得授权数量中介效应的稳健性检验结果。从表 6 – 26 中可以看出：第一，中介变量 GDP、Gov、Loan、FDI 和 Stu 的 95% 置信区间都不包含 0，表明上述变量是多样化集聚影响城市专利获得授权数量的中介变量，即存在中介效应，说明通过了稳健性检验。

表 6 – 26　　　　　多样化集聚影响城市专利获得授权数量的中介效应估计

中介变量	检验类别	估计参数	标准差	95% 置信区间		置信区间类别
GDP	中介效应	0.0412	0.0077	0.0274	0.0567	（P）
				0.0272	0.0566	（BC）
	直接效应	0.0035	0.0035	– 0.0033	0.0103	（P）
				– 0.0029	0.0110	（BC）
Gov	中介效应	0.0508	0.0081	0.0358	0.0673	（P）
				0.0358	0.0669	（BC）
	直接效应	0.0165	0.0063	0.0044	0.0292	（P）
				0.0039	0.0287	（BC）
Loan	中介效应	0.0639	0.0097	0.0456	0.0837	（P）
				0.0459	0.0837	（BC）
	直接效应	0.0034	0.0050	– 0.0063	0.0133	（P）
				– 0.0065	0.0129	（BC）
FDI	中介效应	0.0196	0.0057	0.0100	0.0323	（P）
				0.0101	0.0325	（BC）
	直接效应	0.0477	0.0096	0.0292	0.0670	（P）
				0.0301	0.0680	（BC）
Stu	中介效应	0.0156	0.0044	0.0078	0.0247	（P）
				0.0079	0.0247	（BC）
	直接效应	0.0517	0.0091	0.0349	0.0702	（P）
				0.0348	0.0702	（BC）

注：95% 置信区间采用 Bootstrap 法反复抽样 1000 次得到的结果；（P）表示百分位置信区间，（BC）表示偏差校正置信区间。

表 6 – 27 展示了集聚类型演进方向影响城市专利获得授权数量中介效应的稳健性检验结果。从表 6 – 27 中可以看出，中介变量 GDP、Gov、Loan 和 Stu 的 95% 置信区间都不包含 0，表明上述变量是集聚类型演进方向影响城市专利获得授权数量的中介变量，即存在中介效应，说明通过了稳健性检验。而中介变量 FDI 的 95% 置信区间包含 0，表明 FDI 不是集聚类型演进方向影响城市专利获得授权数量的中介变量，即不存在中介效应，表明没有通过稳健性检验。

表6-27　　　　产业集聚类型演进方向影响城市专利获得
授权数量的中介效应估计

中介变量	检验类别	估计参数	标准差	95% 置信区间		置信区间类别
GDP	中介效应	0.0130	0.0036	0.0059	0.0204	（P）
				0.0062	0.0207	（BC）
	直接效应	0.0026	0.0016	-0.0009	0.0056	（P）
				-0.0006	0.0058	（BC）
Gov	中介效应	0.0166	0.0029	0.0112	0.0225	（P）
				0.0110	0.0223	（BC）
	直接效应	0.0087	0.0025	0.0038	0.0140	（P）
				0.0038	0.0139	（BC）
Loan	中介效应	0.0213	0.0036	0.0143	0.0289	（P）
				0.0142	0.0288	（BC）
	直接效应	0.0040	0.0020	0.0001	0.0079	（P）
				0.0001	0.0079	（BC）
FDI	中介效应	0.0040	0.0029	-0.0017	0.0100	（P）
				-0.0018	0.0096	（BC）
	直接效应	0.0213	0.0050	0.0112	0.0308	（P）
				0.0116	0.0311	（BC）
Stu	中介效应	0.0051	0.0017	0.0020	0.0085	（P）
				0.0021	0.0086	（BC）
	直接效应	0.0201	0.0035	0.0129	0.0266	（P）
				0.0125	0.0262	（BC）

注：95% 置信区间采用 Bootstrap 法反复抽样 1000 次得到的结果；（P）表示百分位置信区间，（BC）表示偏差校正置信区间。

第五节　扩展性讨论：调节效应检验

在产业集聚与城市创新间的确存在中介变量，它既对被解释变量产生影响，也受到核心解释变量的影响，比如生产性服务业集聚（$Sagg_{it}$）、专业化集聚（$Spec_{it}$）、多样化集聚（Div_{it}）和集聚类型演进放下（$Trend_{it}$）等核心解释变量对城市创新的影响就受到中介变量不同程度的影响。但是制造业集聚（$Magg_{it}$）以及制造业与生产性服务业集聚（$Coagg_{it}$）对城市创新的影响则没有通过中介效应检验。为进一步对上述中介变量在产业集聚与城市创新间的作用进行分析，本书拟对上述中介变量是否具有调节作用进行实证检验，以期更为精细的掌握产业集聚对城市创新影响的机制。就本书而言，调节作用是指存在某一变量，当该变量取值不同时，产业集聚对城市创新的影响存在显著差异，即该变量对产业集聚影响城市创新的程度存在调节作用。

一、调节效应模型

1. 计量模型的构建

借鉴柳卸林和杨博旭（2020）研究，本书构建如下调节效应模型：

$$Inno_{it} = \mu_i + \alpha_1 X_{it} + \alpha_2 Z + \alpha_3 ZX_{it} + \alpha_j \sum_j^k Control_{it} + \upsilon_t + \varepsilon_{it} \quad (6.4)$$

其中，$Inno_{it}$为被解释变量，分别用$Innoa_{it}$和$Innog_{it}$表示；X_{it}为核心解释变量，在具体模型中分别为$Magg_{it}$、$Sagg_{it}$、$Coagg_{it}$、$Spec_{it}$、Div_{it}和$Trend_{it}$；Z为调节变量，与6.2节中介变量相同；$Control_{it}$表示系列控制变量，包括研发投入（$R\&D$）、对外贸易（$Trade$）、就业人口（Emp）、固定资产投资（Fca）和信息基础设施（$Infr$）；μ_i和υ_t分别表示不可观测的城市固定效应和时间固定效应，ε_{it}为随机扰动项；下标i和t表示第i个城市和第t年（$2003 \leqslant t \leqslant 2019$），$j$表示控制变量的个数。

2. 调节效应的检验

在式6.4中，如果$\alpha_3 = 0$则表明不存在调节作用，如果$\alpha_3 \neq 0$则表示存在调节效应。调节效应的大小可以用X_{it}对$Inno_{it}$求偏导得到

$$\frac{\partial Inno_{it}}{\partial X_{it}} = \alpha_1 + \alpha_3 Z \quad (6.5)$$

由式（6.5）可知，用X_{it}对$Inno_{it}$的影响与调节变量Z关系密切。现分析如下：

第一，当调节变量 Z 为分类变量时，相当于根据 Z 的取值进行分组回归，

$$\frac{\partial Inno_{it}}{\partial X_{it}} = \alpha_1 + \alpha_3 Z = \begin{cases} \alpha_1, & Z = 0 \\ \alpha_1 + \alpha_3, & Z = 1 \end{cases} \quad (6.6)$$

第二，当调节变量 Z 为连续变量时，先对其进行去中心化处理，生成新变量 c_Z，此时式（6.5）、式（6.6）可改写①为

$$\frac{\partial Inno_{it}}{\partial X_{it}} = \alpha_1 + \alpha_3 c\_Z \quad (6.7)$$

在式（6.7）中，当调节变量 Z 取其平均值时，X_{it} 对 $Inno_{it}$ 影响为 $\alpha_1 + \alpha_3$。

二、产业集聚对城市专利申请数量影响的调节效应分析

表 6-28 展示了制造业集聚对城市专利申请数量影响调节效应的检验结果。在模型（1）~ 模型（4）中，交乘项 $GDP \times Magg$、$Gov \times Magg$、$Loan \times Magg$ 和 $FDI \times Magg$ 对城市专利申请数量的影响至少通过 5% 的显著性检验，这表明 GDP、Gov、$Loan$ 和 FDI 通过了调节效应检验。在模型（3）中，交乘项 $Loan \times Magg$ 和 $Magg$ 符号相同且通过了显著性检验，这表明 $Loan$ 强化了制造业集聚对城市专利申请数量的影响。在模型（5）中，交乘项 $Stu \times Magg$ 对城专利申请数量的影响没有通过显著性检验，表明 Stu 没有通过调节效应检验，Stu 没有调节制造业集聚与城市专利申请数量之间的关系。为对更好地展示上述变量的调节作用，我们制作了制造业集聚对城市专利申请数量影响的调节作用示意图，如图 6-3 所示。考虑到篇幅限制，本书仅展示了 GDP 和 $Loan$ 调节效应。

---

① 张华节（2020）经过数理推导发现，无论调节变量是否去中心化，都不影响式（6.4）的参数估计值，但在调节变量去中心化的情况下，核心解释变量的系数含义更容易理解。

表 6 – 28　　　　制造业集聚对城市专利申请数量影响的调节效应

被解释变量（*Innoa*）	模型（1）	模型（2）	模型（3）	模型（4）	模型（5）
Magg	– 0.0545 [0.0442]	– 0.0334 [0.0466]	0.0981 * [0.0449]	– 0.0419 [0.0557]	0.0139 [0.0624]
GDP	0.0342 *** [0.0011]				
GDP × *Magg*	0.0129 *** [0.0009]				
Gov		0.1397 *** [0.0059]			
Gov × *Magg*		0.0789 *** [0.0057]			
Loan			0.0121 *** [0.0005]		
Loan × *Magg*			0.0078 *** [0.0005]		
FDI				0.0539 *** [0.0023]	
FDI × *Magg*				– 0.0063 ** [0.0021]	
Stu					0.6456 *** [0.0432]
Stu × *Magg*					0.0695 [0.0405]
N	4437	4437	4437	4437	4437
adj. R^2	0.6534	0.607	0.6375	0.4416	0.2988
Hausman	10.66 ***	11.73 ***	8.58 ***	10.20 ***	13.97 ***

注：*、**、*** 是指分别通过 0.1、0.05、0.01 的显著性水平检验，中括号内为标准误。*Hausman* 对模型固定效应进行检验，其原假设为"固定效应模型与混合效应模型无差别"。

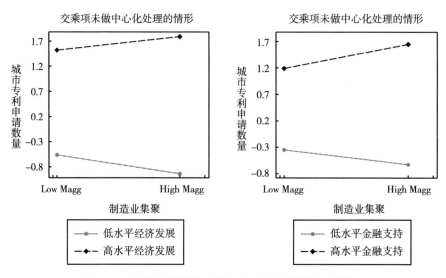

图6-3   制造业集聚影响城市专利申请数量的调节作用

表6-29展示了生产性服务业集聚对城市专利申请数量影响调节效应的检验结果。在模型（2）~模型（4）中，交乘项 $Gov \times Sagg$、$Loan \times Sagg$ 和 $FDI \times Sagg$ 对城市专利申请数量的影响至少通过5%的显著性检验，这表明 Gov、$Loan$ 和 FDI 通过了调节效应检验。在模型（2）中，交乘项 $Gov \times Sagg$ 和 $Sagg$ 符号不同且通过了显著性检验，这表明 Gov 弱化了生产性服务业集聚对城市专利申请数量的促进作用；在模型（4）中，交乘项 $FDI \times Sagg$ 和 $Sagg$ 符号相同且通过了显著性检验，这表明 FDI 强化了生产性服务业集聚对城市专利申请数量的影响。在模型（1）和模型（5）中，交乘项 $GDP \times Sagg$ 和 $Stu \times Magg$ 对城市专利申请数量的影响没有通过显著性检验，表明 GDP 和 Stu 没有通过调节效应检验，GDP 和 Stu 没有调节生产性服务业集聚与城市专利申请数量之间的关系。

表6-29   生产性服务业集聚对城市专利申请数量影响的调节效应

被解释变量 （Innoa）	模型（1）	模型（2）	模型（3）	模型（4）	模型（5）
Sagg	0.0759 [0.0422]	0.0877 * [0.0447]	0.0531 [0.0435]	0.1668 ** [0.0516]	0.1763 ** [0.0586]
GDP	0.0481 *** [0.0014]				

续表

被解释变量 （Innoa）	模型（1）	模型（2）	模型（3）	模型（4）	模型（5）
$GDP \times Sagg$	-0.0016 [0.0010]				
Gov		0.2590 *** [0.0090]			
$Gov \times Sagg$		-0.0346 *** [0.0056]			
$Loan$			0.0209 *** [0.0007]		
$Loan \times Sagg$			-0.0015 ** [0.0005]		
FDI				0.0227 *** [0.0026]	
$FDI \times Sagg$				0.0203 *** [0.0019]	
Stu					0.7226 *** [0.0448]
$Stu \times Sagg$					-0.0255 [0.0279]
N	4437	4437	4437	4437	4437
adj. R^2	0.6376	0.5933	0.6157	0.4570	0.3000
$Hausman$	10.77 ***	11.84 ***	9.69 ***	9.70 ***	13.11 ***

注：表中符号含义与表6-28相同。

表6-30展示了制造业与生产性服务业协同集聚对城市专利申请数量影响调节效应的检验结果。在模型（1）～模型（5）中，交乘项$GDP \times Coagg$、$Gov \times Coagg$、$Loan \times Coagg$、$FDI \times Coagg$ 和 $Stu \times Coagg$ 对城市专利申请数量的影响至少通过10%的显著性检验，这表明GDP、Gov、$Loan$、FDI 和 Stu 通过了调节效应检验。在模型（1）～模型（4）中，各交乘项都和 $Coagg$ 符号相同且通过了显著性检验，这表明GDP、Gov、$Loan$ 和 FDI 强化了制造业与生产性服务业协同集聚对城市专利申请数量的影响。

表 6 – 30   制造业与生产性服务业协同集聚对城市专利
申请数量影响的调节效应

被解释变量 (Innoa)	模型 (1)	模型 (2)	模型 (3)	模型 (4)	模型 (5)
Coagg	– 0. 1253 * [0. 0557]	– 0. 1451 * [0. 0600]	– 0. 1226 * [0. 0578]	– 0. 1886 ** [0. 0686]	– 0. 1082 [0. 0791]
GDP	0. 0606 *** [0. 0015]				
GDP × Coagg	– 0. 0212 *** [0. 0019]				
Gov		0. 2384 *** [0. 0079]			
Gov × Coagg		– 0. 0489 *** [0. 0113]			
Loan			0. 0238 *** [0. 0007]		
Loan × Coagg			– 0. 0072 *** [0. 0010]		
FDI				0. 0863 *** [0. 0029]	
FDI × Coagg				– 0. 0518 *** [0. 0037]	
Stu					0. 7848 *** [0. 0497]
Stu × Coagg					– 0. 1194 * [0. 0524]
N	4437	4437	4437	4437	4437
adj. R^2	0. 6473	0. 5915	0. 62	0. 4664	0. 2994
Hausman	9. 79 ***	11. 51 ***	9. 53 ***	8. 09 ***	13. 55 ***

注: *、**、*** 是指分别通过 0.1、0.05、0.01 的显著性水平检验, 中括号内为标准误。
Hausman 对模型固定效应进行检验, 其原假设为"固定效应模型与混合效应模型无差别"。

表 6 – 31 展示了专业化集聚对城市专利申请数量影响调节效应的检验
结果。在模型 (1) ~ 模型 (4) 中, 交乘项 $GDP \times Spec$、$Gov \times Spec$、$Loan \times Spec$ 和 $FDI \times Spec$ 对城市专利申请数量的影响通过 1% 的显著水平检验, 这表明 GDP、Gov、$Loan$ 和 FDI 通过了调节效应检验。在模型 (1) ~ 模型 (4) 中, 交乘项 $GDP \times Spec$、$Gov \times Spec$、$Loan \times Spec$、$FDI \times Spec$ 和 $Spec$ 符

号相同且通过了显著性检验，这表明 *GDP*、*Gov*、*Loan* 和 *FDI* 强化了生产性服务业集聚对城市专利申请数量的影响。在模型（5）中，交乘项 *Stu* × *Spec* 对城市专利申请数量的影响没有通过显著性检验，表明 *Stu* 没有通过调节效应检验，*Stu* 没有调节专业化集聚与城市专利申请数量之间的关系。

表 6 – 31　　　　专业化集聚对城市专利申请数量影响的调节效应

被解释变量（*Innoa*）	模型（1）	模型（2）	模型（3）	模型（4）	模型（5）
Spec	0.1712 * [0.0760]	0.2546 ** [0.0818]	0.2140 ** [0.0785]	0.2348 * [0.0948]	0.2476 * [0.1076]
GDP	0.0333 *** [0.0013]				
GDP × *Spec*	0.0295 *** [0.0025]				
Gov		0.1677 *** [0.0084]			
Gov × *Spec*		0.0843 *** [0.0165]			
Loan			0.0126 *** [0.0007]		
Loan × *Spec*			0.0144 *** [0.0014]		
FDI				0.0333 *** [0.0019]	
FDI × *Spec*				0.0383 *** [0.0038]	
Stu					0.6774 *** [0.0386]
Stu × *Spec*					0.047 [0.0622]
N	4437	4437	4437	4437	4437
adj. R²	0.649	0.5926	0.6251	0.4545	0.2993
Hausman	9.18 ***	10.87 ***	8.48 ***	8.14 ***	12.97 ***

注：*、**、*** 是指分别通过 0.1、0.05、0.01 的显著性水平检验，中括号内为标准误。*Hausman* 对模型固定效应进行检验，其原假设为"固定效应模型与混合效应模型无差别"。

表 6 – 32 展示了多元化集聚对城市专利申请数量影响调节效应的检验结果。在模型（1）~模型（5）中，交乘项 $GDP \times Div$、$Gov \times Div$、$Loan \times Div$、$FDI \times Div$ 和 $Stu \times Spec$ 对城市专利申请数量的影响通过 1% 的显著水平检验，这表明 GDP、Gov、$Loan$、FDI 和 Stu 通过了调节效应检验。在模型（4）和模型（5）中，交乘项 $FDI \times Div$、$Stu \times Spec$ 和 Div 符号相同且通过了显著性检验，这表明 FDI 和 Stu 强化了多样化集聚对城市专利申请数量的影响。

表 6 – 32　　　　　　　　多元化集聚对城市专利申请数量影响的调节效应

被解释变量 (*Innoa*)	模型（1）	模型（2）	模型（3）	模型（4）	模型（5）
Div	– 0. 0092 [0. 0082]	0. 0043 [0. 0087]	– 0. 0065 [0. 0085]	0. 0365 *** [0. 0100]	0. 0375 ** [0. 0114]
GDP	0. 0572 *** [0. 0012]				
GDP × Div	– 0. 0016 *** [0. 0001]				
Gov		0. 2767 *** [0. 0065]			
Gov × Div		– 0. 0096 *** [0. 0008]			
Loan			0. 0237 *** [0. 0005]		
Loan × Div			– 0. 0007 *** [0. 0001]		
FDI				0. 0246 *** [0. 0019]	
FDI × Div				0. 0044 *** [0. 0003]	
Stu					0. 3764 *** [0. 0444]
Stu × Div					0. 0505 *** [0. 0052]
N	4437	4437	4437	4437	4437
adj. R^2	0. 6478	0. 6037	0. 6246	0. 4719	0. 3166
Hausman	11. 27 ***	12. 53 ***	9. 59 ***	10. 13 ***	14. 37 ***

注：*、**、*** 是指分别通过 0.1、0.05、0.01 的显著性水平检验，中括号内为标准误。*Hausman* 对模型固定效应进行检验，其原假设为"固定效应模型与混合效应模型无差别"。

表6-33展示了集聚类型演变方向对城市专利申请数量影响调节效应的检验结果。在模型（1）~ 模型（5）中，交乘项 *GDP* × *Trend*、*Gov* × *Trend*、*Loan* × *Trend*、*FDI* × *Trend* 和 *Stu* × *Trend* 对城市专利申请数量的影响通过1%的显著水平检验，这表明 *GDP*、*Gov*、*Loan*、*FDI* 和 *Stu* 通过了调节效应检验。在模型（2）和模型（3）中，交乘项 *Gov* × *Trend*、*Loan* × *Trend* 和 *Trend* 符号不同且通过了显著性检验，这表明 *Gov* 和 *Loan* 弱化了集聚类型演变方向对城市专利申请数量的影响。在模型（4）和模型（5）中，交乘项 *FDI* × *Trend*、*Stu* × *Trend* 和 *Trend* 符号相同且通过了显著性检验，这表明 *FDI* 和 *Stu* 强化了集聚类型演变方向对城市专利申请数量的影响。

表6-33　　　　　集聚类型演变方向对城市专利申请数量影响的调节效应

被解释变量（*Innoa*）	模型（1）	模型（2）	模型（3）	模型（4）	模型（5）
Trend	0.0055 [0.0029]	0.0093** [0.0031]	0.0076* [0.0030]	0.0120*** [0.0037]	0.0083* [0.0042]
GDP	0.0600*** [0.0011]				
GDP × *Trend*	−0.0008*** [0.0001]				
Gov		0.2805*** [0.0062]			
Gov × *Trend*		−0.0046*** [0.0003]			
Loan			0.0258*** [0.0005]		
Loan × *Trend*			−0.0004*** [0.0000]		
FDI				0.0373*** [0.0021]	
FDI × *Trend*				0.0008*** [0.0001]	

续表

被解释变量 (*Innoa*)	模型（1）	模型（2）	模型（3）	模型（4）	模型（5）
Stu					0. 5341 *** [0. 0424]
Stu × Trend					0. 0080 *** [0. 0015]
N	4437	4437	4437	4437	4437
adj. R²	0. 6572	0. 6074	0. 637	0. 4479	0. 3053
Hausman	10. 83 ***	12. 12 ***	8. 75 ***	10. 20 ***	14. 29 ***

注：*、**、*** 是指分别通过 0.1、0.05、0.01 的显著性水平检验，中括号内为标准误。*Hausman* 对模型固定效应进行检验，其原假设为"固定效应模型与混合效应模型无差别"。

三、产业集聚对城市专利获得授权数量影响的调节效应分析

表 6 - 34 展示了制造业集聚对城市专利获得授权数量影响调节效应的检验结果。在模型（1）～模型（4）中，交乘项 $GDP \times Magg$、$Gov \times Magg$、$Loan \times Magg$ 和 $FDI \times Magg$ 对城市专利获得授权数量的影响通过 1% 的显著性检验，这表明 GDP、Gov、$Loan$ 和 FDI 通过了调节效应检验。在模型（3）中，交乘项 $Loan \times Magg$ 和 $Magg$ 符号相同且通过了显著性检验，这表明 $Loan$ 强化了制造业集聚对城市专利获得授权数量的影响。在模型（5）中，交乘项 $Stu \times Magg$ 对城专利申请数量的影响没有通过显著性检验，表明 Stu 没有通过调节效应检验，Stu 没有调节制造业集聚与城市专利获得授权数量之间的关系。

表 6 - 34　　　制造业集聚对城市专利获得授权数量影响的调节效应

被解释变量 (*Innog*)	模型（1）	模型（2）	模型（3）	模型（4）	模型（5）
Magg	- 0. 028 [0. 0276]	- 0. 0141 [0. 0317]	0. 0945 *** [0. 0271]	- 0. 0239 [0. 0424]	0. 0127 [0. 0465]
GDP	0. 0287 *** [0. 0007]				

续表

被解释变量 （Innog）	模型（1）	模型（2）	模型（3）	模型（4）	模型（5）
GDP × Magg	0.0104 *** [0.0006]				
Gov		0.1141 *** [0.0040]			
Gov × Magg		0.0620 *** [0.0039]			
Loan			0.0097 *** [0.0003]		
Loan × Magg			0.0072 *** [0.0003]		
FDI				0.0402 *** [0.0018]	
FDI × Magg				− 0.0068 *** [0.0016]	
Stu					0.4920 *** [0.0322]
Stu × Magg					0.0383 [0.0302]
N	4437	4437	4437	4437	4437
adj. R²	0.7614	0.6797	0.7666	0.4295	0.3116
Hausman	17.32 ***	15.66 ***	13.81 ***	10.10 ***	13.72 ***

注：*、**、*** 是指分别通过 0.1、0.05、0.01 的显著性水平检验，中括号内为标准误。Hausman 对模型固定效应进行检验，其原假设为"固定效应模型与混合效应模型无差别"。

表 6－35 展示了生产性服务业集聚对城市专利获得授权数量影响调节效应的检验结果。在模型（1）~模型（4）中，交乘项 GDP × Sagg、Gov × Sagg、Loan × Sagg 和 FDI × Sagg 对城市专利获得授权数量的影响至少通过 5% 的显著性检验，这表明 GDP、Gov、Loan 和 FDI 通过了调节效应检验。在模型（4）中，交乘项 FDI × Sagg 和 Sagg 符号相同且通过了显著性检验，这表明 FDI 强化了生产性服务业集聚对城市专利获得授权数量的影响。在模型（5）中，交乘项 Stu × Magg 对城专利申请数量的影响没有通

过显著性检验，表明 *Stu* 没有通过调节效应检验，*Stu* 没有调节生产性服务业集聚与城市专利获得授权数量之间的关系。

表 6-35　　　　生产性服务业集聚对城市专利获得授权数量影响的调节效应

被解释变量 （*Innog*）	模型（1）	模型（2）	模型（3）	模型（4）	模型（5）
Sagg	0.0379 [0.0267]	0.0504 [0.0303]	0.0166 [0.0271]	0.1214 ** [0.0393]	0.1260 ** [0.0437]
GDP	0.0407 *** [0.0009]				
GDP × Sagg	-0.0019 ** [0.0006]				
Gov		0.2255 *** [0.0061]			
Gov × Sagg		-0.0388 *** [0.0038]			
Loan			0.0188 *** [0.0004]		
Loan × Sagg			-0.0021 *** [0.0003]		
FDI				0.0150 *** [0.0020]	
FDI × Sagg				0.0152 *** [0.0014]	
Stu					0.5420 *** [0.0334]
Stu × Sagg					-0.0214 [0.0208]
N	4437	4437	4437	4437	4437
adj. R^2	0.7434	0.6687	0.7353	0.4431	0.3129
Hausman	17.08 ***	15.76 ***	14.80 ***	10.01 ***	13.19 ***

注：*、**、***是指分别通过 0.1、0.05、0.01 的显著性水平检验，中括号内为标准误。*Hausman* 对模型固定效应进行检验，其原假设为"固定效应模型与混合效应模型无差别"。

表 6-36 展示了制造业与生产性服务业协同集聚对城市专利获得授权数量影响调节效应的检验结果。在模型（1）~模型（5）中，交乘项 *GDP × Coagg*、*Gov × Coagg*、*Loan × Coagg*、*FDI × Coagg* 和 *Stu × Coagg* 对城市专

利获得授权数量的影响至少通过 10% 的显著性检验，这表明 *GDP*、*Gov*、*Loan*、*FDI* 和 *Stu* 通过了调节效应检验。在模型（4）中，交乘项 *FDI* × *Coagg* 都和 *Coagg* 符号不同且通过了显著性检验，这表明 *FDI* 弱化了制造业与生产性服务业协同集聚对城市专利获得授权数量的影响。

表 6-36　　　　　制造业与生产性服务业协同集聚对城市专利获得
授权数量影响的调节效应

被解释变量（*Innog*）	模型（1）	模型（2）	模型（3）	模型（4）	模型（5）
Coagg	-0.0545 [0.0350]	-0.0683 [0.0411]	-0.0489 [0.0362]	-0.1038 * [0.0521]	-0.0402 [0.0589]
GDP	0.0503 *** [0.0009]				
GDP × *Coagg*	-0.0176 *** [0.0012]				
Gov		0.1895 *** [0.0054]			
Gov × *Coagg*		-0.0349 *** [0.0077]			
Loan			0.0195 *** [0.0004]		
Loan × *Coagg*			-0.0053 *** [0.0006]		
FDI				0.0647 *** [0.0022]	
FDI × *Coagg*				-0.0417 *** [0.0028]	
Stu					0.5857 *** [0.0371]
Stu × *Coagg*					-0.0890 * [0.0391]
N	4437	4437	4437	4437	4437
adj. R^2	0.7549	0.6619	0.7367	0.4563	0.3122
Hausman	17.14 ***	15.88 ***	15.75 ***	8.73 ***	13.51 ***

注：*、**、*** 是指分别通过 0.1、0.05、0.01 的显著性水平检验，中括号内为标准误。*Hausman* 对模型固定效应进行检验，其原假设为"固定效应模型与混合效应模型无差别"。

　　表6-37展示了专业化集聚对城市专利获得授权数量影响调节效应的检验结果。在模型（1）~模型（4）中，交乘项 $GDP \times Spec$、$Gov \times Spec$、$Loan \times Spec$ 和 $FDI \times Spec$ 对城市专利获得授权数量的影响通过1%的显著水平检验，这表明 GDP、Gov、$Loan$ 和 FDI 通过了调节效应检验。在模型（2）~模型（4）中，交乘项 $Gov \times Spec$、$Loan \times Spec$、$FDI \times Spec$ 和 $Spec$ 符号相同且通过了显著性检验，这表明 Gov、$Loan$ 和 FDI 强化了生产性服务业集聚对城市专利获得授权数量的影响。在模型（5）中，交乘项 $Stu \times Spec$ 对城市专利申请数量的影响没有通过显著性检验，表明 Stu 没有通过调节效应检验，Stu 没有调节专业化集聚与城市专利获得授权数量之间的关系。

表6-37　　　　　　专业化集聚对城市专利获得授权数量影响的调节效应

被解释变量（Innog）	模型（1）	模型（2）	模型（3）	模型（4）	模型（5）
Spec	0.0844 [0.0477]	0.1530** [0.0561]	0.1172* [0.0490]	0.1405* [0.0720]	0.1538 [0.0802]
GDP	0.0280*** [0.0008]				
GDP × Spec	0.0236*** [0.0016]				
Gov		0.1449*** [0.0058]			
Gov × Spec		0.0479*** [0.0113]			
Loan			0.0113*** [0.0004]		
Loan × Spec			0.0106*** [0.0009]		
FDI				0.0214*** [0.0014]	
FDI × Spec				0.0324*** [0.0029]	
Stu					0.5022*** [0.0288]

续表

被解释变量 （*Innog*）	模型（1）	模型（2）	模型（3）	模型（4）	模型（5）
Stu × *Spec*					0.0446 ［0.0464］
N	4437	4437	4437	4437	4437
adj. *R*²	0.7558	0.6622	0.7418	0.4442	0.3121
Hausman	15.93 ***	15.10 ***	14.39 ***	8.40 ***	12.86 ***

注：*、**、*** 是指分别通过 0.1、0.05、0.01 的显著性水平检验，中括号内为标准误。*Hausman* 对模型固定效应进行检验，其原假设为"固定效应模型与混合效应模型无差别"。

表 6 – 38 展示了多元化集聚对城市专利获得授权数量影响调节效应的检验结果。在模型（1）~模型（5）中，交乘项 *GDP* × *Div*、*Gov* × *Div*、*Loan* × *Div*、*FDI* × *Div* 和 *Stu* × *Spec* 对城市专利获得授权数量的影响通过 1% 的显著水平检验，这表明 *GDP*、*Gov*、*Loan*、*FDI* 和 *Stu* 通过了调节效应检验。在模型（2）中，交乘项 *Gov* × *Div* 和 *Div* 符号不同且通过了显著性检验，这表明 *Gov* 弱化了多样化集聚对城市专利获得授权数量的影响。在模型（4）和模型（5）中，交乘项 *FDI* × *Div*、*Stu* × *Spec* 和 *Div* 符号相同且通过了显著性检验，这表明 *FDI* 和 *Stu* 强化了多样化集聚对城市专利获得授权数量的影响。

表 6 – 38　　　　多样化集聚对城市专利获得授权数量影响的调节效应

被解释变量 （*Innog*）	模型（1）	模型（2）	模型（3）	模型（4）	模型（5）
Div	0.0033 ［0.0053］	0.0161 ** ［0.0060］	0.0038 ［0.0053］	0.0436 *** ［0.0074］	0.0405 *** ［0.0084］
GDP	0.0412 *** ［0.0008］				
GDP × *Div*	− 0.0004 *** ［0.0001］				
Gov		0.1951 *** ［0.0045］			

续表

被解释变量（Innog）	模型（1）	模型（2）	模型（3）	模型（4）	模型（5）
$Gov \times Div$		-0.0039 *** [0.0005]			
$Loan$			0.0180 *** [0.0003]		
$Loan \times Div$			-0.0003 *** [0.0000]		
FDI				0.0094 *** [0.0014]	
$FDI \times Div$				0.0046 *** [0.0002]	
Stu					0.1576 *** [0.0325]
$Stu \times Div$					0.0572 *** [0.0038]
N	4437	4437	4437	4437	4437
adj. R^2	0.7441	0.665	0.7352	0.4892	0.3522
Hausman	17.25 ***	16.13 ***	14.50 ***	11.53 ***	14.96 ***

注：*、**、*** 是指分别通过0.1、0.05、0.01的显著性水平检验，中括号内为标准误。Hausman 对模型固定效应进行检验，其原假设为"固定效应模型与混合效应模型无差别"。

表6-39展示了集聚类型演变方向对城市专利获得授权数量影响调节效应的检验结果。在模型（1）～模型（5）中，交乘项 $GDP \times Trend$、$Gov \times Trend$、$Loan \times Trend$、$FDI \times Trend$ 和 $Stu \times Trend$ 对城市专利获得授权数量的影响通过1%的显著水平检验，这表明 GDP、Gov、$Loan$、FDI 和 Stu 通过了调节效应检验。在模型（1）～模型（3）中，交乘项 $GDP \times Trend$、$Gov \times Trend$、$Loan \times Trend$ 和 $Trend$ 符号不同且通过了显著性检验，这表明 GDP、Gov 和 $Loan$ 弱化了集聚类型演变方向对城市专利获得授权数量的影响。在模型（4）和模型（5）中，交乘项 $FDI \times Trend$、$Stu \times Trend$ 和 $Trend$ 符号相同且通过了显著性检验，这表明 FDI 和 Stu 强化了集聚类型演变方向对城市专利获得授权数量的影响。

表 6 - 39　　　集聚类型演变方向对城市专利获得授权数量影响的调节效应

被解释变量 (*Innog*)	模型 (1)	模型 (2)	模型 (3)	模型 (4)	模型 (5)
Trend	0.0078 *** [0.0019]	0.0111 *** [0.0021]	0.0091 *** [0.0019]	0.0150 *** [0.0027]	0.0110 *** [0.0031]
GDP	0.0440 *** [0.0007]				
GDP × Trend	− 0.0004 *** [0.0000]				
Gov		0.1889 *** [0.0043]			
Gov × Trend		− 0.0014 *** [0.0002]			
Loan			0.0191 *** [0.0003]		
Loan × Trend			− 0.0002 *** [0.0000]		
FDI				0.0183 *** [0.0015]	
FDI × Trend				0.0011 *** [0.0001]	
Stu					0.3001 *** [0.0313]
Stu × Trend					0.0109 *** [0.0011]
N	4437	4437	4437	4437	4437
adj. R²	0.7493	0.6645	0.7408	0.4534	0.3338
Hausman	17.20 ***	15.89 ***	13.97 ***	11.03 ***	14.63 ***

注：*、**、*** 是指分别通过 0.1、0.05、0.01 的显著性水平检验，中括号内为标准误。*Hausman* 对模型固定效应进行检验，其原假设为"固定效应模型与混合效应模型无差别"。

四、稳健性检验：缩尾法处理

（一）产业集聚对城市专利申请数量影响的调节效应分析

表 6 - 40 展示了制造业集聚对城市专利申请数量影响调节效应的稳健

性检验结果。在模型（1）~模型（5）中，交乘项 $GDP \times Magg$、$Gov \times$ $Magg$、$Loan \times Magg$ 和 $FDI \times Magg$ 对城市专利申请数量有显著影响，交乘项 $Stu \times Magg$ 对城市专利申请数量没有显著影响，这表明 GDP、Gov、$Loan$、FDI 和 Stu 通过了调节效应稳健性检验。在模型（3）中，交乘项和 $Magg$ 符号相同但没有全部通过显著性检验，表明 $Loan$ 对制造业集聚影响城市专利申请数量的强化调节作用没有通过稳健性检验。

表 6-40　　　　　　　制造业集聚对城市专利申请数量影响的调节效应

被解释变量 （$Innoa$）	模型（1）	模型（2）	模型（3）	模型（4）	模型（5）
$Magg$	-0.058 [0.0457]	-0.0688 [0.0486]	0.0661 [0.0468]	-0.1055 [0.0577]	-0.0328 [0.0652]
GDP	0.0339 *** [0.0011]				
$GDP \times Magg$	0.0133 *** [0.0010]				
Gov		0.1407 *** [0.0060]			
$Gov \times Magg$		0.0774 *** [0.0058]			
$Loan$			0.0121 *** [0.0005]		
$Loan \times Magg$			0.0078 *** [0.0005]		
FDI				0.0552 *** [0.0024]	
$FDI \times Magg$				-0.0078 *** [0.0022]	
Stu					0.6494 *** [0.0433]
$Stu \times Magg$					0.0614 [0.0408]
N	4437	4437	4437	4437	4437
$adj. R^2$	0.6524	0.6059	0.6361	0.4425	0.2987
$Hausman$	10.70 ***	11.82 ***	8.74 ***	10.06 ***	13.99 ***

注：*、**、*** 是指分别通过 0.1、0.05、0.01 的显著性水平检验，中括号内为标准误。$Hausman$ 对模型固定效应进行检验，其原假设为"固定效应模型与混合效应模型无差别"。

表6－41展示了生产性服务业集聚对城市专利申请数量影响调节效应的稳健性检验结果。在模型（1）、模型（3）和模型（5）中，交乘项 $GDP \times Sagg$、$Gov \times Sagg$ 和 $Stu \times Sagg$ 对城市专利申请数量没有显著影响，在模型（2）和模型（4）中，交乘项 $Gov \times Sagg$ 和 $FDI \times Sagg$ 对城市专利申请数量有显著影响，这表明 GDP、Gov 和 FDI 通过了调节效应稳健性检验，而 $Loan$ 和 Stu 没有通过调节效应检验。在模型（4）中，交乘项与 $Sagg$ 符号相同且通过显著性检验，表明 FDI 对生产性服务业集聚影响城市专利申请数量的强化调节作用通过了稳健性检验。在模型（2）中，交乘项和 $Sagg$ 符号不同但没有全部通过显著性检验，因此 Gov 对生产性服务业集聚影响城市专利申请数量的弱化调节作用没有通过稳健性检验。

表6－41　　　　生产性服务业集聚对城市专利申请数量影响的调节效应

被解释变量（Innoa）	模型（1）	模型（2）	模型（3）	模型（4）	模型（5）
Sagg	0.1150 * [0.0458]	0.0936 [0.0485]	0.0861 [0.0472]	0.2367 *** [0.0556]	0.2613 *** [0.0634]
GDP	0.0458 *** [0.0016]				
GDP × Sagg	0.0002 [0.0011]				
Gov		0.2689 *** [0.0105]			
Gov × Sagg		− 0.0406 *** [0.0065]			
Loan			0.0198 *** [0.0008]		
Loan × Sagg			− 0.0007 [0.0005]		
FDI				0.0152 *** [0.0028]	
FDI × Sagg				0.0261 *** [0.0020]	

续表

被解释变量 （*Innoa*）	模型（1）	模型（2）	模型（3）	模型（4）	模型（5）
Stu					0.6265 *** [0.0486]
Stu × *Sagg*					0.0562 [0.0323]
N	4437	4437	4437	4437	4437
adj. R^2	0.6376	0.5935	0.6151	0.4639	0.3016
Hausman	10.77 ***	11.83 ***	9.64 ***	9.89 ***	12.94 ***

注：*、**、*** 是指分别通过0.1、0.05、0.01的显著性水平检验，中括号内为标准误。*Hausman* 对模型固定效应进行检验，其原假设为"固定效应模型与混合效应模型无差别"。

　　表6－42展示了制造业与生产性服务业协同集聚对城市专利申请数量影响调节效应的稳健性检验结果。在模型（1）~模型（5）中，交乘项 *GDP* × *Coagg*、*Gov* × *Coagg*、*Loan* × *Coagg*、*FDI* × *Coagg* 和 *Stu* × *Coagg* 对城市专利申请数量有显著影响，这表明 *GDP*、*Gov*、*Loan* 和 *FDI* 的调节作用通过了稳健性检验，而 *Stu* 的调节作用没有通过稳健性检验。在模型（1）~模型（4）中，各交乘项与 *Coagg* 的符号都相同且通过显著性检验，这表明 *GDP*、*Gov*、*Loan* 和 *FDI* 对制造业与生产性服务业协同集聚影响城市专利申请数量的强化调节作用通过了稳健性检验。

表6－42　　　　　　制造业与生产性服务业协同集聚对城市
专利申请数量影响的调节效应

被解释变量 （*Innoa*）	模型（1）	模型（2）	模型（3）	模型（4）	模型（5）
Coagg	－ 0.1242 * [0.0560]	－ 0.1439 * [0.0602]	－ 0.1217 * [0.0581]	－ 0.1896 ** [0.0688]	－ 0.1077 [0.0794]
GDP	0.0607 *** [0.0015]				
GDP × *Coagg*	－ 0.0213 *** [0.0019]				

续表

被解释变量 （Innoa）	模型（1）	模型（2）	模型（3）	模型（4）	模型（5）
Gov		0.2385 *** [0.0079]			
Gov × Coagg		−0.0491 *** [0.0113]			
Loan			0.0238 *** [0.0007]		
Loan × Coagg			−0.0073 *** [0.0010]		
FDI				0.0866 *** [0.0030]	
FDI × Coagg				−0.0522 *** [0.0037]	
Stu					0.7876 *** [0.0500]
Stu × Coagg					−0.1233 * [0.0529]
N	4437	4437	4437	4437	4437
adj. R^2	0.6474	0.5915	0.62	0.4666	0.2994
Hausman	9.79 ***	11.51 ***	9.53 ***	8.09 ***	13.55 ***

注：*、**、*** 是指分别通过 0.1、0.05、0.01 的显著性水平检验，中括号内为标准误。Hausman 对模型固定效应进行检验，其原假设为"固定效应模型与混合效应模型无差别"。

表 6−43 展示了专业化集聚对城市专利申请数量影响调节效应的稳健性检验结果。在模型（1）~模型（5）中，交乘项 GDP × Spec、Gov × Spec、Loan × Spec 和 FDI × Spec 对城市专利申请数量有显著影响，Stu × Spec 对城市专利申请数量没有显著影响，这表明 GDP、Gov、Loan、FDI 和 Stu 的调节作用通过了稳健性检验。在模型（1）~模型（4）中，各交乘项与 Spec 的符号都相同且通过显著性检验，这表明 GDP、Gov、Loan 和 FDI 对专业化集聚影响城市专利申请数量的强化调节作用通过了稳健性检验。

表 6 - 43　　　　专业化集聚对城市专利申请数量影响的调节效应

被解释变量（Innoa）	模型（1）	模型（2）	模型（3）	模型（4）	模型（5）
Spec	0.2187 ** [0.0770]	0.2832 *** [0.0832]	0.2602 ** [0.0797]	0.3074 ** [0.0955]	0.2675 * [0.1095]
GDP	0.0310 *** [0.0013]				
GDP × Spec	0.0345 *** [0.0027]				
Gov		0.1593 *** [0.0090]			
Gov × Spec		0.1018 *** [0.0177]			
Loan			0.0116 *** [0.0007]		
Loan × Spec			0.0165 *** [0.0014]		
FDI				0.0271 *** [0.0020]	
FDI × Spec				0.0546 *** [0.0043]	
Stu					0.6642 *** [0.0397]
Stu × Spec					0.0806 [0.0657]
N	4437	4437	4437	4437	4437
adj. R^2	0.6514	0.5934	0.627	0.462	0.2995
Hausman	9.09 ***	10.81 ***	8.43 ***	7.79 ***	12.91 ***

注：*、**、*** 是指分别通过 0.1、0.05、0.01 的显著性水平检验，中括号内为标准误。Hausman 对模型固定效应进行检验，其原假设为"固定效应模型与混合效应模型无差别"。

表 6 - 44 展示了多元化集聚对城市专利申请数量影响调节效应的稳健性检验结果。在模型（1）~模型（5）中，交乘项 GDP × Spec、Gov × Spec、Loan × Spec、FDI × Spec 和 Stu × Spec 对城市专利申请数量有显著影响，这

表明 *GDP*、*Gov*、*Loan*、*FDI* 和 *Stu* 的调节作用通过了稳健性检验。在模型（4）和模型（5）中，各交乘项与 *Div* 的符号都相同且通过显著性检验，这表明 *FDI* 和 *Stu* 对多样化集聚影响城市专利申请数量的强化调节作用通过了稳健性检验。

表 6 – 44　　　　　　　　多元化集聚对城市专利申请数量影响的调节效应

被解释变量（*Innoa*）	模型（1）	模型（2）	模型（3）	模型（4）	模型（5）
Div	−0.0139 [0.0082]	0.0015 [0.0087]	−0.0093 [0.0084]	0.0341*** [0.0101]	0.0292* [0.0116]
GDP	0.0613*** [0.0012]				
GDP × Div	−0.0024*** [0.0002]				
Gov		0.3011*** [0.0070]			
Gov × Div		−0.0142*** [0.0009]			
Loan			0.0257*** [0.0006]		
Loan × Div			−0.0011*** [0.0001]		
FDI				0.0244*** [0.0020]	
FDI × Div				0.0047*** [0.0003]	
Stu					0.4617*** [0.0451]
Stu × Div					0.0371*** [0.0054]
N	4437	4437	4437	4437	4437
adj. R^2	0.6546	0.6111	0.6314	0.4672	0.3079
Hausman	11.58***	12.82***	9.62***	10.16***	14.29***

注：*、**、*** 是指分别通过 0.1、0.05、0.01 的显著性水平检验，中括号内为标准误。*Hausman* 对模型固定效应进行检验，其原假设为"固定效应模型与混合效应模型无差别"。

表 6 – 45 展示了集聚类型演变方向对城市专利申请数量影响调节效应的稳健性检验结果。在模型（1）~模型（5）中，交乘项 *GDP × Spec*、*Gov × Spec*、*Loan × Spec*、*FDI × Spec* 和 *Stu × Spec* 对城市专利申请数量有显著影响，这表明 *GDP*、*Gov*、*Loan*、*FDI* 和 *Stu* 的调节作用通过了稳健性检验。在模型（4）和模型（5）中，各交乘项与 *Trend* 的符号都相同且通过显著性检验，这表明 *FDI* 和 *Stu* 对集聚类型演变方向影响城市专利申请数量的强化调节作用通过了稳健性检验。在模型（2）和模型（3）中，各交乘项与 *Trend* 的符号不同但没有全部通过显著性检验，这表明 *Gov* 和 *Loan* 对集聚类型演变方向影响城市专利申请数量的弱化调节作用没有通过稳健性检验。

表 6 – 45　　　　　集聚类型演变方向对城市专利申请数量影响的调节效应

被解释变量 （*Innoa*）	模型（1）	模型（2）	模型（3）	模型（4）	模型（5）
Trend	0.0025 [0.0030]	0.0052 [0.0032]	0.0055 [0.0031]	0.0104 ** [0.0038]	0.0098 * [0.0043]
GDP	0.0637 *** [0.0012]				
GDP × Trend	− 0.0011 *** [0.0001]				
Gov		0.3024 *** [0.0071]			
Gov × Trend		− 0.0062 *** [0.0004]			
Loan			0.0269 *** [0.0006]		
Loan × Trend			− 0.0005 *** [0.0000]		
FDI				0.0376 *** [0.0023]	
FDI × Trend				0.0007 *** [0.0001]	

续表

被解释变量 （*Innoa*）	模型（1）	模型（2）	模型（3）	模型（4）	模型（5）
Stu					0.4812 *** ［0.0441］
Stu × Trend					0.0119 *** ［0.0018］
N	4437	4437	4437	4437	4437
adj. R²	0.6608	0.6106	0.6372	0.4453	0.308
Hausman	11.00 ***	12.23 ***	8.62 ***	10.07 ***	14.41 ***

注：*、**、*** 是指分别通过 0.1、0.05、0.01 的显著性水平检验，中括号内为标准误。*Hausman* 对模型固定效应进行检验，其原假设为"固定效应模型与混合效应模型无差别"。

（二）产业集聚对城市专利获得授权数量影响的调节效应分析

表 6-46 展示了制造业集聚对城市专利获得授权数量影响调节效应的稳健性检验结果。在模型（1）~模型（4）中，交乘项 *GDP × Magg*、*Gov × Magg*、*Loan × Magg* 和 *FDI × Magg* 对城市专利获得授权数量有显著影响，这表明 *GDP*、*Gov*、*Loan* 和 *FDI* 通过了调节效应的稳健性检验。在模型（3）中，交乘项 *Loan × Magg* 和 *Magg* 符号相同但没有全部通过显著性检验，这表明 *Loan* 对制造业集聚影响城市专利获得授权数量的强化调节作用没有通过稳健性效应检验。在模型（5）中，交乘项 *Stu × Magg* 对城市专利获得授权数量没有显著影响，表明 *Stu* 对制造业集聚影响城市专利获得授权数量没有调节作用，*Stu* 没有通过调节效应的稳健性检验。

表 6-46　　　制造业集聚对城市专利获得授权数量影响的调节效应

被解释变量 （*Innog*）	模型（1）	模型（2）	模型（3）	模型（4）	模型（5）
Magg	-0.0493 ［0.0287］	-0.0626 ［0.0330］	0.0520 ［0.0284］	-0.0964 * ［0.0439］	-0.0467 ［0.0486］
GDP	0.0287 *** ［0.0007］				
GDP × Magg	0.0104 *** ［0.0006］				

续表

被解释变量 （Innog）	模型（1）	模型（2）	模型（3）	模型（4）	模型（5）
Gov		0.1160 *** [0.0041]			
Gov × Magg		0.0596 *** [0.0040]			
Loan			0.0097 *** [0.0003]		
Loan × Magg			0.0072 *** [0.0003]		
FDI				0.0422 *** [0.0018]	
FDI × Magg				− 0.0090 *** [0.0017]	
Stu					0.4979 *** [0.0323]
Stu × Magg					0.0264 [0.0304]
N	4437	4437	4437	4437	4437
adj. R^2	0.7591	0.6777	0.7636	0.4315	0.3116
Hausman	17.36 ***	15.80 ***	14.07 ***	10.21 ***	13.76 ***

注：*、**、*** 是指分别通过 0.1、0.05、0.01 的显著性水平检验，中括号内为标准误。*Hausman* 对模型固定效应进行检验，其原假设为"固定效应模型与混合效应模型无差别"。

表 6 - 47 展示了生产性服务业集聚对城市专利获得授权数量影响调节效应的稳健性检验结果。在模型（1）~模型（4）中，交乘项 *GDP × Sagg*、*Gov × Sagg*、*Loan × Sagg* 和 *FDI × Sagg* 对城市专利获得授权数量有显著影响，这表明 *GDP*、*Gov*、*Loan* 和 *FDI* 通过了调节效应稳健性检验。在模型（4）中，交乘项和 *Sagg* 符号相同且通过了显著性检验，这表明 *FDI* 对生产性服务业集聚影响城市专利获得授权数量的强化调节作用通过了稳健性检验。在模型（5）中，交乘项 *Stu × Magg* 对城市专利申请数量的影响没有通过显著性检验，表明 *Stu* 通过了调节效应稳健性检验。

表 6 – 47　　　生产性服务业集聚对城市专利获得授权数量影响的调节效应

被解释变量 (Innog)	模型 (1)	模型 (2)	模型 (3)	模型 (4)	模型 (5)
Sagg	0.0610 * [0.0290]	0.0433 [0.0329]	0.0297 [0.0295]	0.1759 *** [0.0424]	0.1899 *** [0.0473]
GDP	0.0396 *** [0.0010]				
GDP × Sagg	−0.0011 [0.0007]				
Gov		0.2427 *** [0.0071]			
Gov × Sagg		−0.0495 *** [0.0044]			
Loan			0.0187 *** [0.0005]		
Loan × Sagg			−0.0020 *** [0.0003]		
FDI				0.0095 *** [0.0021]	
FDI × Sagg				0.0193 *** [0.0015]	
Stu					0.4732 *** [0.0362]
Stu × Sagg					0.037 [0.0241]
N	4437	4437	4437	4437	4437
adj. R^2	0.7431	0.6705	0.7342	0.4498	0.3143
Hausman	17.07 ***	15.87 ***	14.64 ***	10.20 ***	13.03 ***

注：*、**、*** 是指分别通过 0.1、0.05、0.01 的显著性水平检验，中括号内为标准误。Hausman 对模型固定效应进行检验，其原假设为"固定效应模型与混合效应模型无差别"。

表 6 – 48 展示了制造业与生产性服务业协同集聚对城市专利获得授权数量影响调节效应的稳健性检验结果。在模型 (1)~模型 (5) 中，交乘项 GDP × Coagg、Gov × Coagg、Loan × Coagg、FDI × Coagg 和 Stu × Coagg 对

城市专利获得授权数量有显著影响，这表明 *GDP*、*Gov*、*Loan*、*FDI* 和 *Stu* 通过了调节效应的稳健性检验。在模型（4）中，交乘项 *FDI × Coagg* 和 *Coagg* 符号相同且通过了显著性检验，这表明 *FDI* 对制造业与生产性服务业协同集聚影响城市专利获得授权数量的强化调节效应通过了稳健性检验。

表 6-48　　　制造业与生产性服务业协同集聚对城市专利获得授权数量影响的调节效应

被解释变量（*Innog*）	模型（1）	模型（2）	模型（3）	模型（4）	模型（5）
Coagg	-0.0546 [0.0351]	-0.0684 [0.0412]	-0.0491 [0.0364]	-0.1056* [0.0523]	-0.0409 [0.0592]
GDP	0.0504*** [0.0009]				
GDP × Coagg	-0.0176*** [0.0012]				
Gov		0.1896*** [0.0054]			
Gov × Coagg		-0.0350*** [0.0078]			
Loan			0.0195*** [0.0004]		
Loan × Coagg			-0.0053*** [0.0006]		
FDI				0.0649*** [0.0022]	
FDI × Coagg				-0.0420*** [0.0028]	
Stu					0.5878*** [0.0373]
Stu × Coagg					-0.0919* [0.0394]
N	4437	4437	4437	4437	4437
adj. R^2	0.755	0.6619	0.7368	0.4566	0.3123
Hausman	17.14***	15.88***	15.75***	8.73***	13.51***

注：*、**、***是指分别通过0.1、0.05、0.01的显著性水平检验，中括号内为标准误。*Hausman* 对模型固定效应进行检验，其原假设为"固定效应模型与混合效应模型无差别"。

　　表6-49展示了专业化集聚对城市专利获得授权数量影响调节效应的稳健性检验结果。在模型（1）~模型（4）中，交乘项 $GDP \times Spec$、$Gov \times Spec$、$Loan \times Spec$ 和 $FDI \times Spec$ 对城市专利获得授权数量有显著影响，这表明 GDP、Gov、$Loan$ 和 FDI 通过了调节效应的稳健性检验。在模型（2）~模型（4）中，交乘项 $Gov \times Spec$、$Loan \times Spec$、$FDI \times Spec$ 和 $Spec$ 符号相同且通过了显著性检验，这表明 Gov、$Loan$ 和 FDI 对专业化集聚对城市专利获得授权数量的强化调节效应通过了稳健性检验。在模型（5）中，交乘项 $Stu \times Spec$ 对城市专利申请数量的影响没有通过显著性检验，表明 Stu 没有通过调节效应稳健性检验。

表6-49　　　　专业化集聚对城市专利获得授权数量影响的调节效应

被解释变量 (*Innog*)	模型（1）	模型（2）	模型（3）	模型（4）	模型（5）
Spec	0.1192 * [0.0482]	0.1688 ** [0.0570]	0.1491 ** [0.0497]	0.1973 ** [0.0725]	0.1666 * [0.0816]
GDP	0.0263 *** [0.0008]				
GDP × *Spec*	0.0273 *** [0.0017]				
Gov		0.1396 *** [0.0062]			
Gov × *Spec*		0.0587 *** [0.0121]			
Loan			0.0106 *** [0.0004]		
Loan × *Spec*			0.0122 *** [0.0009]		
FDI				0.0165 *** [0.0015]	
FDI × *Spec*				0.0455 *** [0.0033]	
Stu					0.4937 *** [0.0296]

续表

被解释变量 (Innog)	模型（1）	模型（2）	模型（3）	模型（4）	模型（5）
$Stu \times Spec$					0.066 [0.0490]
N	4437	4437	4437	4437	4437
adj. R^2	0.7582	0.6626	0.7435	0.4527	0.3122
Hausman	15.88***	15.04***	14.37***	8.12***	12.81***

注：*、**、***是指分别通过 0.1、0.05、0.01 的显著性水平检验，中括号内为标准误。
Hausman 对模型固定效应进行检验，其原假设为"固定效应模型与混合效应模型无差别"。

表 6 - 50 展示了多元化集聚对城市专利获得授权数量影响调节效应的稳健性检验结果。在模型（1）~模型（5）中，交乘项 $GDP \times Div$、$Gov \times Div$、$Loan \times Div$、$FDI \times Div$ 和 $Stu \times Spec$ 对城市专利获得授权数量有显著影响，这表明 GDP、Gov、Loan、FDI 和 Stu 通过了调节效应的稳健性检验。在模型（2）中，交乘项 $Gov \times Div$ 和 Div 符号不同且通过了显著性检验，这表明 Gov 对多样化集聚影响城市专利获得授权数量的弱化调节作用通过了稳健性检验。在模型（4）和模型（5）中，交乘项 $FDI \times Div$、$Stu \times Spec$ 和 Div 符号相同且通过了显著性检验，这表明 FDI 和 Stu 对多样化集聚影响城市专利获得授权数量的强化调节作用通过了稳健性检验。

表 6 - 50　　　　　多元化集聚对城市专利获得授权数量影响的调节效应

被解释变量 (Innog)	模型（1）	模型（2）	模型（3）	模型（4）	模型（5）
Div	0.0013 [0.0053]	0.0154* [0.0060]	0.0033 [0.0053]	0.0424*** [0.0075]	0.0345*** [0.0085]
GDP	0.0435*** [0.0008]				
$GDP \times Div$	-0.0008*** [0.0001]				
Gov		0.2066*** [0.0048]			
$Gov \times Div$		-0.0060*** [0.0006]			

续表

被解释变量 （Innog）	模型（1）	模型（2）	模型（3）	模型（4）	模型（5）
Loan			0.0191 *** [0.0004]		
Loan × Div			− 0.0005 *** [0.0001]		
FDI				0.0077 *** [0.0015]	
FDI × Div				0.0053 *** [0.0002]	
Stu					0.2181 *** [0.0331]
Stu × Div					0.0477 *** [0.0039]
N	4437	4437	4437	4437	4437
adj. R^2	0.7464	0.6677	0.7384	0.4863	0.3387
Hausman	17.37 ***	16.20 ***	14.39 ***	11.58 ***	14.66 ***

注：*、**、*** 是指分别通过 0.1、0.05、0.01 的显著性水平检验，中括号内为标准误。 *Hausman* 对模型固定效应进行检验，其原假设为"固定效应模型与混合效应模型无差别"。

表 6−51 展示了集聚类型演变方向对城市专利获得授权数量影响调节效应的稳健性检验结果。在模型（1）~模型（5）中，交乘项 GDP × Trend、Gov × Trend、Loan × Trend、FDI × Trend 和 Stu × Trend 对城市专利获得授权数量有显著影响，这表明 GDP、Gov、Loan、FDI 和 Stu 通过了调节效应的稳健性检验。在模型（1）~模型（3）中，交乘项 GDP × Trend、Gov × Trend、Loan × Trend 和 Trend 符号不同且通过了显著性检验，这表明 GDP、Gov 和 Loan 对集聚类型演变方向影响城市专利获得授权数量弱化调节效应通过了稳健性检验。在模型（4）和模型（5）中，交乘项 FDI × Trend、Stu × Trend 和 Trend 符号相同且通过了显著性检验，这表明 FDI 和 Stu 对集聚类型演变方向影响城市专利获得授权数量强化调节效应通过了稳健性检验。

表 6 – 51 集聚类型演变方向对城市专利获得授权数量影响的调节效应

被解释变量 （Innog）	模型（1）	模型（2）	模型（3）	模型（4）	模型（5）
Trend	0.0057 ** ［0.0019］	0.0085 *** ［0.0022］	0.0080 *** ［0.0019］	0.0134 *** ［0.0028］	0.0121 *** ［0.0032］
GDP	0.0470 *** ［0.0008］				
GDP × Trend	– 0.0006 *** ［0.0000］				
Gov		0.2038 *** ［0.0049］			
Gov × Trend		– 0.0024 *** ［0.0003］			
Loan			0.0202 *** ［0.0004］		
Loan × Trend			– 0.0003 *** ［0.0000］		
FDI				0.0182 *** ［0.0017］	
FDI × Trend				0.0011 *** ［0.0001］	
Stu					0.2788 *** ［0.0325］
Stu × Trend					0.0133 *** ［0.0013］
N	4437	4437	4437	4437	4437
adj. R^2	0.7533	0.6667	0.7442	0.4459	0.3334
Hausman	17.36 ***	15.83 ***	13.75 ***	10.71 ***	14.66 ***

注：*、**、*** 是指分别通过 0.1、0.05、0.01 的显著性水平检验，中括号内为标准误。Hausman 对模型固定效应进行检验，其原假设为"固定效应模型与混合效应模型无差别"。

五、稳健性检验：工具变量法

（一）产业集聚对城市专利申请数量影响的调节效应分析

表 6 - 52 展示了制造业集聚对城市专利申请数量影响调节效应的稳健性检验结果。在模型（1）~ 模型（5）中，交乘项 $GDP \times Magg$、$Gov \times Magg$、$Loan \times Magg$、$FDI \times Magg$ 和 $Stu \times Magg$ 对城市专利申请数量有显著影响，这表明 GDP、Gov、$Loan$ 和 FDI 通过了调节效应稳健性检验，而 Stu 没有通过调节效应稳健性检验。在模型（3）中，交乘项和 $Magg$ 符号相同但没有全部通过显著性检验，表明 $Loan$ 对制造业集聚影响城市专利申请数量的强化调节作用没有通过稳健性检验。

表 6 - 52　　　　制造业集聚对城市专利申请数量影响的调节效应

被解释变量（Innoa）	模型（1）	模型（2）	模型（3）	模型（4）	模型（5）
Magg	-0.1028 [0.0819]	-0.1119 [0.0841]	0.1274 [0.0821]	-0.3381** [0.1162]	0.0408 [0.1108]
GDP	0.0327*** [0.0014]				
GDP × Magg	0.0154*** [0.0013]				
Gov		0.1240*** [0.0081]			
Gov × Magg		0.1028*** [0.0083]			
Loan			0.0114*** [0.0006]		
Loan × Magg			0.0082*** [0.0006]		
FDI				-0.0169* [0.0080]	

续表

被解释变量 （Innoa）	模型（1）	模型（2）	模型（3）	模型（4）	模型（5）
FDI × Magg				0.0654 *** [0.0081]	
Stu					0.4437 *** [0.0870]
Stu × Magg					0.4756 *** [0.1020]
N	3915	3915	3915	3915	3915
adj. R^2	0.6132	0.5715	0.5971	0.2207	0.2373
Hausman	27.30 ***	42.42 ***	37.99 ***	98.93 ***	74.65 ***
LM	1303.357 ***	1334.522 ***	1327.086 ***	351.081 ***	656.521 ***
CDW	671.091 ***	696.371 ***	690.277 ***	128.651 ***	265.093 ***
Sargan P	0.3048	0.6570	0.3027	0.3981	0.4028

注：*、**、*** 是指分别通过 0.1、0.05、0.01 的显著性水平检验，中括号内为标准误。Hausman 对模型固定效应进行检验，其原假设为"工具变量模型与固定效应模型无差别"；LM 对模型识别不足问题进行检验，其原假设为"存在识别不足问题"；CDW 对弱工具变量进行检验，其原假设为"工具变量与内生变量不存在较强的相关性"；Sargan P 对工具变量合理性进行检验，其原假设为"工具变量与内生变量相关，而与干扰项不相关"。

表 6 - 53 展示了生产性服务业集聚对城市专利申请数量影响调节效应的稳健性检验结果。在模型（1）、模型（3）和模型（5）中，交乘项 GDP × Sagg、Gov × Sagg 和 Stu × Sagg 对城市专利申请数量没有显著影响，在模型（2）和模型（4）中，交乘项 Gov × Sagg 和 FDI × Sagg 对城市专利申请数量有显著影响，这表明 GDP、Gov 和 FDI 通过了调节效应稳健性检验，而 Loan 和 Stu 没有通过调节效应检验。在模型（4）中，交乘项与 Sagg 符号相同且通过显著性检验，表明 FDI 对生产性服务业集聚影响城市专利申请数量的强化调节作用通过了稳健性检验。在模型（2）中，交乘项和 Sagg 符号不同但没有全部通过显著性检验，因此 Gov 对生产性服务业集聚影响城市专利申请数量的弱化调节作用没有通过稳健性检验。

表 6 – 53　　　　　　生产性服务业集聚对城市专利申请数量影响的调节效应

被解释变量 （Innoa）	模型（1）	模型（2）	模型（3）	模型（4）	模型（5）
Sagg	0.0629 [0.0944]	0.0481 [0.1001]	– 0.0106 [0.1002]	0.5978 *** [0.1537]	0.3794 * [0.1570]
GDP	0.0463 *** [0.0038]				
GDP × Sagg	0.0004 [0.0029]				
Gov		0.3490 *** [0.0252]			
Gov × Sagg		– 0.0937 *** [0.0170]			
Loan			0.0228 *** [0.0030]		
Loan × Sagg			– 0.0031 [0.0022]		
FDI				– 0.1087 *** [0.0136]	
FDI × Sagg				0.1275 *** [0.0111]	
Stu					– 0.2581 [0.3246]
Stu × Sagg					0.9151 ** [0.2794]
N	3915	3915	3915	3915	3915
adj. R^2	0.5969	0.546	0.5762	– 0.0565	0.0206
Hausman	19.25 **	36.32 ***	39.85 ***	102.69 ***	33.20 ***
LM	499.644 ***	482.406 ***	194.928 ***	222.932 ***	51.980 ***
CDW	191.174 ***	184.094 ***	68.208 ***	78.641 ***	17.466 ***
Sargan P	0.2903	0.6608	0.3293	0.1788	0.6968

注：表中符号含义与表 6 – 52 相同。

表 6 – 54 展示了制造业与生产性服务业协同集聚对城市专利申请数量

影响调节效应的稳健性检验结果。在模型（1）~模型（5）中，交乘项 $GDP \times Coagg$、$Gov \times Coagg$、$Loan \times Coagg$、$FDI \times Coagg$ 和 $Stu \times Coagg$ 对城市专利申请数量有显著影响，这表明 GDP、Gov、$Loan$ 和 FDI 的调节作用通过了稳健性检验，而 Stu 的调节作用没有通过稳健性检验。在模型（1）~模型（3）中，各交乘项与 $Coagg$ 的符号都相同且通过显著性检验，这表明 GDP、Gov 和 $Loan$ 对制造业与生产性服务业协同集聚影响城市专利申请数量的强化调节作用通过了稳健性检验。在模型（4）中，交乘项与 $Coagg$ 的符号不同且通过显著性检验，这表明 FDI 对制造业与生产性服务业协同集聚影响城市专利申请数量的强化调节作用没有通过稳健性检验。

表 6-54   制造业与生产性服务业协同集聚对城市
专利申请数量影响的调节效应

被解释变量（$Innoa$）	模型（1）	模型（2）	模型（3）	模型（4）	模型（5）
$Coagg$	-0.2401 * [0.1371]	-0.3487 * [0.1455]	-0.2995 * [0.1413]	-0.2154 * [0.1875]	-0.0365 [0.2318]
GDP	0.0672 *** [0.0026]				
$GDP \times Coagg$	-0.0293 *** [0.0036]				
Gov		0.2420 *** [0.0142]			
$Gov \times Coagg$		-0.0463 * [0.0218]			
$Loan$			0.0222 *** [0.0010]		
$Loan \times Coagg$			-0.0054 *** [0.0014]		
FDI				-0.0065 [0.0103]	
$FDI \times Coagg$				0.0709 *** [0.0137]	

续表

被解释变量 （*Innoa*）	模型（1）	模型（2）	模型（3）	模型（4）	模型（5）
Stu					0.1664 [0.2416]
Stu × *Coagg*					0.8366 ** [0.3160]
N	3915	3915	3915	3915	3915
adj. R^2	0.6054	0.5562	0.5796	0.2746	0.207
Hausman	28.50 ***	34.56 ***	39.93 ***	103.50 ***	56.90 ***
LM	723.721 ***	724.521 ***	722.748 ***	373.016 ***	112.611 ***
CDW	298.928 ***	299.341 ***	298.427 ****	137.603 ***	38.487 ***
Sargan P	0.8835	0.7133	0.7736	0.6549	0.5555

注：表中符号含义与表6-52相同。

表6-55展示了专业化集聚对城市专利申请数量影响调节效应的稳健性检验结果。在模型（1）~模型（5）中，交乘项 *GDP* × *Spec*、*Gov* × *Spec*、*Loan* × *Spec*、*FDI* × *Spec* 和 *Stu* × *Spec* 对城市专利申请数量有显著影响，这表明 *GDP*、*Gov*、*Loan* 和 *FDI* 的调节作用通过了稳健性检验，而 *Stu* 的调节作用没有通过稳健性检验。在模型（1）~模型（4）中，各交乘项与 *Spec* 的符号都相同且通过显著性检验，这表明 *GDP*、*Gov*、*Loan* 和 *FDI* 对专业化集聚影响城市专利申请数量的强化调节作用通过了稳健性检验。

表6-55　　　　专业化集聚对城市专利申请数量影响的调节效应

被解释变量 （*Innoa*）	模型（1）	模型（2）	模型（3）	模型（4）	模型（5）
Spec	0.2934 * [0.1722]	0.4013 * [0.1797]	0.4020 * [0.1774]	1.5113 *** [0.4502]	0.8050 ** [0.2748]
GDP	0.0211 *** [0.0024]				
GDP × *Spec*	0.0604 *** [0.0052]				
Gov		0.1475 *** [0.0161]			

续表

被解释变量 （*Innoa*）	模型（1）	模型（2）	模型（3）	模型（4）	模型（5）
Gov × Spec		0. 1383 *** ［0. 0333］			
Loan			0. 0058 *** ［0. 0015］		
Loan × Spec			0. 0294 *** ［0. 0033］		
FDI				− 0. 1144 *** ［0. 0240］	
FDI × Spec				0. 4321 *** ［0. 0642］	
Stu					0. 3838 ** ［0. 1381］
Stu × Spec					1. 1923 ** ［0. 3807］
N	3915	3915	3915	3915	3915
adj. R^2	0. 5927	0. 5561	0. 569	− 1. 3003	0. 1836
Hausman	62. 67 ***	32. 48 ***	54. 32 ***	39. 89 ***	49. 12 ***
LM	878. 557 ***	884. 243 ***	730. 729 ***	52. 729 ***	109. 968 ***
CDW	383. 127 ***	386. 398 ***	302. 547 ***	17. 721 ***	37. 555 ***
Sargan P	0. 3531	0. 3779	0. 2486	0. 8097	0. 6784

注：表中符号含义与表 6 – 52 相同。

　　表 6 – 56 展示了多元化集聚对城市专利申请数量影响调节效应的稳健性检验结果。在模型（1）~ 模型（5）中，交乘项 *GDP × Spec*、*Gov × Spec*、*Loan × Spec*、*FDI × Spec* 和 *Stu × Spec* 对城市专利申请数量有显著影响，这表明 *GDP*、*Gov*、*Loan*、*FDI* 和 *Stu* 的调节作用通过了稳健性检验。在模型（4）和模型（5）中，各交乘项与 *Div* 的符号都相同且通过显著性检验，这表明 *FDI* 和 *Stu* 对多样化集聚影响城市专利申请数量的强化调节作用通过了稳健性检验。

表 6 – 56　　　　　　　　多元化集聚对城市专利申请数量影响的调节效应

被解释变量 （*Innoa*）	模型（1）	模型（2）	模型（3）	模型（4）	模型（5）
Div	– 0. 002 [0. 0143]	0. 0132 [0. 0148]	– 0. 0031 [0. 0147]	0. 0306* [0. 0173]	0. 0211* [0. 0197]
GDP	0. 0527*** [0. 0015]				
GDP × Div	– 0. 0008*** [0. 0002]				
Gov		0. 2804*** [0. 0080]			
Gov × Div		– 0. 0091*** [0. 0009]			
Loan			0. 0212*** [0. 0006]		
Loan × Div			– 0. 0004*** [0. 0001]		
FDI				0. 0069** [0. 0026]	
FDI × Div				0. 0074*** [0. 0004]	
Stu					0. 2115*** [0. 0614]
Stu × Div					0. 0896*** [0. 0072]
N	3915	3915	3915	3915	3915
adj. R^2	0. 6061	0. 5732	0. 5844	0. 4151	0. 274
Hausman	91. 03***	39. 03***	72. 69***	124. 34***	133. 69***
LM	1513. 422***	1524. 582***	1517. 366***	1497. 668***	1443. 102***
CDW	855. 725***	866. 552***	859. 538***	840. 630***	790. 011***
Sargan P	0. 5337	0. 7106	0. 4949	0. 3112	0. 2557

注：表中符号含义与表 6 – 52 相同。

表 6 – 57 展示了集聚类型演变方向对城市专利申请数量影响调节效应

的稳健性检验结果。在模型（1）~模型（5）中，交乘项 $GDP \times Spec$、$Gov \times Spec$、$Loan \times Spec$、$FDI \times Spec$ 和 $Stu \times Spec$ 对城市专利申请数量有显著影响，这表明 GDP、Gov、$Loan$、FDI 和 Stu 的调节作用通过了稳健性检验。在模型（4）和模型（5）中，各交乘项与 $Trend$ 的符号都相同且通过显著性检验，这表明 FDI 和 Stu 对集聚类型演变方向影响城市专利申请数量的强化调节作用通过了稳健性检验。在模型（2）和模型（3）中，各交乘项与 $Trend$ 的符号不同但没有全部通过显著性检验，这表明 Gov 和 $Loan$ 对集聚类型演变方向影响城市专利申请数量的弱化调节作用没有通过稳健性检验。

表 6－57　　　　　集聚类型演变方向对城市专利申请数量影响的调节效应

被解释变量（*Innoa*）	模型（1）	模型（2）	模型（3）	模型（4）	模型（5）
Trend	0.0074 [0.0057]	0.0140 * [0.0058]	0.0093 [0.0058]	0.0042 * [0.0071]	0.0042 * [0.0081]
GDP	0.0578 *** [0.0014]				
GDP × *Trend*	−0.0006 *** [0.0001]				
Gov		0.2890 *** [0.0077]			
Gov × *Trend*		−0.0047 *** [0.0004]			
Loan			0.0240 *** [0.0006]		
Loan × *Trend*			−0.0003 *** [0.0000]		
FDI				0.0117 *** [0.0030]	
FDI × *Trend*				0.0025 *** [0.0002]	
Stu					0.3446 *** [0.0678]

续表

被解释变量 （Innoa）	模型（1）	模型（2）	模型（3）	模型（4）	模型（5）
$Stu \times Trend$					0.0209 *** [0.0026]
N	3915	3915	3915	3915	3915
adj. R^2	0.6169	0.5761	0.5964	0.381	0.2614
Hausman	57.59 ***	40.00 ***	47.33 ***	190.19 ***	106.12 ***
LM	1195.410 ***	1223.107 ***	1197.026 ***	1171.425 ***	1172.102 ***
CDW	588.486 ***	608.981 ***	589.668 ***	571.107 ***	571.593 ***
Sargan P	0.8475	0.8687 ***	0.4914	0.9317	0.5435

注：表中符号含义与表6-52相同。

（二）产业集聚对城市专利获得授权数量影响的调节效应分析

表6-58展示了制造业集聚对城市专利获得授权数量影响调节效应的稳健性检验结果。在模型（1）~模型（5）中，交乘项 $GDP \times Magg$、$Gov \times Magg$、$Loan \times Magg$、$FDI \times Magg$ 和 $Stu \times Magg$ 对城市专利获得授权数量有显著影响，这表明 GDP、Gov、$Loan$、FDI 和 Stu 通过了调节效应的稳健性检验。在模型（3）中，交乘项 $Loan \times Magg$ 和 $Magg$ 符号相同但没有全部通过显著性检验，这表明 $Loan$ 对制造业集聚影响城市专利获得授权数量的强化调节作用通过了稳健性检验。

表6-58　　　　　　　制造业集聚对城市专利获得授权数量影响的调节效应

被解释变量 （Innog）	模型（1）	模型（2）	模型（3）	模型（4）	模型（5）
Magg	-0.0468 [0.0497]	-0.0744 [0.0564]	0.1520 ** [0.0486]	-0.2152 * [0.0884]	0.0661 [0.0821]
GDP	0.0282 *** [0.0008]				
$GDP \times Magg$	0.0133 *** [0.0008]				
Gov		0.0927 *** [0.0055]			

续表

被解释变量 (*Innog*)	模型（1）	模型（2）	模型（3）	模型（4）	模型（5）
Gov × Magg		0.0987 *** [0.0056]			
Loan			0.0098 *** [0.0004]		
Loan × Magg			0.0073 *** [0.0004]		
FDI				−0.0120 * [0.0061]	
FDI × Magg				0.0463 *** [0.0062]	
Stu					0.4553 *** [0.0645]
Stu × Magg					0.2249 ** [0.0756]
N	3915	3915	3915	3915	3915
adj. *R²*	0.7498	0.6608	0.7518	0.2091	0.2657
Hausman	172.72 ***	182.72 ***	48.81 ***	91.46 ***	74.29 ***
LM	1303.357 ***	1334.522 ***	1327.086 ***	351.081 ***	656.521 ***
CDW	671.091 ***	696.371 ***	690.277 ***	128.651 ***	265.093 ***
Sargan P	0.3347	0.9506	0.3209	0.5203	0.4451

注：表中符号含义与表6-52相同。

表6-59展示了生产性服务业集聚对城市专利获得授权数量影响调节效应的稳健性检验结果。在模型（1）~模型（5）中，交乘项 *GDP × Sagg*、*Gov × Sagg*、*Loan × Sagg*、*FDI × Sagg* 和 *Stu × Magg* 对城市专利获得授权数量有显著影响，这表明 *GDP*、*Gov*、*Loan* 和 *FDI* 通过了调节效应稳健性检验，*Stu* 没有通过调节效应稳健性检验。在模型（4）中，交乘项和 *Sagg* 符号相同且通过了显著性检验，这表明 *FDI* 对生产性服务业集聚影响城市专利获得授权数量的强化调节作用通过了稳健性检验。

表 6 - 59　　生产性服务业集聚对城市专利获得授权数量影响的调节效应

被解释变量（Innog）	模型（1）	模型（2）	模型（3）	模型（4）	模型（5）
Sagg	- 0.0083 [0.0580]	0.0153 [0.0658]	- 0.0877 [0.0619]	0.4700 *** [0.1278]	0.2135 * [0.1083]
GDP	0.0407 *** [0.0023]				
GDP × Sagg	- 0.0002 * [0.0018]				
Gov		0.2214 *** [0.0166]			
Gov × Sagg		- 0.0300 ** [0.0112]			
Loan			0.0224 *** [0.0019]		
Loan × Sagg			- 0.0045 *** [0.0014]		
FDI				- 0.1061 *** [0.0113]	
FDI × Sagg				0.1142 *** [0.0092]	
Stu					0.1379 [0.2240]
Stu × Sagg					0.4173 * [0.1928]
N	3915	3915	3915	3915	3915
adj. R^2	0.7328	0.6554	0.7163	- 0.2824	0.1811
Hausman	131.02 ***	86.86 ***	50.31 ***	122.09 ***	44.98 ***
LM	499.644 ***	482.406 ***	194.928 ***	222.932 ***	51.980 ***
CDW	171.714 ***	1847.094 ***	68.206 ***	78.641 ***	17.466 ***
Sargan P	0.1846	0.3443	0.2841	0.1678	0.8273

注：表中符号含义与表 6 - 52 相同。

表 6 - 60 展示了制造业与生产性服务业协同集聚对城市专利获得授权

数量影响调节效应的稳健性检验结果。在模型（1）~模型（5）中，交乘项 $GDP \times Coagg$、$Gov \times Coagg$、$Loan \times Coagg$ 和 $FDI \times Coagg$ 对城市专利获得授权数量有显著影响，$Stu \times Coagg$ 对城市专利获得授权数量没有显著影响，这表明 GDP、Gov、$Loan$ 和 FDI 通过了调节效应的稳健性检验，Stu 没有通过调节效应的稳健性检验。在模型（4）中，交乘项 $FDI \times Coagg$ 和 $Coagg$ 符号不同且没有全部通过显著性检验，这表明 FDI 对制造业与生产性服务业协同集聚影响城市专利获得授权数量的强化调节效应没有通过稳健性检验。

表6-60　　　　　　制造业与生产性服务业协同集聚对城市
专利获得授权数量影响的调节效应

被解释变量（$Innog$）	模型（1）	模型（2）	模型（3）	模型（4）	模型（5）
$Coagg$	-0.0827 [0.0829]	-0.1653 [0.0984]	-0.1363 [0.0865]	-0.0886 [0.1443]	-0.0543 [0.1692]
GDP	0.0542 *** [0.0016]				
$GDP \times Coagg$	-0.0199 *** [0.0022]				
Gov		0.1538 *** [0.0096]			
$Gov \times Coagg$		0.0380 ** [0.0147]			
$Loan$			0.0191 *** [0.0006]		
$Loan \times Coagg$			-0.0043 *** [0.0008]		
FDI				-0.0082 [0.0079]	
$FDI \times Coagg$				0.0549 *** [0.0105]	
Stu					0.3722 * [0.1763]

续表

被解释变量（*Innog*）	模型（1）	模型（2）	模型（3）	模型（4）	模型（5）
Stu × *Coagg*					0.3288 [0.2306]
N	3915	3915	3915	3915	3915
adj. R^2	0.747	0.6435	0.7232	0.2462	0.2591
Hausman	159.14 ***	131.04 ***	58.33 ***	102.14 ***	67.31 ***
LM	723.721 ***	724.521 ***	722.748 ***	373.016 ***	112.611 ***
CDW	298.928 ***	299.341 ***	298.427 ***	137.603 ***	38.478 ***
Sargan P	0.4731	0.3340	0.4055	0.3886	0.3265

注：表中符号含义与表6-52相同。

表6-61展示了专业化集聚对城市专利获得授权数量影响调节效应的稳健性检验结果。在模型（1）~模型（5）中，交乘项 *GDP* × *Spec*、*Gov* × *Spec*、*Loan* × *Spec*、*FDI* × *Spec* 和 *Stu* × *Spec* 对城市专利获得授权数量有显著影响，这表明 *GDP*、*Gov*、*Loan* 和 *FDI* 通过了调节效应的稳健性检验，*Stu* 没有通过调节效应的稳健性检验。在模型（2）~模型（4）中，交乘项 *Gov* × *Spec*、*Loan* × *Spec*、*FDI* × *Spec* 和 *Spec* 符号相同且通过了显著性检验，这表明 *Gov*、*Loan* 和 *FDI* 对专业化集聚对城市专利获得授权数量的强化调节效应通过了稳健性检验。

表6-61　　　　专业化集聚对城市专利获得授权数量影响的调节效应

被解释变量（*Innog*）	模型（1）	模型（2）	模型（3）	模型（4）	模型（5）
Spec	0.0301 [0.1059]	0.1383 ** [0.1231]	0.1182 ** [0.1100]	1.1584 ** [0.3968]	0.4282 * [0.2030]
GDP	0.0192 *** [0.0015]				
GDP × *Spec*	0.0498 *** [0.0032]				
Gov		0.0845 *** [0.0110]			

续表

被解释变量 （Innog）	模型（1）	模型（2）	模型（3）	模型（4）	模型（5）
Gov × Spec		0.1982 *** [0.0228]			
Loan			0.0058 *** [0.0009]		
Loan × Spec			0.0239 *** [0.0020]		
FDI				− 0.1150 *** [0.0211]	
FDI × Spec				0.3973 *** [0.0565]	
Stu					0.3408 *** [0.1020]
Stu × Spec					0.8083 ** [0.2813]
N	3915	3915	3915	3915	3915
adj. R²	0.7295	0.6342	0.7091	− 2.1358	0.2176
Hausman	196.77 ***	141.02 ***	86.37 ***	42.86 ***	55.61 ***
LM	878.557 ***	884.243 ***	730.729 ***	52.729 ***	109.968 ***
CDW	383.127 ***	368.398 ***	302.547 ***	17.721 ***	37.555 ***
Sargan P	0.7643	0.7512	0.5095	0.9172	0.7969

注：表中符号含义与表6-52相同。

　　表6-62展示了多元化集聚对城市专利获得授权数量影响调节效应的稳健性检验结果。在模型（2）~模型（5）中，交乘项 Gov × Div、Loan × Div、FDI × Div 和 Stu × Spec 对城市专利获得授权数量有显著影响，这表明 Gov、Loan、FDI 和 Stu 通过了调节效应的稳健性检验。在模型（2）中，交乘项 Gov × Div 和 Div 符号不同但不是全部通过了显著性检验，这表明 Gov 对多样化集聚影响城市专利获得授权数量的弱化调节作用没有通过稳健性检验。在模型（4）和模型（5）中，交乘项 FDI × Div、Stu × Spec 和 Div 符号相同且通过了显著性检验，这表明 FDI 和 Stu 对多样化集聚影响城

市专利获得授权数量的强化调节作用通过了稳健性检验。在模型（1）中，交乘项 $GDP \times Div$ 对城市专利获得授权数量没有显著影响，表明 GDP 没有通过调节作用的稳健性检验。

表 6 - 62　　　　多元化集聚对城市专利获得授权数量影响的调节效应

被解释变量（Innog）	模型（1）	模型（2）	模型（3）	模型（4）	模型（5）
Div	0.0043 [0.0089]	0.0182 [0.0101]	0.0026 [0.0091]	0.0352 ** [0.0128]	0.0269 * [0.0144]
GDP	0.0413 *** [0.0009]				
GDP × Div	− 0.0001 [0.0001]				
Gov		0.1964 *** [0.0054]			
Gov × Div		− 0.0026 *** [0.0006]			
Loan			0.0172 *** [0.0004]		
Loan × Div			− 0.0002 ** [0.0001]		
FDI				− 0.0079 *** [0.0020]	
FDI × Div				0.0076 *** [0.0003]	
Stu					0.1057 * [0.0448]
Stu × Div					0.0784 *** [0.0053]
N	3915	3915	3915	3915	3915
adj. R^2	0.7335	0.6545	0.7212	0.4324	0.3229
Hausman	197.83 ***	160.86 ***	86.97 ***	186.39 ***	113.82 ***
LM	1513.422 ***	1524.582 ***	1517.366 ***	1497.668 ***	1443.102 ***
CDW	855.725 ***	866.552 ***	859.538 ***	840.630 ***	790.011 ***
Sargan P	0.2658	0.4129	0.2372	0.2125	0.1855

注：表中符号含义与表 6 - 52 相同。

表6-63展示了集聚类型演变方向对城市专利获得授权数量影响调节效应的稳健性检验结果。在模型（1）~模型（5）中，交乘项 $GDP \times Trend$、$Gov \times Trend$、$Loan \times Trend$、$FDI \times Trend$ 和 $Stu \times Trend$ 对城市专利获得授权数量有显著影响，这表明 GDP、Gov、$Loan$、FDI 和 Stu 通过了调节效应的稳健性检验。在模型（1）~模型（3）中，交乘项 $GDP \times Trend$、$Gov \times Trend$、$Loan \times Trend$ 和 $Trend$ 符号不同且通过了显著性检验，这表明 GDP、Gov 和 $Loan$ 对集聚类型演变方向影响城市专利获得授权数量弱化调节效应通过了稳健性检验。在模型（4）和模型（5）中，交乘项 $FDI \times Trend$、$Stu \times Trend$ 和 $Trend$ 符号相同且通过了显著性检验，这表明 FDI 和 Stu 对集聚类型演变方向影响城市专利获得授权数量强化调节效应通过了稳健性检验。

表6-63　　集聚类型演变方向对城市专利获得授权数量影响的调节效应

被解释变量（Innog）	模型（1）	模型（2）	模型（3）	模型（4）	模型（5）
Trend	0.0136 *** [0.0035]	0.0171 *** [0.0040]	0.0155 *** [0.0036]	0.0138 ** [0.0053]	0.009 * [0.0059]
GDP	0.0442 *** [0.0009]				
GDP × Trend	-0.0002 *** [0.0000]				
Gov		0.1942 *** [0.0052]			
Gov × Trend		-0.0011 *** [0.0003]			
Loan			0.0188 *** [0.0004]		
Loan × Trend			-0.0002 *** [0.0000]		
FDI				-0.0009 [0.0022]	
FDI × Trend				0.0024 *** [0.0001]	

续表

被解释变量（Innog）	模型（1）	模型（2）	模型（3）	模型（4）	模型（5）
Stu					0.2185 *** [0.0498]
Stu × Trend					0.0181 *** [0.0019]
N	3915	3915	3915	3915	3915
adj. R^2	0.7385	0.6538	0.7257	0.3907	0.3009
Hausman	230.05 ***	155.45 ***	72.49 ***	203.94 ***	101.83 ***
LM	1195.410 ***	1223.107 ***	1197.026 ***	1171.425 ***	1172.102 ***
CDW	588.486 ***	608.981 ***	589.668 ***	571.107 ***	571.593 ***
Sargan P	0.8989	0.8925	0.4995	0.9297	0.3776

注：表中符号含义与表 6-52 相同。

第六节　本章小结

本章以 261 个地级及以上城市 2003~2019 年的面板数据为观测样本，通过构建面板数据中介效应模型和调节效应模型，从行业视角和集聚类型视角对产业集聚影响城市创新的中介效应和调节效应进行实证检验。为保证研究结论的可靠性，本书采用缩尾处理法和 Bootstrap 自主抽样法对中介效应进行稳健性检验，采用缩尾处理法和工具变量法对调节效应进行稳健性检验。主要结论如下：

（1）制造业集聚对城市专利申请数量和城市专利获得授权数量的影响没有显著的中介效应，但有显著的调节效应。在调节效应方面：第一，经济发展水平、政府行为、金融支持和外商直接投资是制造业集聚影响城市专利申请数量和城市专利获得授权数量的调节效应变量；第二，人力资本不是制造业集聚影响城市专利申请数量和城市专利获得授权数量的调节效应变量。

（2）生产性服务业集聚对城市专利申请数量和城市专利获得授权数量

的影响有显著的中介效应和调节效应。在中介效应方面：第一，经济发展水平、政府行为、外商直接投资以及人力资本是生产性服务业集聚影响城市专利申请数量的部分中介效应变量，中介效应占比分别为 66. 20%、60. 41%、26. 87% 和 23. 02%；金融支持是生产性服务业集聚影响城市专利申请数量的完全中介效应变量。第二，政府行为、外商直接投资以及人力资本是生产性服务业集聚影响城市专利获得授权数量的部分中介效应变量，中介效应占比分别为 67. 56%、26. 25% 和 23. 82%；经济发展水平和金融支持是生产性服务业集聚影响城市专利获得授权数量的完全中介效应变量。在调节效应方面：第一，政府行为和外商直接投资是生产性服务业集聚影响城市专利申请数量的调节效应变量，外商直接投资强化了生产性服务业集聚对城市专利申请数量的影响；经济发展水平、金融支持和人力资本不是生产性服务业集聚影响城市专利申请数量的调节效应变量。第二，经济发展水平、政府行为、金融支持以及外商直接投资是生产性服务业集聚影响城市专利获得授权数量的调节效应变量，外商直接投资强化了生产性服务业集聚对城市专利获得授权数量的影响；人力资本不是生产性服务业集聚影响城市专利获得授权数量的调节效应变量。

（3）制造业与生产性服务业协同集聚对城市专利申请数量和城市专利获得授权数量的影响没有中介效应，而有显著调节效应。在调节效应方面：第一，经济发展水平、政府行为、金融支持和外商直接投资是制造业与生产性服务业协同集聚影响城市专利申请数量的调节效应变量，经济发展水平、政府行为和金融支持强化了制造业与生产性服务业协同集聚对城市专利申请数量的影响；人力资本不是制造业与生产性服务业协同集聚影响城市专利申请数量的调节效应变量。第二，经济发展水平、政府行为、金融支持和外商直接投资是制造业与生产性服务业协同集聚影响城市专利获得授权数量的调节效应变量；人力资本不是制造业与生产性服务业协同集聚影响城市专利获得授权数量的调节效应变量。

（4）专业化集聚对城市专利申请数量和城市专利获得授权数量的影响有显著的中介效应和调节效应。在中介效应方面：第一，经济发展水平和人力资本是专业化集聚对城市专利申请数量影响的中介效应变量，中介效应占比分别为 45. 34% 和 20. 37%；政府行为、金融支持和外商直接投资不是专业化集聚对城市专利申请数量影响的中介效应变量。第二，经济发展水平和人力资本是专业化集聚对城市专利获得授权数量的中介效应变量，中介效应占比分别为58.62%和23.73%；政府行为、金融支持和外商直接投资不是专业化集聚影响城市专利获得授权数量的中介效应变量。在调节效应方面：第一，经济发展水平、政府行为、金融支持和外商直接投资是专业化集聚影响城市专利申请数量的调节变量，这些变量强化了专业化集聚对城市专利申请数量的影响；人力资本不是专业化集聚对城市专利申请数量的调节变量。第二，经济发展水平、政府行为、金融支持和外商直接投资是专业化集聚影响城市专利获得授权数量的调节变量，政府行为、金融支持和外商直接投资强化了专业化集聚对城市专利获得授权数量的影响；人力资本不是专业化集聚对城市专利获得授权数量的调节变量。

（5）多样化集聚对城市专利申请数量和城市专利获得授权数量具有显著的中介效应和调节效应。在中介效应方面：第一，外商直接投资和人力资本是多样化集聚对城市专利申请数量影响的部分中介效应变量，中介效应占比分别为40.94%和30.70%，经济发展水平、政府行为和金融支持是多样化集聚对城市专利申请数量影响的完全中介效应变量。第二，政府行为、外商直接投资和人力资本是多样化集聚对城市专利获得授权数量影响的部分中介效应变量，中介效应占比分别为75.48%、29.12%和23.18%；经济发展水平和金融支持是多样化集聚对城市专利获得授权数量影响的完全中介效应变量。在调节效应方面：第一，经济发展水平、政府行为、金融支持、外商直接投资和人力资本是多样化集聚影响城市专利申请数量的调节变量，外商直接投资和人力资本强化了多样化集聚影对城市专利申请数量的影响。第二，经济发展水平、政府行为、金融支持、外商直接投资和人力资本是多样化集聚影响城市专利获得授权数量的调节变量，外商直接投资和人力资本强化了多样化集聚对城市专利获得数量的影响；经济发展水平不是多样化集聚影响城市专利获得授权数量的调节变量。

（6）集聚类型演变方向对城市专利申请数量和城市专利获得授权数量的影响有显著的中介效应和调节效应。在中介效应方面：第一，外商直接投资和人力资本是集聚类型演变方向对城市专利申请数量影响的部分中介效应变量，中介效应占比分别为 25.79% 和 68.33%；经济发展水平、政府行为和金融支持是集聚类型演变方向对城市专利申请数量影响的完全中介效应变量。第二，经济发展水平、政府行为、金融支持、外商直接投资和人力资本是集聚类型演变方向对城市专利获得授权数量影响的部分中介效应变量，中介效应占比分别为 85.38%、65.61%、84.19%、15.81% 和 20.16%。在调节效应方面：第一，经济发展水平、政府行为、金融支持、外商直接投资和人力资本是产业集聚类型演变方向影响城市专利申请数量的调节变量，外商直接投资和人力资本强化了产业集聚类型演变方向对城市专利获得数量的影响。第二，经济发展水平、政府行为、金融支持、外商直接投资和人力资本是产业集聚类型演变方向影响城市专利获得授权数量的调节变量，经济发展水平、政府行为和金融支持弱化了产业集聚类型演变方向对城市专利获得数量的影响，外商直接投资和人力资本强化了产业集聚类型演变方向对城市专利获得数量的影响。

（7）控制变量方面，尽管本章没有展示控制变量系数及显著性估计结果，但控制变量对城市专利申请数量和城市专利获得授权数量的确存在显著影响：研发投入、就业人口和信息基础设施具有显著的促进作用，而对外贸易和固定资产投资则相反。

第七章

产业集聚对城市创新影响的空间效应分析

利用 IV-GMM 模型和面板门限模型分析了产业集聚对城市创新的影响，属于传统计量经济分析的范畴。传统计量分析方法建立在城市创新仅受到城市自身产业集聚影响而与周边城市产业集聚无关的假设之上的。近年来，空间计量经济学发展迅猛，对传统经济学的"空间无关"假设形成冲击，空间计量分析认为，"空间效应"广泛存在于地理位置相近的两个地区之间，而传统计量经济学可能因为忽略空间效应而导致模型参数估计结果出现偏差。本书认为产业集聚很可能具有空间效应，借助地理近邻的优势，促进资源要素、知识人才以及技术信息的交流，从而对城市创新产生显著影响。因此，有必要对产业集聚对城市创新影响空间效应进行检验。

第一节　研究框架

图 7-1 展示了产业集聚对城市创新影响的空间效应实证检验的逻辑框架。本章有两个研究目标：一是检验产业集聚对城市创新的影响是否有显著空间效应；二是分析产业集聚对城市创新影响的空间效应是否有显著地区差异。为此，本章以地理邻接为空间权重矩阵，构建了产业集聚影响城市创新的 SDM 空间效应模型，并进一步将空间效应分解为直接效应和间接效应。为检验实证结论的可靠性，采用缩尾处理法和替换空间权重矩阵法进行稳健性检验。在拓展性讨论部分，本章将 261 个地级及以上城市样本分成东部沿海地区子样本和中西部地区子样本，对产业集聚影响城市创新空间效应的地区异质性进行检验，并同样采用缩尾处理法和替换空间权重

矩阵进行稳健性检验。

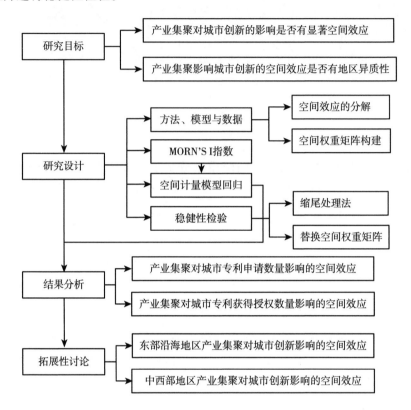

图 7 - 1　产业集聚对城市创新影响的空间效应分析的逻辑框架

第二节　研究设计

一、研究方法

1. 空间计量分析

空间计量分析是计量经济学的重要分支，自 20 世纪创立以来发展迅猛，已经形成完备的检验思路和分析框架。空间计量分析的基本内容包括空间相关性检验以及空间计量参数估计等内容，其本质是剔除传统计量经济学"空间独立"或"空间不相关"假设，要求在空间计量模型中增加空间权重矩阵，对变量间的"空间依赖性"和"空间异质性"等空间效应进行实证检验。这就意味着，当考虑空间效应后，任意与地理位置相关的变量，将不仅影响本地相关变量，而且对其他地区的相关变量产生影响。一般而言，空间计量分析步骤包括：首先，对变量的空间相关性进行检验，判断变量是否存在空间相关性；其次，在通过空间相关性检验的基础上，依据相关理论或研究文献构建适合的空间权重并建立空间计量模型；最后，采用适当方法对模型参数进行估计，并结合参数估计值和显著性对参数进行经济解释。

2. 空间自相关的度量与检验

空间自相关检验是判断变量是否存在空间效应的关键方法，也是空间计量分析的第一步。通常情况下，全局空间自相关和局部空间自相关是变量空间自相关的两种表现形式，其中全局空间自相关用来测度被研究变量在样本空间整体的自相关水平，而局部空间自相关则用来测度特定区域跟周边区域的空间自相关程度。

（1）全局空间自相关的度量与检验。"全局莫兰指数 I"（Global Moran's I）是测度全局空间自相关的主要检验方法，本书采用该方法进行检验。

假设有空间经济变量序列，则其全局莫兰指数的计算公式可表达为

$$I = \frac{n \sum_{i=1}^{n} \sum_{j=1}^{n} w_{ij}(x_i - \bar{x})(x_j - \bar{x})}{\sum_{i=1}^{n} (x_i - \bar{x})^2 \sum_{i=1}^{n} \sum_{j=1}^{n} w_{ij}} \tag{7.1}$$

其中，n 为观测单元的多边形数目或质点数目；w_{ij} 为空间权重矩阵，$\sum_{i=1}^{n} \sum_{j=1}^{n} w_{ij}$ 为所有空间权重之和。通常情况下，为便于得到区域 i 所有相邻区域的空间效应平均值，应将空间权重矩阵进行标准化处理。将空间权重矩阵进行标准化以后，则 $\sum_{i=1}^{n} \sum_{j=1}^{n} w_{ij} = n$，于是可将全局 Moran's I 简化为

$$I = \frac{n \sum_{i=1}^{n} \sum_{j=1}^{n} w_{ij}(x_i - \bar{x})(x_j - \bar{x})}{\sum_{i=1}^{n} (x_i - \bar{x})^2} \tag{7.2}$$

一般来说，全局 Moran's I 的取值范是 [-1, 1]。如果 $I > 0$，表示存

在正向空间相关性，反映研究区域整体经济特征具有相似性，地区 i 和地区 j 表现为"高—高"相邻或"低—低"相邻；如果 $I<0$，表示存在负向空间相关性，反映研究区域整体的经济特征存在异质性，地区 i 和地区 j 表现为"高—低"相邻或"低—高"相邻；如果 $I=0$ 或 $I\approx0$，表明没有空间相关性，反映研究区域整体经济特征没有空间规律，地区 i 和地区 j 表现为高值低值区域的无规律分布，此时不应构建空间计量模型，采用传统计量模型分析即可。

（2）局部空间自相关的度量与检验。局部空间相关检验用于考察某区域 i 附近的个体空间集聚情况，采用"局部莫兰指数 I"（Local Moran's I）进行检验。

假设有空间经济变量序列 $\{x_i\}_{i=1}^{n}$，则其局部 Moran's I 的计算公式为

$$I = \frac{n(x_i - \bar{x})\sum_{j=1}^{n} w_{ij}(x_j - \bar{x})}{\sum_{i=1}^{n}(x_i - \bar{x})^2} \tag{7.3}$$

根据式（7.3）计算得出的局部 Moran's I，可对某区域 i 附近的个体空间集聚情况进行判断。如果 $I>0$，反映地区 i 和周边地区 j 经济特征具有相似性，即如果地区 i 为高值（低值），则其周边地区也为高值（低值）；如果 $I<0$，反映地区 i 和周边地区 j 经济特征具有异质性，即如果地区 i 为高值（低值），则其周边地区也为低值（高值）。

3. 空间计量模型的选择

如果变量通过空间自相关检验，则需要选择合适的空间计量模型进行空间效应实证检验。当前，空间自回归（SAR）模型、空间误差（SEM）模型、空间杜宾（SDM）模型和空间交叉（SAC）模型是空间计量的主要模型。上述模型的本质区别在于空间传导机制假定的不同，从而使各模型代表了不同的经济含义（Anselin et al，2006）。其中，SAR 模型假设不同地区的被解释变量是空间效应传导变量，可以通过空间效应作用相互产生影响，因此将被解释变量的空间滞后因素纳入模型；SEM 模型假定被解释变量和解释变量的空间效应是随机冲击的结果，空间效应仅包含在误差项中，因此仅将误差项的空间滞后因素纳入回归模型；而 SAC 模型和 SDM

模型则更一般地假设被解释变量和残差项均存在空间相互作用，因此，将因变量空间滞后和误差项空间滞后因素同时纳入回归方程进行分析。通常情况下，学者往往根据研究问题和数据特点选择适当的模型进行分析。目前，国内相关研究仍多以 SEM 模型和 SAR 模型为空间计量分析的选择模型，但越来越多的学者开始依赖数据特征检验结果选择空间计量分析模型，空间 SDM 模型开始成为空间计量分析的主流模型选择。但是在空间问题处理严密性以及参数估计稳健性检验方面仍有待进一步提高。

二、空间计量模型

鉴于不同类型的空间计量模型所揭示的经济含义有所差别，为了获取拟合效果最优的空间计量模型，参照莱萨格杰和佩斯里（LeSage and Pace, 2009）的思路，建立如式（7.4）~式（7.7）所示的空间计量模型。其中式（7.4）和式（7.5）分别为 SDM 模型和 SAC 模型，而式（7.6）和式（7.7）是对 SDM 模型和 SAC 模型分别附加一定限制条件后得到的 SAR 模型和 SEM 模型。

$$\ln PGDP_{it} = \beta_0 + \delta W \ln PGDP_{it} + \beta_1 agg_{it} + \beta_2 X_{control} + \theta_1 W agg_{it}$$
$$+ \theta_2 W X_{control} + \varepsilon_{it} \tag{7.4}$$

$$\ln PGDP_{it} = \beta_0 + \delta W \ln PGDP_{it} + \beta_1 agg_{it} + \beta_2 X_{control} + \mu_{it}$$
$$\mu_{it} = \lambda W \mu_{it} + \varepsilon_{it} \tag{7.5}$$

当 SDM 模型考察的空间交互作用不存在，区域间只存在单向空间相关，即 $\theta_i = 0$，$i = 1$，2 时，或者空间 SAC 模型中空间误差项的系数 $\lambda = 0$ 时，就是相应的空间 SAR 模型：

$$\ln PGDP_{it} = \beta_0 + \delta W \ln PGDP_{it} + \beta_1 agg_{it} + \beta_2 X_{control} + \varepsilon_{it} \tag{7.6}$$

当 SDM 模型中的空间交互项系数 θ_i、因变量空间滞后项系数 δ 以及回归系数 β_i 之间满足 $\theta_i = -\delta\beta_i$ 时，或者 SAC 模型中的空间滞后项的系数 $\delta = 0$ 时，就是相应的空间 SEM 模型：

$$\ln PGDP_{it} = \beta_0 + \beta_1 agg_{it} + \beta_2 X_{control} + \mu_{it}$$
$$\mu_{it} = \lambda W \mu_{it} + \varepsilon_{it} \tag{7.7}$$

变量造成的平均影响（直接效应）；非对角线上的元素表示特定空间单元 X_{ik} 变量的变化对其他空间单元因变量的平均影响（间接效应）。直接效应为 $direct = \dfrac{\partial Y_i}{\partial X_{im}} = Q_m\left(W\right)_{ii}$，间接效应为 $indirect = \dfrac{\partial Y_i}{\partial X_{jm}} = Q_m\left(W\right)_{ij}$，总效应为 $direct = Q_m\left(W\right)_{ii} + Q_m\left(W\right)_{ij}$。

四、空间权重矩阵的选取

常见的空间权重矩阵包括地理邻接权重矩阵、地理距离权重矩阵和经济空间权重矩阵三种，其中地理邻接权重矩阵为最常用权重矩阵。为增强与已有研究的可比性，选择地理邻接矩阵作为本书权重矩阵。如式（7.11）所示，根据两个城市是否相邻来构建地理邻接矩阵，如果两个城市相邻，则权重矩阵中所对应元素取 1，否则取 0。

$$W_{ij} = \begin{cases} 1, & i \text{ 和 } j \text{ 相邻} \\ 0, & i \text{ 和 } j \text{ 不相邻} \end{cases} \tag{7.11}$$

李婧等（2010）指出仅用是否相邻来判断两个城市间的关联是不充分的。这是因为信息的自由流动可以让任何一个城市观测到其他城市的产业集聚以及城市创新情况，特别是经济发展水平相当的城市之间往往更加关注对方的相关政策，以及经济发展水平对地理邻接矩阵有所影响。为此，本书将经济发展水平差异纳入空间权重矩阵，使其与地理邻接矩阵相乘，如式（7.12）所示。当城市 i 和城市 j 相邻时，空间权重为两个城市人均 GDP 的差值的绝对数，当两个城市不相邻时，空间权重为 0。式（7.12）不仅能够反映两个城市是否相邻，还能对相邻城市的作用差异进行区分，即经济发展水平越相近的相邻城市间影响越大，经济发展水平差异越大的相邻城市影响越小。本书在稳健性检验中使用这一矩阵。

$$W_{ij} = \begin{cases} \left| PGDP_i - PGDP_j \right|, & i \text{ 和 } j \text{ 相邻} \\ 0, & i \text{ 和 } j \text{ 不相邻} \end{cases} \tag{7.12}$$

五、变量选取

在被解释变量方面，仍然使用城市专利申请数量（$Innoa_{it}$）和当年城市专利获得授权数量（$Innog_{it}$）两个指标。

在核心解释变量方面，选择制造业集聚（$Magg_{it}$），生产性服务业集聚（$Sagg_{it}$）以及制造业与生产性服务业协同集聚（$Coagg_{it}$），用来检验"不同集聚行业对城市创新是否存在显著空间效应？"；选择专业化集聚（$Spec_{it}$）和多样化集聚（Div_{it}），用于检验"不同集聚类型对城市创新是否存在显著空间效应？"；选择产业集聚演变方向（$Trend_{it}$），用来检验"产业集聚演变方向对城市创新是否存在显著空间效应？"

在控制变量方面，继续使用研发投入（$R\&D$）、对外贸易（$Trade$）、就业人口（Emp）、固定资产投资（Fca）和信息基础设施（$Infr$）等变量。

六、数据说明

本章研究样本依然为 2003～2019 年 261 个地级以上城市，数据来源与处理方法与第五章相同，此处不再赘述。

第三节　空间相关性分析

一、全局相关性检验

表 7-1 展示了产业集聚与城市创新的全局莫兰指数 I 检验结果。从表 7-1 中可以看出，城市专利申请数量和城市专利获得授权数量没有呈现出全局空间相关关系，制造业集聚、生产性服务业集聚以及制造业与生产性服务业协同集聚仅在个别年份呈现出全局空间相关关系，专业化集聚、多样化集聚以及集聚类型演变方向在较多年份呈现出全局空间相关关系。

表7-1　　　　　　　　产业集聚与城市创新的 Global Moran's I

年度	Innoa	Innog	Magg	Sagg	Coagg	Spec	Div	Trend
2003	-0.044	-0.034	-0.025	-0.027	0.014	0.055 *	0.009	0.077 **
2004	-0.042	-0.051	-0.022	-0.019	0.011	0.063 *	0.02	0.078 **
2005	-0.043	-0.049	-0.024	0.023	0.057 *	0.030	0.043	0.098 **
2006	-0.043	-0.050	-0.011	0.044	0.014	0.001	0.068 *	0.088 **
2007	-0.048	-0.048	-0.008	0.007	0.026	-0.019 *	0.067 *	0.087 **
2008	-0.034	-0.057	-0.034	0.032	0.031	-0.015	0.068 *	0.081 **
2009	-0.027	-0.043	-0.026	0.024	0.007	-0.013	0.046 *	0.067 **
2010	-0.017	-0.030	-0.046	-0.005	0.012	-0.03	0.008	0.020
2011	-0.011	-0.012	-0.028	-0.027 *	-0.002 *	0.007	-0.012	0.034
2012	-0.012	-0.003	-0.03	-0.011	-0.008	-0.04	-0.005	0.010
2013	-0.028	-0.021	0.010	0.014	0.021	0.067 *	-0.027 *	0.010
2014	-0.033	-0.038	-0.021	0.013	0.002	0.007	-0.016 *	0.001
2015	-0.034	-0.030	-0.032 *	-0.005 *	-0.003	0.013	-0.015	0.002
2016	-0.037	-0.030	-0.057	-0.018	-0.016	-0.002	-0.036 *	0.003
2017	-0.041	-0.042	-0.058	-0.025	-0.043	-0.003	-0.008	0.043
2018	-0.041	-0.043	-0.061	-0.045	-0.032	-0.002	-0.002	0.045
2019	-0.047	-0.049	-0.053	-0.024	0.002	0.051 *	0.023 *	0.039

注：（1）检验前对空间权重矩阵进行了标准化处理；（2）所有检验结果均为双边检验；（3）*、**、*** 是指分别通过0.1、0.05、0.01的显著性水平检验。

图7-2展示了产业集聚与城市创新全局莫兰指数的变化趋势。城市专利申请数量和城市专利获得授权数量呈现出先增大再变小的趋势，但最高值仍处于负值区间；多样化集聚和集聚类型演变方向呈现先减少后增加的趋势，且最低值仍处于正值区间；其他变量的全局相关性呈现波动性，但变化幅度不大。

二、局部相关性检验

图7-3展示了产业集聚与城市创新的局部空间相关关系的散点图。该图分成四个象限的空间关联模式，第一象限表示"高—高"关联，第二象限表示"低—高"关联，第三象限表示"低—低"关联，第四象限

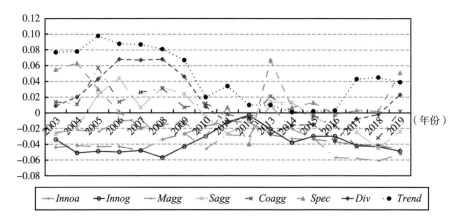

图7-2　产业集聚与城市创新全局莫兰指数变化趋势

表示"高一低"关联。每幅小图的左上角标注了变量名称。从图7-3中可以看出，城市专利申请数量、城市专利获得授权数量、制造业集聚与生产性服务业集聚呈现出空间负相关关系，而制造业与生产性服务业协同集聚、专业化集聚、多样化集聚以及集聚类型演变方向呈现出正向空间相关关系。

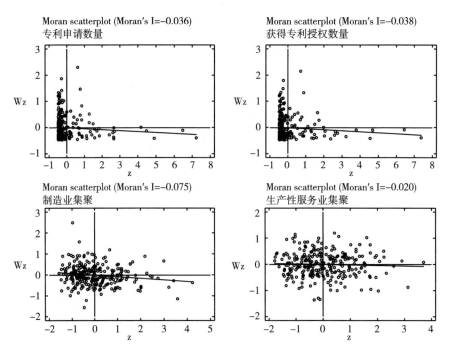

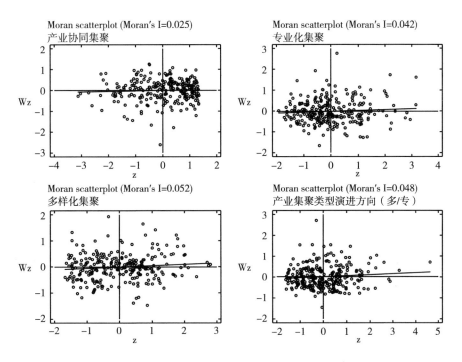

图 7-3　产业集聚与城市创新局部莫兰指数散点图

第四节　实证发现及结果分析

一、产业集聚对城市专利申请数量影响的空间效应

表 7-2 展示了基于行业视角的产业集聚对城市专利申请数量影响的 SDM 空间效应估计结果。其中，模型（1）~模型（3）分别将制造业集聚、生产性服务业集聚和制造业与生产性服务业协同集聚纳入方程的估计结果，模型（4）~模型（6）是将制造业集聚、生产性服务业集聚和制造业与生产性服务业协同集聚中的两个纳入方程的估计结果，模型（7）是制造业集聚、生产性服务业集聚以及制造业与生产性服务业协同集聚同时纳入方程的回归估计结果。

表 7－2　　　　　　　　　基于行业视角的产业集聚对城市
专利申请数量影响的 SDM 空间效应

变量	模型（1）	模型（2）	模型（3）	模型（4）	模型（5）	模型（6）	模型（7）
Magg	−0. 1453 [0. 1405]			−0. 1101 [0. 1421]	−0. 1504 [0. 1404]		−0. 113 [0. 1430]
Sagg		0. 2284 ** [0. 0885]		0. 2093 * [0. 0881]		0. 2242 * [0. 0960]	0. 2035 * [0. 0960]
Coagg			−0. 088 [0. 0991]		−0. 0939 [0. 0967]	−0. 021 [0. 1083]	−0. 0316 [0. 1070]
R&D	0. 1189 *** [0. 0320]	0. 1194 *** [0. 0317]	0. 1227 *** [0. 0321]	0. 1169 *** [0. 0316]	0. 1192 *** [0. 0321]	0. 1195 *** [0. 0317]	0. 1171 *** [0. 0316]
Trade	−0. 0769 [0. 0423]	−0. 0741 [0. 0413]	−0. 0794 [0. 0409]	−0. 0723 [0. 0422]	−0. 0754 [0. 0420]	−0. 0733 [0. 0409]	−0. 0717 [0. 0418]
Emp	0. 8685 *** [0. 1488]	0. 9057 *** [0. 1570]	0. 8366 *** [0. 1469]	0. 9176 *** [0. 1554]	0. 8644 *** [0. 1478]	0. 9018 *** [0. 1571]	0. 9146 *** [0. 1553]
Fca	−0. 3469 *** [0. 0948]	−0. 3562 *** [0. 0961]	−0. 3488 *** [0. 0961]	−0. 3510 *** [0. 0945]	−0. 3461 *** [0. 0948]	−0. 3567 *** [0. 0961]	−0. 3509 *** [0. 0945]
Infr	0. 2297 [0. 1269]	0. 2391 [0. 1276]	0. 247 [0. 1279]	0. 2242 [0. 1272]	0. 2315 [0. 1272]	0. 2399 [0. 1278]	0. 2252 [0. 1276]
W × Magg	−0. 8736 ** [0. 2931]			−0. 8531 ** [0. 2899]	−0. 8699 ** [0. 2979]		−0. 8477 ** [0. 2965]
W × Sagg		0. 2497 [0. 1961]		0. 0879 [0. 1912]		0. 2733 [0. 1815]	0. 0971 [0. 1793]
W × Coagg			0. 1056 [0. 2951]		0. 0387 [0. 2993]	0. 1716 [0. 2783]	0. 0614 [0. 2882]
城市固定	Y	Y	Y	Y	Y	Y	Y
年份固定	Y	Y	Y	Y	Y	Y	Y
Hausman	164. 58 ***	172. 11 ***	152. 41 ***	178. 56 ***	165. 34 ***	174. 45 ***	181. 69 ***
rho	−0. 0922 ** [0. 0289]	−0. 0739 * [0. 0296]	−0. 0684 * [0. 0294]	−0. 0942 ** [0. 0291]	−0. 0919 ** [0. 0289]	−0. 0746 * [0. 0295]	−0. 0943 ** [0. 0290]
sigma2_e	0. 5588 *** [0. 1499]	0. 5639 *** [0. 1509]	0. 5662 *** [0. 1511]	0. 5572 *** [0. 1496]	0. 5587 *** [0. 1498]	0. 5638 *** [0. 1507]	0. 5572 *** [0. 1496]
adj. R^2	0. 2306	0. 2450	0. 2302	0. 2473	0. 2323	0. 2429	0. 2467
N	4437	4437	4437	4437	4437	4437	4437

注：* 、** 、*** 是指分别通过 0. 1、0. 05、0. 01 的显著性水平检验。

从模型检验结果来看，空间效应 rho 至少通过10%的显著性水平检验，表明不同行业的产业集聚对城市专利申请数量的影响有显著空间效应，Hausman 检验通过了1%的显著性水平，表明应选择城市和年份双固定效应模型。

从核心解释变量来看，在模型（1）、模型（4）、模型（5）和模型（6）中，未考虑空间效应时，Magg 系数为负，但没有通过显著性检验，考虑空间效应后，Magg 系数为负且通过了5%的显著性水平检验，这表明制造业集聚对本地城市专利申请数量没有显著影响，但周边城市制造业集聚对本地城市专利申请数量有显著负向影响。而 Sagg 和 Coagg 没有通过显著性检验，表明本地及周边城市的生产性服务业集聚以及制造业与生产性服务业协同集聚对本地城市专利申请数量没有显著影响。

表7-3 展示了基于行业视角的产业集聚对城市专利申请数量影响的 SDM 空间效应的分解结果。其中，模型（1）~模型（7）是表7-2中相应模型的空间效应分解结果。可以看出，Magg 的直接效应不显著而间接效应至少通过了10%的显著性水平检验，表明制造业集聚对本地城市专利申请数量没有显著影响，而周边城市制造业集聚对本地区城市专利申请数量有显著负向影响，还表明周边城市制造业集聚水平每提高1%，则本地区城市专利申请数量将下降0.7819%[①]。Sagg 直接效应显著为正而间接效应不显著，表明生产性服务业集聚对本地城市专利申请有显著正向影响，而周边城市生产性产业集聚对本地专利申请数量没有显著影响。Coagg 的直接效应和间接效应都不显著，表明本地和周边城市制造业与生产性服务业协同集聚对本地城市专利申请数量没有显著影响。

表 7-3　　基于行业视角的产业集聚对城市专利申请
数量影响的 SDM 空间效应的分解

| 变量 | 模型（1）~模型（3） | | | 模型（4） | | |
	直接效应	间接效应	总效应	直接效应	间接效应	总效应
Magg	−0.1217 [0.1417]	0.2775 [0.1654]	−0.9178 ** [0.3519]	−0.0865 [0.1448]	−0.7819 ** [0.2542]	−0.8684 ** [0.3163]

①　这里使用了模型（4）中 Magg 的间接效应系数估计值。

续表

变量	模型（1）~模型（3）			模型（4）		
	直接效应	间接效应	总效应	直接效应	间接效应	总效应
$Sagg$	0.2275 * [0.0892]	0.0686 [0.0307]	0.4522 [0.2447]	0.2044 * [0.0837]	0.0748 [0.1717]	0.2792 [0.2050]
$Coagg$	−0.086 [0.1024]	0.0231 [0.0092]	0.0135 [0.2901]			

变量	模型（5）			模型（6）			模型（7）		
	直接效应	间接效应	总效应	直接效应	间接效应	总效应	直接效应	间接效应	总效应
$Magg$	−0.1268 [0.1428]	−0.8041 ** [0.2580]	−0.9309 ** [0.3217]				−0.091 [0.1449]	−0.7531 ** [0.2715]	−0.8441 * [0.3361]
$Sagg$				0.2231 * [0.0973]	0.2403 [0.1683]	0.4634 * [0.2153]	0.1987 * [0.0917]	0.0759 [0.1632]	0.2746 [0.1995]
$Coagg$	−0.0991 [0.0945]	0.0639 [0.2720]	−0.0351 [0.2647]	−0.0265 [0.1062]	0.1856 [0.2573]	0.1591 [0.2460]	−0.0244 [0.1031]	0.0626 [0.2595]	0.0382 [0.2561]

注：*、**、*** 是指分别通过 0.1、0.05、0.01 的显著性水平检验。

表 7-4 展示了基于产业集聚类型视角的产业集聚对城市专利申请数量影响的 SDM 空间效应估计结果。其中，模型（1）~模型（3）分别是将制造专业化集聚、多样化集聚以及集聚类型演变方向纳入方程的估计结果，模型（4）是专业化集聚和多样化集聚同时纳入方程的回归估计结果。

从模型检验结果来看，空间效应 rho 至少通过 10% 的显著性水平检验，表明不同类型的产业集聚对城市专利申请数量的影响有显著空间效应，Hausman 检验通过了 1% 的显著性水平，表明应选择城市和年份双固定效应模型。

从核心解释变量来看，在模型（2）和模型（4）中，未考虑空间效应时，Div 系数为正且通过 10% 的显著性水平检验，而考虑空间效应后，Div 系数为正但没有通过显著性检验，这表明生产性服务业集聚对本地城市专利申请数量有显著正向影响，但周边城市生产性服务业集聚对本地城市专利申请数量没有显著影响。在模型（3）中，Trend 系数为正且通过 10% 的显著性水平检验，考虑空间效应后，Trend 系数为负且通过 10% 的显著性水平检验，这表明产业集聚类型演进方向对本地城市专利申请数量有显著正向影响，但周边城市产业集聚演进方向对本地城市专利申请数量有显著负向影响。此外，Spec 没有通过显著性检验，表明本地和周边城市的专业化集聚对本地城市专利申请数量没有显著影响。

表 7 – 4　　　　　　　基于集聚类型视角的产业集聚对城市专利
申请数量影响的 SDM 空间效应

变量	模型（1）	模型（2）	模型（3）	模型（4）
Spec	0.2800 [0.1608]			0.2915 [0.1580]
Div		0.0678* [0.0299]		0.0676* [0.0299]
Trend			0.0224* [0.0090]	
R&D	0.1199*** [0.0323]	0.1217*** [0.0317]	0.1181*** [0.0312]	
Trade	-0.0745 [0.0409]	-0.0622 [0.0401]	-0.0808* [0.0408]	
Emp	0.8396*** [0.1446]	0.9544*** [0.1663]	0.8992*** [0.1498]	
Fca	-0.3439*** [0.0952]	-0.3410*** [0.0942]	-0.3447*** [0.0944]	
Infr	0.2444 [0.1263]	0.2426 [0.1272]	0.2434 [0.1256]	
W × Spec	0.5521 [0.3862]			0.5188 [0.3776]
W × Div		0.0224 [0.0539]		0.0229 [0.0535]
W × Trend			-0.0290* [0.0140]	
城市固定	Y	Y	Y	Y
年份固定	Y	Y	Y	Y
Hausman	152.44***	161.05***	158.38***	156.73***
rho	-0.0715* [0.0292]	-0.0742* [0.0295]	-0.0601* [0.0293]	-0.0771** [0.0293]
sigma2_e	0.5646*** [0.1510]	0.5619*** [0.1493]	0.5612*** [0.1499]	0.5601*** [0.1490]
adj. R^2	0.2396	0.2787	0.2366	0.2904
N	4437	4437	4437	4437

注：*、**、***是指分别通过 0.1、0.05、0.01 的显著性水平检验。

表 7 – 5 展示了基于集聚类型视角的产业集聚对城市专利申请数量影响 SDM 空间效应的分解结果。其中，模型（1）~模型（4）是表 7 – 4 中相应模型的空间效应分解结果。可以看出，*Div* 的直接效应显著而间接效应不显著，表明多样化集聚对本地城市专利申请数量有显著正向影响，而周边城市的集聚对本地城市专利申请数量没有显著影响。*Trend* 的直接效应不显著而间接效应显著，表明集聚类型演进方向对本地城市专利申请数量没有显著影响，而周边城市的集聚类型演进方向对本地城市专利申请数量有显著正向影响，还表明周边城市的集聚类型演进方向每提高 1%，则本地城市专利申请数量将下降 0.0231%。

表 7 – 5　　　　基于集聚类型视角的产业集聚影响城市专利
申请数量 SDM 空间效应的分解

变量	模型（1）~模型（3）			模型（4）		
	直接效应	间接效应	总效应	直接效应	间接效应	总效应
Spec	– 0.1217 [0.1417]	0.2775 [0.1654]	– 0.9178 ** [0.3519]	0.2892 [0.1632]	0.4453 [0.3577]	0.7345 * [0.3479]
Div	0.2275 * [0.0892]	0.0686 [0.0307]	0.4522 [0.2447]	0.0661 * [0.0288]	0.0208 [0.0496]	0.0868 [0.0528]
Trend	– 0.0860 [0.1024]	– 0.0231 * [0.0092]	0.0135 [0.2901]			

注：*、**、*** 是指分别通过 0.1、0.05、0.01 的显著性水平检验。

二、产业集聚对城市专利获得授权数量影响的空间效应

表 7 – 6 展示了基于行业视角的产业集聚对城市专利获得授权数量影响的 SDM 空间效应估计结果。其中，模型（1）~模型（3）分别是将制造业集聚、生产性服务业集聚以及制造业与生产性服务业协同集聚纳入方程的估计结果，模型（4）~模型（6）是将制造业集聚、生产性服务业集聚以及制造业与生产性服务业协同集聚中的两个纳入方程的估计结果，模型（7）是制造业集聚、生产性服务业集聚以及制造业与生产性服务业协同集聚同时纳入方程的回归估计结果。

从模型检验结果来看，空间效应 rho 至少通过 5% 的显著性水平检验，表明不同行业的产业集聚对城市专利获得授权数量的影响有显著空间效应，Hausman 检验通过了 1% 的显著性水平，表明应选择城市和年份双固定效应模型。

从核心解释变量来看，在模型（1）、模型（4）、模型（5）和模型（6）中，未考虑空间效应时，Magg 系数为负但没有通过显著性检验，考虑空间效应后，Magg 系数为负且通过了 5% 的显著性水平检验，这表明制造业集聚对本地城市专利获得授权数量没有显著影响，但周边城市制造业集聚对本地城市专利获得授权数量有显著负向影响。在模型（2）、模型（5）、模型（6）和模型（7）中，未考虑空间效应时，Sagg 系数为正且通过 10% 的显著性水平检验，考虑空间效应后，Sagg 系数为正但没有通过显著性检验，这表明生产性服务业集聚对本地城市专利获得授权数量有显著正向影响，但周边城市生产性服务业集聚对本地城市专利获得授权数量没有显著影响。Coagg 没有通过显著性检验，表明本地以及周边城市的制造业与生产服务业协同集聚对本地城市专利申请数量没有显著影响。

表 7 - 6　　　　基于行业视角的产业集聚对城市专利获得
授权数量影响的 SDM 空间效应

变量	模型（1）	模型（2）	模型（3）	模型（4）	模型（5）	模型（6）	模型（7）
Magg	-0.1000 [0.1133]			-0.0745 [0.1159]	-0.1013 [0.1132]		-0.0728 [0.1170]
Sagg		0.1645* [0.0696]		0.1512* [0.0715]		0.1684* [0.0760]	0.1547* [0.0784]
Coagg			-0.0238 [0.0766]		-0.0273 [0.0742]	0.0266 [0.0848]	0.0201 [0.0835]
R&D	0.0949*** [0.0255]	0.0954*** [0.0251]	0.0976*** [0.0256]	0.0934*** [0.0251]	0.0950*** [0.0255]	0.0952*** [0.0252]	0.0933*** [0.0251]
Trade	-0.0723* [0.0340]	-0.0701* [0.0329]	-0.0746* [0.0329]	-0.0689* [0.0337]	-0.0720* [0.0339]	-0.0700* [0.0327]	-0.0692* [0.0336]
Emp	0.7180*** [0.1185]	0.7464*** [0.1260]	0.6993*** [0.1192]	0.7535*** [0.1233]	0.7171*** [0.1181]	0.7483*** [0.1267]	0.7552*** [0.1237]
Fca	-0.3258*** [0.0835]	-0.3331*** [0.0847]	-0.3279*** [0.0846]	-0.3290*** [0.0834]	-0.3255*** [0.0833]	-0.3339*** [0.0847]	-0.3292*** [0.0833]

续表

变量	模型（1）	模型（2）	模型（3）	模型（4）	模型（5）	模型（6）	模型（7）
$Infr$	0.2106 [0.1194]	0.2172 [0.1203]	0.2219 [0.1205]	0.2068 [0.1195]	0.2110 [0.1195]	0.2168 [0.1203]	0.2063 [0.1196]
$W \times Magg$	− 0.6637 ** [0.2137]			− 0.6458 ** [0.2153]	− 0.6644 ** [0.2151]		− 0.6469 ** [0.2176]
$W \times Sagg$		0.1998 [0.1419]		0.0779 [0.1440]		0.2103 [0.1331]	0.0764 [0.1375]
$W \times Coagg$			0.0226 [0.2138]		− 0.0282 [0.2148]	0.0736 [0.2041]	− 0.0103 [0.2085]
城市固定	Y	Y	Y	Y	Y	Y	Y
年份固定	Y	Y	Y	Y	Y	Y	Y
$Hausman$	95.41 ***	85.57 ***	77.92 ***	106.87 ***	97.35 ***	86.34 ***	108.45 ***
rho	− 0.1111 *** [0.0286]	− 0.0917 ** [0.0295]	− 0.0861 ** [0.0291]	− 0.1130 *** [0.0288]	− 0.1108 *** [0.0285]	− 0.0925 ** [0.0293]	− 0.1131 *** [0.0286]
$sigma2\_e$	0.3092 *** [0.0869]	0.3122 *** [0.0873]	0.3136 *** [0.0876]	0.3083 *** [0.0867]	0.3092 *** [0.0869]	0.3121 *** [0.0873]	0.3083 *** [0.0867]
$adj. R^2$	0.1855	0.1959	0.1810	0.2014	0.1864	0.1944	0.2015
N	4437	4437	4437	4437	4437	4437	4437

注：* 、** 、*** 是指分别通过0.1、0.05、0.01 的显著性水平检验。

表 7 - 7 展示了基于行业视角的产业集聚对城市专利获得授权数量影响 SDM 空间效应的分解结果。其中，模型（1）~模型（7）是表7 -6 中相应模型的空间效应分解结果。可以看出 $Magg$ 的直接效应不显著而间接效应至少通过了 5% 的显著性水平检验，表明制造业集聚对本地城市专利获得授权数量没有显著影响，而周边城市制造业集聚对本地区城市专利获得授权数量有显著负向影响，还表明周边城市制造业集聚水平每提高 1% ，则本地区城市专利获得授权数量将下降 0.5972%[①]。直接效应显著为正而间接效应不显著，表明生产性服务业集聚对本地城市专利获得授权数量有显著正向影响，而周边城市生产性服务业集聚对本地城市专利获得授权数量没有显著影响。$Coagg$ 的直接效应和间接效应均不显著，表明本地以及周

---

① 这里使用了模型（1）~模型（3）中 $Magg$ 的间接效应系数估计值。

在式（7.4）~式（7.7）中，$\ln PGDP_{it}$ 为被解释变量，agg 为生产性服务业，$X_{control}$ 为系列控制变量，W 为空间权重矩阵，μ_{it} 和 ε_{it} 是服从独立同分布的扰动项，满足 $\mu_{it} \sim iid\ (0，\sigma^2)$、$\varepsilon_{it} \sim iid\ (0，\sigma^2)$。

三、空间效应的分解

在包含空间滞后项的空间计量模型中，自变量对因变量的影响不能简单地用回归系数表征。为准确估计自变量对因变量的影响，有学者提出可以通过对自变量求偏微分的方法，分别估算自变量对因变量产生的直接效应、间接效应（空间溢出效应）和总效应（LeSage and Pace，2008）。其中，直接效应表示自变量 x 对本区域 y 的平均影响，间接效应反映了自变量 x 对其他区域 y 的平均影响，而总效应反映的是自变量 x 对全部区域产生的平均影响。具体计算过程如下。

将 SDM 模型的一般形式转化为

$$(I_n - \delta W)Y = \tau_n \beta_0' + \beta X + \theta WX + \varepsilon \tag{7.8}$$

令 $P(W) = (I_n - \delta W)^{-1}$，$Q_m(W) = P(W) \cdot (I_n \beta_m + \theta_m W)$，则式（7.8）可以转换为

$$Y = \sum_{m=1}^{k} Q_m(W)X_m + P(W)\tau_n \beta_0' + P(W)\varepsilon \tag{7.9}$$

把式（7.9）转换成矩阵形式可得

$$\begin{bmatrix} Y_1 \\ Y_2 \\ Y_3 \\ \vdots \\ Y_n \end{bmatrix} = \sum_{m=1}^{k} \begin{bmatrix} Q_m(W)_{11} & Q_m(W)_{12} & \cdots & Q_m(W)_{1n} \\ Q_m(W)_{21} & Q_m(W)_{22} & \cdots & Q_m(W)_{2n} \\ \vdots & \vdots & \cdots & \vdots \\ Q_m(W)_{(n-1)1} & Q_m(W)_{(n-1)2} & \cdots & Q_m(W)_{(n-1)n} \\ Q_m(W)_{n1} & Q_m(W)_{n2} & \cdots & Q_m(W)_{nn} \end{bmatrix} \begin{bmatrix} X_{1m} \\ X_{2m} \\ X_{3m} \\ \vdots \\ X_{nm} \end{bmatrix}$$

$$+ P(W)(\tau_n \beta_0' + \varepsilon) \tag{7.10}$$

式（7.10）中，$m = 1，2，\cdots，k$，表示第 m 个解释变量。等号右侧第一个矩阵即是勒萨热和帕斯（Lesage & Pace，2008）提出的偏微分矩阵，其对角线上的元素反映了特定空间单元里 X_{ik} 变量的变化对本单元因

边城市制造业与生产性服务业协同集聚对本地城市专利获得授权数量没有显著影响。

表 7 - 7　　　　　基于行业视角的产业集聚对城市专利获得
授权数量影响 SDM 空间效应的分解

变量	模型（1）~模型（3）			模型（4）		
	直接效应	间接效应	总效应	直接效应	间接效应	总效应
Magg	− 0. 0791 [0. 1140]	− 0. 5972 ** [0. 2028]	− 0. 6764 ** [0. 2584]	− 0. 0536 [0. 1178]	− 0. 5851 ** [0. 1835]	− 0. 6387 ** [0. 2371]
Sagg	0. 1629 * [0. 0699]	0. 1742 [0. 1375]	0. 3372 [0. 1808]	0. 1472 * [0. 0676]	0. 0651 [0. 1242]	0. 2123 [0. 1592]
Coagg	− 0. 0213 [0. 0789]	0. 0203 [0. 2058]	− 0. 0010 [0. 2144]			

变量	模型（5）			模型（6）			模型（7）		
	直接效应	间接效应	总效应	直接效应	间接效应	总效应	直接效应	间接效应	总效应
Magg	− 0. 0803 [0. 1150]	− 0. 6060 *** [0. 1798]	− 0. 6863 ** [0. 2321]				− 0. 0531 [0. 1183]	− 0. 5686 ** [0. 1960]	− 0. 6217 * [0. 2515]
Sagg				0. 1668 * [0. 0769]	0. 1828 [0. 1170]	0. 3496 * [0. 1591]	0. 1510 * [0. 0748]	0. 0579 [0. 1208]	0. 2089 [0. 1560]
Coagg	− 0. 0299 [0. 0724]	− 0. 0118 [0. 1937]	− 0. 0417 [0. 1921]	0. 0234 [0. 0834]	0. 0792 [0. 1879]	0. 1026 [0. 1820]	0. 0266 [0. 0806]	− 0. 0100 [0. 1876]	0. 0166 [0. 1858]

注：*、**、*** 是指分别通过0.1、0.05、0.01 的显著性水平检验。

表 7 - 8 展示了基于产业集聚类型视角的产业集聚对城市专利获得授权数量影响的 SDM 空间效应估计结果。其中，模型（1）~模型（3）分别是将专业化集聚、多样化集聚以及集聚类型演变方向纳入方程的估计结果，模型（4）是专业化集聚和多样化集聚同时纳入方程的回归估计结果。

从模型检验结果来看，空间效应 rho 至少通过10%的显著性水平检验，表明不同类型的产业集聚对城市专利获得授权数量的影响有显著空间效应，Hausman 检验通过了 1% 的显著性水平，表明应选择城市和年份双固定效应模型。

从核心解释变量来看，在模型（2）和模型（4）中，未考虑空间效应时，Div 系数为正且通过10%的显著性水平检验，而考虑空间效应后，Div 系数为正但没有通过显著性检验，表明本地生产性服务业集聚对本地城市专利获得授权数量有显著正向影响，但周边城市生产性服务业集聚对本地城市专利获得授权数量没有显著影响。在模型（3）中，未考虑空间效应时，*Trend* 系数为正且通过 10% 的显著性水平检验，考虑空间效应后，*Trend* 系数为负通过 10% 的显著性水平检验，这表明产业集聚类型演进方向对本地城市专利获得授权数量有显著正向影响，但周边城市产业集聚演进方向对本地城市专利获得授权数量有显著负向影响。此外，*Spec* 没有通过显著性检验，表明本地以及周边城市的专业化集聚对本地城市专利获得授权数量没有显著影响。

表 7-8　基于集聚类型视角的产业集聚对城市专利
获得授权数量影响的 SDM 空间效应

变量	模型（1）	模型（2）	模型（3）	模型（4）
Spec	0.1721 [0.1180]			0.1831 [0.1152]
Div		0.0665 ** [0.0240]		0.0664 ** [0.0239]
Trend			0.0256 ** [0.0080]	
R&D	0.0962 *** [0.0259]	0.0969 *** [0.0253]	0.0939 *** [0.0248]	0.0956 *** [0.0257]
Trade	-0.0710 * [0.0329]	-0.0566 [0.0323]	-0.0738 * [0.0327]	-0.0522 [0.0320]
Emp	0.6987 *** [0.1170]	0.8106 *** [0.1351]	0.7668 *** [0.1229]	0.8077 *** [0.1328]
Fca	-0.3249 *** [0.0843]	-0.3200 *** [0.0827]	-0.3234 *** [0.0831]	-0.3169 *** [0.0823]
Infr	0.2213 [0.1191]	0.2193 [0.1199]	0.2175 [0.1177]	0.2195 [0.1186]
W × Spec	0.2964 [0.3072]			0.2639 [0.3014]
W × Div		0.0194 [0.0359]		0.0198 [0.0357]
W × Trend			-0.0210 * [0.0107]	

续表

变量	模型（1）	模型（2）	模型（3）	模型（4）
城市固定	Y	Y	Y	Y
年份固定	Y	Y	Y	Y
Hausman	87. 73 ***	70. 43 ***	69. 78 ***	78. 81 ***
rho	− 0. 0877 ** [0. 0289]	− 0. 0943 ** [0. 0293]	− 0. 0730 * [0. 0293]	− 0. 0959 *** [0. 0290]
sigma2_e	0. 3130 *** [0. 0876]	0. 3092 *** [0. 0862]	0. 3080 *** [0. 0867]	0. 3086 *** [0. 0862]
adj. R^2	0. 1887	0. 2447	0. 2007	0. 2538
N	4437	4437	4437	4437

注：* 、** 、*** 是指分别通过 0. 1、0. 05、0. 01 的显著性水平检验。

表 7 - 9 展示了基于集聚类型视角的产业集聚对城市专利申请数量影响 SDM 空间效应的分解结果。其中，模型（1）~模型（4）是表 7 - 8 中相应模型的空间效应分解结果。可以看出 *Div* 的直接效应显著而间接效应不显著，表明多样化集聚对本地城市专利申请数量有显著正向影响，而周边城市的集聚对本地城市专利申请数量没有显著影响。*Trend* 的直接效应显著为正而间接效应显著为负，表明集聚类型演进方向对本地城市专利申请数量有显著负向影响，而周边城市的集聚类型演进方向对本地城市专利申请数量有显著负向影响，周边城市的集聚类型演进方向提高 1%，则本地专利申请数量将下降 0. 0214%。

表 7 - 9   **基于集聚类型视角的产业集聚对城市专利获得授权数量影响 SDM 空间效应的分解**

变量	模型（1）~模型（3）			模型（4）		
	直接效应	间接效应	总效应	直接效应	间接效应	总效应
Spec	0. 1711 [0. 1218]	0. 2684 [0. 2904]	0. 4395 [0. 2915]	0. 1827 [0. 1197]	0. 2080 [0. 2855]	0. 3908 [0. 2775]
Div	0. 0671 ** [0. 0245]	0. 0123 [0. 0350]	0. 0793 [0. 0436]	0. 0651 ** [0. 0230]	0. 0154 [0. 0323]	0. 0805 * [0. 0380]
Trend	0. 0263 ** [0. 0083]	− 0. 0214 * [0. 0105]	0. 0049 [0. 0135]			

注：* 、** 、*** 是指分别通过 0. 1、0. 05、0. 01 的显著性水平检验。

第五节　稳健性检验

一、改变样本容量法：缩尾处理

（一）产业集聚对城市专利获得授权数量影响的空间效应

表 7 - 10 展示了基于行业视角的产业集聚对城市专利申请数量影响的 SDM 空间效应的稳健性检验结果。从模型检验结果来看，空间效应 rho 至少通过 10% 的显著性水平检验，Hausman 检验通过了 1% 的显著性水平，表明存在空间效应且应采用双固定效应模型估计。从核心解释变量来看，不考虑空间效应时，Magg 和 Coagg 系数为负但没有通过显著性检验，Sagg 系数显著为正且通过 5% 的显著性水平检验；考虑空间效应后，Magg 系数为负且通过 5% 的显著性水平检验，Sagg 和 Coagg 系数为正但没有通过显著性检验。这与表 7 - 2 估计结果相同，表明基于行业视角的产业集聚对城市专利申请数量影响的 SDM 空间效应通过了稳健性检验。

表 7 - 10　　基于行业视角的产业集聚对城市专利申请数量影响的 SDM 空间效应

变量	模型 (1)	模型 (2)	模型 (3)	模型 (4)	模型 (5)	模型 (6)	模型 (7)
Magg	-0.1973 [0.1429]			-0.1421 [0.1426]	-0.2009 [0.1430]		-0.1433 [0.1433]
Sagg		0.3151 ** [0.1050]		0.2887 ** [0.1017]		0.3149 ** [0.1109]	0.2869 ** [0.1076]
Coagg			-0.0878 [0.0997]		-0.0895 [0.0965]	0.0005 [0.1068]	-0.0079 [0.1044]
R&D	0.1190 *** [0.0321]	0.1193 *** [0.0317]	0.1226 *** [0.0321]	0.1170 *** [0.0317]	0.1193 *** [0.0322]	0.1193 *** [0.0317]	0.1170 *** [0.0317]
Trade	-0.0735 [0.0426]	-0.0725 [0.0411]	-0.0795 [0.0409]	-0.0684 [0.0424]	-0.072 [0.0424]	-0.0719 [0.0409]	-0.068 [0.0422]

续表

变量	模型（1）	模型（2）	模型（3）	模型（4）	模型（5）	模型（6）	模型（7）
Emp	0.8769 *** [0.1476]	0.9287 *** [0.1615]	0.8367 *** [0.1469]	0.9438 *** [0.1588]	0.8724 *** [0.1464]	0.9273 *** [0.1620]	0.9425 *** [0.1591]
Fca	−0.3456 *** [0.0944]	−0.3575 *** [0.0966]	−0.3488 *** [0.0961]	−0.3505 *** [0.0945]	−0.3449 *** [0.0943]	−0.3583 *** [0.0969]	−0.3509 *** [0.0947]
Infr	0.2291 [0.1262]	0.2362 [0.1277]	0.247 [0.1279]	0.2218 [0.1267]	0.2308 [0.1264]	0.2364 [0.1278]	0.2221 [0.1270]
$W \times Magg$	−0.8715 ** [0.3070]			−0.8615 ** [0.3045]	−0.8670 ** [0.3107]		−0.8560 ** [0.3104]
$W \times Sagg$		0.2382 [0.2250]		0.0478 [0.2208]		0.2626 [0.2080]	0.0605 [0.2071]
$W \times Coagg$			0.0973 [0.2967]		0.0612 [0.2986]	0.1631 [0.2752]	0.077 [0.2837]
城市固定	Y	Y	Y	Y	Y	Y	Y
年份固定	Y	Y	Y	Y	Y	Y	Y
Hausman	165.66 ***	176.16 ***	152.48 ***	183.01 ***	166.80 ***	268.55 ***	187.69 ***
rho	−0.0938 ** [0.0288]	−0.0745 * [0.0296]	−0.0684 * [0.0294]	−0.0956 *** [0.0290]	−0.0935 ** [0.0287]	−0.0754 * [0.0295]	−0.0959 *** [0.0289]
sigma2_e	0.5588 *** [0.1501]	0.5629 *** [0.1500]	0.5662 *** [0.1511]	0.5563 *** [0.1490]	0.5586 *** [0.1499]	0.5627 *** [0.1499]	0.5562 *** [0.1489]
adj. R²	0.2350	0.2529	0.2302	0.2587	0.2365	0.1562	0.2578
N	4437	4437	4437	4437	4437	4437	4437

注：*、**、***是指分别通过0.1、0.05、0.01的显著性水平检验。

表7-11展示了基于行业视角的产业集聚对城市专利申请数量影响SDM空间效应的分解结果的稳健性检验。其中，模型（1）~模型（7）是表7-10中相应模型的空间效应分解结果。从表7-11中可知，*Magg*直接效应不显著而间接效应显著为负，*Sagg*直接效应显著为正而间接效应不显著，*Coagg*直接效应和间接效应都不显著。这与表7-3结果相同，表明基于行业视角的产业集聚对城市专利申请数量影响SDM空间效应的分解结果通过了稳健性检验。

表 7 – 11　　　　　　　基于行业视角的产业集聚对城市专利申请
数量影响 SDM 空间效应的分解

变量	模型 (1) ~模型 (3)			模型 (4)		
	直接效应	间接效应	总效应	直接效应	间接效应	总效应
$Magg$	– 0. 1734 [0. 1443]	– 0. 7887 ** [0. 2960]	– 0. 9621 ** [0. 3616]	– 0. 1182 [0. 1458]	– 0. 7858 ** [0. 2672]	– 0. 9039 ** [0. 3219]
$Sagg$	0. 3150 ** [0. 1068]	0. 2070 [0. 2228]	0. 5219 * [0. 2623]	0. 2838 ** [0. 0982]	0. 0371 [0. 2026]	0. 3209 [0. 2160]
$Coagg$	– 0. 0856 [0. 1031]	0. 0914 [0. 2881]	0. 0058 [0. 2919]			

变量	模型 (5)			模型 (6)			模型 (7)		
	直接效应	间接效应	总效应	直接效应	间接效应	总效应	直接效应	间接效应	总效应
$Magg$	– 0. 1772 [0. 1458]	– 0. 7965 ** [0. 2699]	– 0. 9737 ** [0. 3301]				– 0. 1209 [0. 1457]	– 0. 7565 ** [0. 2826]	– 0. 8775 ** [0. 3389]
$Sagg$				0. 3147 ** [0. 1131]	0. 2218 [0. 1940]	0. 5364 * [0. 2297]	0. 2821 ** [0. 1037]	0. 0369 [0. 1891]	0. 319 [0. 2105]
$Coagg$	– 0. 095 [0. 0944]	0. 0846 [0. 2713]	– 0. 0104 [0. 2632]	– 0. 0054 [0. 1040]	0. 1785 [0. 2545]	0. 1731 [0. 2518]	– 0. 0003 [0. 1004]	0. 0698 [0. 2532]	0. 0695 [0. 2558]

注: *、**、*** 是指分别通过 0. 1、0. 05、0. 01 的显著性水平检验。

　　表 7 – 12 展示了基于集聚类型视角的产业集聚对城市专利申请数量影响的 SDM 空间效应的稳健性检验结果。从模型检验结果来看,空间效应 rho 至少通过 10% 的显著性水平检验,Hausman 检验通过了 1% 的显著性水平,表明存在空间效应且应采用双固定效应模型估计。从核心解释变量来看,不考虑空间效应时,$Spec$ 系数为正但没有通过显著性检验,Div 和 $Trend$ 系数显著为正且均通过 10% 的显著性水平检验;考虑空间效应后,$Spec$ 和 Div 系数为正但没有通过显著检验,$Trend$ 系数为负且通过 10% 的显著性水平检验。这与表 7 – 4 估计结果相同,表明基于集聚类型视角的产业集聚对城市专利申请数量影响的 SDM 空间效应通过了稳健性检验。

表 7 – 12　　　　　　　基于集聚类型视角的产业集聚影响城市
专利申请数量的 SDM 空间效应

变量	模型 (1)	模型 (2)	模型 (3)	模型 (4)
$Spec$	0. 2941 [0. 1580]			0. 3003 [0. 1558]

续表

变量	模型（1）	模型（2）	模型（3）	模型（4）
Div		0.0559 * [0.0259]		0.0552 * [0.0258]
Trend			0.0204 * [0.0091]	
R&D	0.1197 *** [0.0322]	0.1218 *** [0.0318]	0.1179 *** [0.0313]	0.1193 *** [0.0320]
Trade	− 0.0744 [0.0409]	− 0.0658 [0.0406]	− 0.0802 [0.0409]	− 0.0592 [0.0402]
Emp	0.8399 *** [0.1449]	0.9352 *** [0.1609]	0.8951 *** [0.1507]	0.9310 *** [0.1578]
Fca	− 0.3429 *** [0.0949]	− 0.3427 *** [0.0954]	− 0.3477 *** [0.0947]	− 0.3365 *** [0.0943]
Infr	0.2447 [0.1263]	0.2423 [0.1272]	0.2423 [0.1259]	0.242 [0.1259]
W × Spec	0.6265 [0.3744]			0.5894 [0.3647]
W × Div		0.0228 [0.0537]		0.0222 [0.0533]
W × Trend			− 0.0274 * [0.0148]	
Hausman	152.41 ***	158.96 ***	158.66 ***	155.01 ***
城市固定	Y	Y	Y	Y
年份固定	Y	Y	Y	Y
rho	− 0.0720 * [0.0293]	− 0.0734 * [0.0295]	− 0.0616 * [0.0293]	− 0.0767 ** [0.0294]
sigma2_e	0.5644 *** [0.1508]	0.5633 *** [0.1506]	0.5623 *** [0.1501]	0.5613 *** [0.1502]
adj. R^2	0.2410	0.2711	0.2353	0.2835
N	4437	4437	4437	4437

注：*、**、***是指分别通过0.1、0.05、0.01的显著性水平检验。

表 7 – 13 展示了基于集聚类型视角的产业集聚影响城市专利申请数量 SDM 空间效应的分解结果的稳健性检验。其中，模型（1）~模型（4）是表 7 – 13 中相应模型的空间效应分解结果。从表 7 – 13 中可知，$Spec$ 直接效应和间接效应都不显著，Div 直接效应显著为正而间接效应不显著，$Trend$ 直接效应不显著而但间接效应显著为负。这与表 7 – 5 结果相同，表明基于集聚类型视角的产业集聚对城市专利申请数量影响 SDM 空间效应的分解结果通过了稳健性检验。

表 7 – 13　　　　基于集聚类型视角的产业集聚影响城市
专利申请数量 SDM 空间效应的分解

变量	模型（1）~模型（3）			模型（4）		
	直接效应	间接效应	总效应	直接效应	间接效应	总效应
$Spec$	0. 2901 [0. 1620]	0. 5711 [0. 3645]	0. 8612 * [0. 3752]	0. 2966 [0. 1604]	0. 5152 [0. 3398]	0. 8117 * [0. 3385]
Div	0. 0565 * [0. 0263]	0. 0181 [0. 0538]	0. 0746 [0. 0659]	0. 0537 * [0. 0247]	0. 0204 [0. 0482]	0. 0741 [0. 0570]
$Trend$	0. 0212 [0. 0093]	– 0. 0270 * [0. 0146]	– 0. 0059 [0. 0177]			

注：* 、** 、*** 是指分别通过 0.1、0.05、0.01 的显著性水平检验。

（二）产业集聚对城市专利获得授权数量影响的空间效应

表 7 – 14 展示了基于行业视角的产业集聚对城市专利获得授权数量影响的 SDM 空间效应的稳健性检验结果。从模型检验结果来看，空间效应 rho 至少通过 5% 的显著性水平检验，Hausman 检验通过了 1% 的显著性水平，表明存在空间效应且应采用双固定效应模型估计。从核心解释变量来看，不考虑空间效应时，$Magg$ 系数为负但没有通过显著性检验，$Sagg$ 系数显著为正且通过 5% 的显著性水平检验，$Coagg$ 系数为负但没有通过显著性检验；考虑空间效应后，$Magg$ 系数为负且通过 5% 的显著性水平检验，$Sagg$ 和 $Coagg$ 系数为正但没有通过显著性检验。这与表 7 – 6 估计结果相同，表明基于行业视角的产业集聚对城市专利获得授权数量影响的 SDM 空间效应通过了稳健性检验。

表 7 - 14　　　　基于行业视角的产业集聚影响城市专利获得
授权数量的 SDM 空间效应

变量	模型（1）	模型（2）	模型（3）	模型（4）	模型（5）	模型（6）	模型（7）
Magg	-0.1617 [0.1129]			-0.1222 [0.1147]	-0.1626 [0.1132]		-0.1197 [0.1156]
Sagg		0.2296 ** [0.0737]		0.2068 ** [0.0736]		0.2369 ** [0.0789]	0.2132 ** [0.0791]
Coagg			-0.0246 [0.0770]		-0.0267 [0.0741]	0.0418 [0.0835]	0.034 [0.0816]
GDP	0.0950 *** [0.0256]	0.0953 *** [0.0251]	0.0976 *** [0.0256]	0.0935 *** [0.0251]	0.0951 *** [0.0256]	0.0951 *** [0.0251]	0.0934 *** [0.0251]
R&D	-0.0687 * [0.0343]	-0.0688 * [0.0329]	-0.0746 * [0.0329]	-0.065 [0.0340]	-0.0684 * [0.0342]	-0.0689 * [0.0327]	-0.0654 [0.0338]
Trade	0.7301 *** [0.1184]	0.7637 *** [0.1290]	0.6993 *** [0.1192]	0.7781 *** [0.1264]	0.7290 *** [0.1178]	0.7674 *** [0.1298]	0.7811 *** [0.1270]
Emp	-0.3257 *** [0.0832]	-0.3341 *** [0.0851]	-0.3278 *** [0.0846]	-0.3294 *** [0.0835]	-0.3254 *** [0.0831]	-0.3351 *** [0.0852]	-0.3299 *** [0.0835]
Fca	0.2104 [0.1189]	0.215 [0.1204]	0.2219 [0.1205]	0.2052 [0.1192]	0.2108 [0.1190]	0.2142 [0.1204]	0.2045 [0.1193]
W×Magg	-0.6467 ** [0.2196]			-0.6349 ** [0.2228]	-0.6463 ** [0.2207]		-0.6356 ** [0.2248]
W×Sagg		0.1942 [0.1605]		0.0547 [0.1644]		0.2046 [0.1499]	0.0555 [0.1565]
W×Coagg			0.0147 [0.2137]		-0.0112 [0.2141]	0.066 [0.2006]	0.0032 [0.2048]
城市固定	Y	Y	Y	Y	Y	Y	Y
年份固定	Y	Y	Y	Y	Y	Y	Y
Hausman	99.51 ***	86.68 ***	77.87 ***	111.87 ***	101.26 ***	205.95 ***	113.62 ***
rho	-0.1132 *** [0.0283]	-0.0922 ** [0.0297]	-0.0861 ** [0.0291]	-0.1149 *** [0.0285]	-0.1130 *** [0.0282]	-0.0931 ** [0.0294]	-0.1152 *** [0.0283]
sigma2_e	0.3091 *** [0.0870]	0.3116 *** [0.0869]	0.3136 *** [0.0876]	0.3078 *** [0.0865]	0.3091 *** [0.0870]	0.3116 *** [0.0869]	0.3078 *** [0.0865]
adj. R^2	0.1904	0.2043	0.1811	0.2130	0.1912	0.1271	0.2128
N	4437	4437	4437	4437	4437	4437	4437

注：* 、** 、*** 是指分别通过 0.1、0.05、0.01 的显著性水平检验。

表 7 - 15 展示了基于行业视角的产业集聚对城市专利获得授权数量影响 SDM 空间效应的分解结果的稳健性检验。其中，模型（1）~模型（7）是表 7 - 15 中相应模型的空间效应分解结果。从表 7 - 15 中可知，*Magg* 直接效应不显著而间接效应显著为负，*Sagg* 直接效应显著为正而间接效应不显著，*Coagg* 直接效应和间接效应都不显著。这与表 7 - 7 结果相同，表明空间效应的分解通过了稳健性检验。

表 7 - 15　　　　　　基于行业视角的产业集聚影响城市专利
获得授权数量 SDM 空间效应的分解

变量	模型（1）~模型（3）			模型（4）		
	直接效应	间接效应	总效应	直接效应	间接效应	总效应
Magg	-0.1412 [0.1138]	-0.5744 ** [0.2077]	-0.7156 ** [0.2614]	-0.1016 [0.1169]	-0.5678 ** [0.1899]	-0.6695 ** [0.2392]
Sagg	0.2284 ** [0.0744]	0.1629 [0.1568]	0.3912 * [0.1895]	0.2030 ** [0.0704]	0.0421 [0.1462]	0.2451 [0.1657]
Coagg	-0.022 [0.0793]	0.0129 [0.2056]	-0.0091 [0.2145]			

变量	模型（5）			模型（6）			模型（7）		
	直接效应	间接效应	总效应	直接效应	间接效应	总效应	直接效应	间接效应	总效应
Magg	-0.142 [0.1151]	-0.5821 ** [0.1847]	-0.7240 ** [0.2353]				-0.1003 [0.1172]	-0.5512 ** [0.2015]	-0.6515 ** [0.2524]
Sagg				0.2356 ** [0.0801]	0.1705 [0.1337]	0.4061 * [0.1654]	0.2098 ** [0.0758]	0.0344 [0.1384]	0.2442 [0.1618]
Coagg	-0.0296 [0.0723]	0.0039 [0.1929]	-0.0257 [0.1915]	0.0385 [0.0815]	0.0726 [0.1838]	0.1111 [0.1855]	0.0408 [0.0784]	-0.0032 [0.1832]	0.0376 [0.1877]

注：*、**、*** 是指分别通过 0.1、0.05、0.01 的显著性水平检验。

表 7 - 16 展示了基于集聚类型视角的产业集聚对城市专利获得授权数量影响的 SDM 空间效应的稳健性检验结果。从模型检验结果来看，空间效应 *rho* 至少通过 5% 的显著性水平检验，Hausman 检验通过了 1% 的显著性水平，表明存在空间效应且应采用双固定效应模型估计。从核心解释变量来看，不考虑空间效应时，*Spec* 系数为正但没有通过显著性检验，*Div* 和 *Trend* 系数显著为正且均通过 5% 的显著性水平检验；考虑空间效应后，*Spec* 和 *Div* 系数为正但没有通过显著检验，*Trend* 系数为负且通过 10% 的显著性水平检验。这与表 7 - 8 估计结果相同，表明基于集聚类型视角的产业

集聚对城市专利获得授权数量影响的 SDM 空间效应通过了稳健性检验。

表 7 - 16　　　　基于集聚类型视角的产业集聚影响城市专利
获得授权数量的 SDM 空间效应

变量	模型（1）	模型（2）	模型（3）	模型（4）
Spec	0.1808 [0.1151]			0.187 [0.1131]
Div		0.0574 ** [0.0220]		0.0570 ** [0.0220]
Trend			0.0222 ** [0.0075]	
R&D	0.0960 *** [0.0258]	0.0970 *** [0.0253]	0.0939 *** [0.0249]	0.0956 *** [0.0256]
Trade	− 0.0710 * [0.0330]	− 0.0594 [0.0326]	− 0.0732 * [0.0328]	− 0.0552 [0.0324]
Emp	0.6990 *** [0.1173]	0.7960 *** [0.1315]	0.7591 *** [0.1234]	0.7931 *** [0.1294]
Fca	− 0.3242 *** [0.0841]	− 0.3215 *** [0.0837]	− 0.3270 *** [0.0835]	− 0.3178 *** [0.0832]
Infr	0.2213 [0.1192]	0.2189 [0.1199]	0.217 [0.1184]	0.2191 [0.1186]
W × Spec	0.3583 [0.2911]			0.3207 [0.2843]
W × Div		0.0185 [0.0358]		0.0183 [0.0356]
W × Trend			− 0.0182 * [0.0109]	
城市固定	Y	Y	Y	Y
年份固定	Y	Y	Y	Y
Hausman	86.58 ***	69.56 ***	72.76 ***	76.17 ***
rho	− 0.0882 ** [0.0290]	− 0.0932 ** [0.0293]	− 0.0772 ** [0.0292]	− 0.0951 ** [0.0291]
sigma2_e	0.3129 *** [0.0876]	0.3104 *** [0.0871]	0.3097 *** [0.0868]	0.3097 *** [0.0870]
adj. R^2	0.1902	0.2365	0.1970	0.2465
N	4437	4437	4437	4437

注：*、**、***是指分别通过0.1、0.05、0.01的显著性水平检验。

表 7 - 17 展示了基于集聚类型视角的产业集聚影响城市专利获得授权数量 SDM 空间效应的分解结果的稳健性检验。其中，模型（1）~模型（4）是表 7 - 16 中相应模型的空间效应分解结果。从表 7 - 17 中可知，*Spec* 直接效应和间接效应都不显著，*Div* 直接效应显著为正而间接效应不显著，*Trend* 直接效应显著为正但间接效应显著为负。这与表 7 - 9 结果相同，表明基于集聚类型视角的产业集聚对城市专利获得授权数量影响 SDM 空间效应的分解通过了稳健性检验。

表 7 - 17　基于集聚类型视角的产业集聚影响城市专利获得授权数量 SDM 空间效应的分解

变量	模型（1）~模型（3）			模型（4）		
	直接效应	间接效应	总效应	直接效应	间接效应	总效应
Spec	0.1784 [0.1184]	0.3228 [0.2770]	0.5012 [0.2847]	0.1852 [0.1170]	0.264 [0.2670]	0.4492 [0.2663]
Div	0.0579 ** [0.0224]	0.0127 [0.0351]	0.0706 [0.0471]	0.0557 ** [0.0210]	0.0144 [0.0313]	0.0701 [0.0410]
Trend	0.0228 * [0.0077]	-0.0186 ** [0.0108]	0.0043 [0.0134]			

注：*、**、*** 是指分别通过 0.1、0.05、0.01 的显著性水平检验。

二、更换检验方法：更换权重矩阵法

（一）产业集聚对城市专利申请数量影响的空间效应

表 7 - 18 展示了基于行业视角的产业集聚对城市专利申请数量影响的 SDM 空间效应的稳健性检验结果。从模型检验结果来看，空间效应 *rho* 通过 1% 的显著性水平检验，Hausman 检验通过了 1% 的显著性水平，表明存在空间效应且应采用双固定效应模型估计。从核心解释变量来看，不考虑空间效应时，*Magg* 系数为负但没有通过显著性检验，*Sagg* 系数显著为正且至少通过 10% 的显著性水平检验，*Coagg* 系数为负但没有通过显著性检验；考虑空间效应后，*Magg* 系数为负且通过 10% 的显著性水平检验，*Sagg* 系数为负，*Coagg* 系数为正但均没有通过显著性检验。这与表 7 - 2 估计结果相同，表明基于行业视角的产业集聚对城市专利申请数量影响的

SDM 空间效应通过了稳健性检验。

表 7 – 18　　　　基于行业视角的产业集聚影响城市专利
申请数量的 SDM 空间效应

变量	模型 (1)	模型 (2)	模型 (3)	模型 (4)	模型 (5)	模型 (6)	模型 (7)
$Magg$	− 0. 1276 [0. 1395]			− 0. 0938 [0. 1415]	− 0. 129 [0. 1384]		− 0. 0929 [0. 1413]
$Sagg$		0. 2191 * [0. 0862]		0. 1984 * [0. 0875]		0. 2145 * [0. 0933]	0. 1951 * [0. 0945]
$Coagg$			− 0. 0978 [0. 1004]		− 0. 0882 [0. 0961]	− 0. 033 [0. 1098]	− 0. 0286 [0. 1064]
$R\&D$	0. 1184 *** [0. 0319]	0. 1173 *** [0. 0314]	0. 1211 *** [0. 0318]	0. 1163 *** [0. 0315]	0. 1192 *** [0. 0319]	0. 1178 *** [0. 0314]	0. 1171 *** [0. 0314]
$Trade$	− 0. 0823 [0. 0434]	− 0. 0781 [0. 0420]	− 0. 0825 * [0. 0416]	− 0. 0784 [0. 0434]	− 0. 0817 [0. 0431]	− 0. 0781 [0. 0418]	− 0. 0786 [0. 0432]
Emp	0. 8774 *** [0. 1514]	0. 9094 *** [0. 1592]	0. 8452 *** [0. 1500]	0. 9236 *** [0. 1577]	0. 8744 *** [0. 1507]	0. 9070 *** [0. 1591]	0. 9222 *** [0. 1578]
Fca	− 0. 3499 *** [0. 0931]	− 0. 3570 *** [0. 0955]	− 0. 3485 *** [0. 0948]	− 0. 3540 *** [0. 0929]	− 0. 3485 *** [0. 0925]	− 0. 3562 *** [0. 0949]	− 0. 3530 *** [0. 0922]
$Infr$	0. 234 [0. 1252]	0. 2362 [0. 1259]	0. 2435 [0. 1262]	0. 2285 [0. 1253]	0. 2338 [0. 1251]	0. 2361 [0. 1259]	0. 2276 [0. 1254]
$W \times Magg$	− 0. 7270 * [0. 3211]			− 0. 7020 * [0. 3288]	− 0. 7285 * [0. 3216]		− 0. 7103 * [0. 3320]
$W \times Sagg$		0. 2485 [0. 1779]		0. 097 [0. 1831]		0. 2386 [0. 1842]	0. 0772 [0. 1949]
$W \times Coagg$			− 0. 1166 [0. 2277]		− 0. 1509 [0. 2334]	− 0. 0768 [0. 2351]	− 0. 1438 [0. 2464]
城市固定	Y	Y	Y	Y	Y	Y	Y
年份固定	Y	Y	Y	Y	Y	Y	Y
$Hausman$	173. 61 ***	187. 48 ***	148. 68 ***	197. 26 ***	173. 98 ***	186. 39 ***	195. 73 ** – *
rho	− 0. 0453 * [0. 0300]	− 0. 0295 * [0. 0307]	− 0. 0255 * [0. 0306]	− 0. 0462 * [0. 0300]	− 0. 0451 * [0. 0300]	− 0. 0293 * [0. 0307]	− 0. 0461 * [0. 0300]
$sigma2\_e$	0. 5612 *** [0. 1499]	0. 5657 *** [0. 1522]	0. 5678 *** [0. 1525]	0. 5597 *** [0. 1496]	0. 5609 *** [0. 1497]	0. 5656 *** [0. 1521]	0. 5596 *** [0. 1495]
$adj. R^2$	0. 2134	0. 2214	0. 2078	0. 2292	0. 2166	0. 2228	0. 2310
N	4437	4437	4437	4437	4437	4437	4437

注：* 、 ** 、 *** 是指分别通过 0.1、0.05、0.01 的显著性水平检验。

表 7 – 19 展示了基于行业视角的产业集聚对城市专利申请数量影响 SDM 空间效应的分解结果的稳健性检验。其中，模型（1）~ 模型（7）是表 7 – 18 中相应模型的空间效应分解结果。从表 7 – 19 中可知，*Magg* 直接效应不显著而间接效应显著为负，*Sagg* 直接效应显著为正而间接效应不显著，*Coagg* 直接效应和间接效应都不显著。这与表 7 – 3 结果相同，表明基于行业视角的产业集聚对城市专利申请数量影响 SDM 空间效应的分解通过了稳健性检验。

表 7 – 19 　　　　　　基于行业视角的产业集聚影响城市专利
申请数量 SDM 空间效应的分解

变量	模型（1）~ 模型（3）			模型（4）		
	直接效应	间接效应	总效应	直接效应	间接效应	总效应
Magg	− 0. 1127 [0. 1414]	− 0. 6869 * [0. 3270]	− 0. 7996 * [0. 4037]	− 0. 0792 [0. 1445]	− 0. 6735 * [0. 2984]	− 0. 7527 * [0. 3729]
Sagg	0. 2200 * [0. 0875]	0. 2378 [0. 1812]	0. 4578 * [0. 2227]	0. 1942 * [0. 0835]	0. 0965 [0. 1746]	0. 2907 [0. 2057]
Coagg	− 0. 0933 [0. 1030]	− 0. 1121 [0. 2331]	− 0. 2054 [0. 2571]			

变量	模型（5）			模型（6）			模型（7）		
	直接效应	间接效应	总效应	直接效应	间接效应	总效应	直接效应	间接效应	总效应
Magg	− 0. 1144 [0. 1413]	− 0. 7007 * [0. 2882]	− 0. 8151 * [0. 3632]				− 0. 0794 [0. 1435]	− 0. 6515 * [0. 3249]	− 0. 7309 [0. 4024]
Sagg				0. 2157 * [0. 0949]	0. 2244 [0. 1835]	0. 4402 * [0. 2207]	0. 1913 * [0. 0905]	0. 0738 [0. 1845]	0. 265 [0. 2203]
Coagg	− 0. 0904 [0. 0928]	− 0. 1183 [0. 2239]	− 0. 2087 [0. 2338]	− 0. 0348 [0. 1066]	− 0. 054 [0. 2253]	− 0. 0888 [0. 2389]	− 0. 0185 [0. 1013]	− 0. 1359 [0. 2308]	− 0. 1544 [0. 2561]

注：*、**、*** 是指分别通过 0. 1、0. 05、0. 01 的显著性水平检验。

表 7 – 20 展示了基于集聚类型视角的产业集聚对城市专利申请数量影响的 SDM 空间效应的稳健性检验结果。从模型检验结果来看，空间效应 *rho* 通过 1% 的显著性水平检验，Hausman 检验通过了 1% 的显著性水平，表明存在空间效应且应采用双固定效应模型估计。从核心解释变量来看，不考虑空间效应时，*Spec* 系数为正但没有通过显著性检验，*Div* 和 *Trend* 系数显著为正且均通过 10% 的显著性水平检验；考虑空间效应后，*Spec* 系数为负，*Div* 系数为正但没有通过显著检验，*Trend* 系数为负且通过 10% 的显著性水平检验。这与表 7 – 4 估计结果相同，表明基于集聚类型视角的产业

集聚对城市专利申请数量影响的 SDM 空间效应通过了稳健性检验。

表 7-20　　　　基于集聚类型视角的产业集聚影响城市专利
申请数量的 SDM 空间效应

变量	模型（1）	模型（2）	模型（3）	模型（4）
Spec	0.2789 [0.1618]			0.286 [0.1598]
Div		0.0642* [0.0280]		0.0636* [0.0277]
Trend			0.0217* [0.0089]	
R&D	0.1185*** [0.0320]	0.1190*** [0.0315]	0.1180*** [0.0314]	0.1173*** [0.0316]
Trade	-0.0785 [0.0418]	-0.0674 [0.0413]	-0.0820* [0.0414]	-0.0622 [0.0411]
Emp	0.8511*** [0.1475]	0.9586*** [0.1668]	0.9043*** [0.1525]	0.9582*** [0.1638]
Fca	-0.3447*** [0.0936]	-0.3400*** [0.0923]	-0.3449*** [0.0941]	-0.3351*** [0.0907]
Infr	0.2384 [0.1233]	0.235 [0.1250]	0.2433 [0.1242]	0.2313 [0.1222]
W×Spec	0.7886 [0.4244]			0.7352 [0.4131]
W×Div		0.0734 [0.0468]		0.0694 [0.0468]
W×Trend			-0.0181 [0.0155]	
城市固定	Y	Y	Y	Y
年份固定	Y	Y	Y	Y
Hausman	157.41***	170.74***	156.17***	169.41***
rho	-0.0326* [0.0300]	-0.0365** [0.0310]	-0.0217* [0.0311]	-0.0427* [0.0305]
sigma2_e	0.5647*** [0.1515]	0.5623*** [0.1504]	0.5637*** [0.1519]	0.5592*** [0.1494]
adj. R^2	0.2114	0.2613	0.2172	0.2719
N	4437	4437	4437	4437

注：*、**、***是指分别通过0.1、0.05、0.01的显著性水平检验。

表7-21展示了基于集聚类型视角的产业集聚影响城市专利申请数量SDM空间效应的分解结果的稳健性检验。其中，模型（1）~模型（4）是表7-20中相应模型的空间效应分解结果。从表7-21中可知，Spec 直接效应和间接效应都不显著，Div 直接效应显著而间接效应不显著，Trend 直接效应不显著但间接效应显著为负。这与表7-5结果相似，表明基于集聚类型视角的产业集聚对城市专利申请数量影响SDM空间效应的分解基本通过了稳健性检验，但 Trend 变量的直接效应没有通过稳健性检验。

表7-21　　　　　基于集聚类型视角的产业集聚影响城市专利
申请数量SDM空间效应的分解

变量	模型（1）~模型（3）			模型（4）		
	直接效应	间接效应	总效应	直接效应	间接效应	总效应
Spec	0.2779 [0.1648]	0.7585 [0.4171]	1.0364 * [0.4446]	0.2838 [0.1633]	0.6709 [0.4085]	0.9547 * [0.4244]
Div	0.0644 * [0.0285]	0.0693 [0.0479]	0.1337 * [0.0646]	0.0616 * [0.0264]	0.068 [0.0429]	0.1296 * [0.0561]
Trend	0.0221 [0.0091]	-0.0178 [0.0162]	0.0042 [0.0208]			

注：*、**、***是指分别通过0.1、0.05、0.01的显著性水平检验。

（二）产业集聚对城市专利获得授权数量影响的空间效应

表7-22展示了基于行业视角的产业集聚对城市专利获得授权数量影响的SDM空间效应的稳健性检验结果。从模型检验结果来看，空间效应 rho 通过1%的显著性水平检验，Hausman 检验通过了1%的显著性水平，表明存在空间效应且应采用双固定效应模型估计。从核心解释变量来看，不考虑空间效应时，Magg 系数为负但没有通过显著性检验，Sagg 系数显著为正且通过10%的显著性水平检验，Coagg 系数为负但没有通过显著性检验；考虑空间效应后，Magg 系数为负且通过10%的显著性水平检验，Sagg 和 Coagg 系数为正但没有通过显著性检验。这与表7-6估计结果相同，表明基于行业视角的产业集聚对城市专利获得授权数量影响的SDM空间效应通过了稳健性检验。

表 7 - 22　　　　基于行业视角的产业集聚影响城市专利获得
授权数量的 SDM 空间效应

变量	模型（1）	模型（2）	模型（3）	模型（4）	模型（5）	模型（6）	模型（7）
Magg	-0.0883 [0.1126]			-0.064 [0.1155]	-0.0845 [0.1119]		-0.0569 [0.1158]
Sagg		0.1570 * [0.0675]		0.1421 * [0.0709]		0.1610 * [0.0736]	0.1483 [0.0770]
Coagg			-0.0338 [0.0770]		-0.0254 [0.0735]	0.0147 [0.0850]	0.0198 [0.0824]
R&D	0.0942 *** [0.0254]	0.0935 *** [0.0248]	0.0967 *** [0.0254]	0.0927 *** [0.0249]	0.0952 *** [0.0255]	0.0942 *** [0.0249]	0.0936 *** [0.0250]
Trade	-0.0749 * [0.0346]	-0.0718 * [0.0334]	-0.0758 * [0.0331]	-0.0721 * [0.0345]	-0.0756 * [0.0344]	-0.0725 * [0.0332]	-0.0733 * [0.0343]
Emp	0.7277 *** [0.1204]	0.7515 *** [0.1273]	0.7088 *** [0.1214]	0.7606 *** [0.1247]	0.7274 *** [0.1202]	0.7552 *** [0.1280]	0.7637 *** [0.1253]
Fca	-0.3310 *** [0.0826]	-0.3367 *** [0.0847]	-0.3305 *** [0.0839]	-0.3342 *** [0.0826]	-0.3300 *** [0.0820]	-0.3363 *** [0.0841]	-0.3334 *** [0.0819]
Infr	0.2126 [0.1187]	0.2136 [0.1194]	0.2167 [0.1196]	0.2087 [0.1187]	0.2103 [0.1186]	0.2113 [0.1194]	0.2055 [0.1187]
$W \times Magg$	-0.5611 * [0.2518]			-0.5389 * [0.2594]	-0.5693 * [0.2507]		-0.5556 * [0.2598]
$W \times Sagg$		0.2062 [0.1404]		0.0904 [0.1463]		0.1835 [0.1429]	0.0578 [0.1522]
$W \times Coagg$			-0.2182 [0.1630]		-0.2461 [0.1680]	-0.1874 [0.1656]	-0.2408 [0.1740]
城市固定	Y	Y	Y	Y	Y	Y	Y
年份固定	Y	Y	Y	Y	Y	Y	Y
Hausman	96.90 ***	92.26 ***	82.23 ***	108.51 ***	97.60 ***	95.67 ***	117.75 ***
rho	-0.0685 * [0.0292]	-0.0517 [0.0298]	-0.0475 [0.0293]	-0.0694 * [0.0293]	-0.0686 * [0.0293]	-0.0513 [0.0298]	-0.0692 * [0.0293]
sigma2_e	0.3098 *** [0.0867]	0.3125 *** [0.0877]	0.3136 *** [0.0879]	0.3090 *** [0.0865]	0.3094 *** [0.0865]	0.3123 *** [0.0876]	0.3086 *** [0.0864]
adj. R^2	0.1630	0.1682	0.1571	0.1774	0.1667	0.1717	0.1816
N	4437	4437	4437	4437	4437	4437	4437

注：* 、** 、*** 是指分别通过 0.1、0.05、0.01 的显著性水平检验。

　　表 7 - 23 展示了基于行业视角的产业集聚对城市专利获得授权数量影响 SDM 空间效应的分解结果的稳健性检验。其中，模型（1）~模型（7）是表 7 - 22 中相应模型的空间效应分解结果。从表 7 - 23 中可知，$Magg$ 直接效应不显著而间接效应显著为负，$Sagg$ 和 $Coagg$ 直接效应和间接效应都不显著。这与表 7 - 7 结果相同，表明基于行业视角的产业集聚对城市专利获得授权数量影响 SDM 空间效应的分解通过了稳健性检验。

表 7 - 23　　　　基于行业视角的产业集聚影响城市专利获得授权数量 SDM 空间效应的分解

变量	模型（1）~模型（3）			模型（4）		
	直接效应	间接效应	总效应	直接效应	间接效应	总效应
$Magg$	- 0.0728 [0.1133]	- 0.5215 * [0.2497]	- 0.5943 [0.3117]	- 0.0489 [0.1171]	- 0.5096 * [0.2297]	- 0.5585 [0.2932]
$Sagg$	0.1561 * [0.0682]	0.1901 [0.1393]	0.3462 * [0.1718]	0.1382 * [0.0674]	0.0881 [0.1335]	0.2262 [0.1649]
$Coagg$	- 0.0278 [0.0787]	- 0.2076 [0.1608]	- 0.2354 [0.1836]			

变量	模型（5）			模型（6）			模型（7）		
	直接效应	间接效应	总效应	直接效应	间接效应	总效应	直接效应	间接效应	总效应
$Magg$	- 0.0691 [0.1135]	- 0.5389 * [0.2203]	- 0.6080 * [0.2809]				- 0.0426 [0.1168]	- 0.5023 * [0.2477]	- 0.5449 [0.3133]
$Sagg$				0.1607 * [0.0747]	0.1698 [0.1340]	0.3306 * [0.1645]	0.1452 * [0.0735]	0.0501 [0.1398]	0.1953 [0.1741]
$Coagg$	- 0.0238 [0.0709]	- 0.2201 [0.1569]	- 0.2439 [0.1679]	0.016 [0.0827]	- 0.1699 [0.1557]	- 0.1539 [0.1690]	0.0306 [0.0784]	- 0.2305 [0.1633]	- 0.1999 [0.1835]

　　注：*、**、*** 是指分别通过 0.1、0.05、0.01 的显著性水平检验。

　　表 7 - 24 展示了基于集聚类型视角的产业集聚对城市专利获得授权数量影响的 SDM 空间效应的稳健性检验结果。从模型检验结果来看，空间效应 rho 和 Hausman 检验通过了 1% 的显著性水平，表明存在空间效应且应采用双固定效应模型估计。从核心解释变量来看，不考虑空间效应时，$Spec$ 系数为正但没有通过显著性检验，Div 和 $Trend$ 系数显著为正且均通过 5% 的显著性水平检验；考虑空间效应后，$Spec$ 和 Div 系数为正但没有通过显著检验，Div 系数为负且通过 10% 的显著性水平检验。这与表 7 - 8 估计结果相同，表明基于集聚类型视角的产业集聚对城市专利获得授权数量影响的 SDM 空间效应通过了稳健性检验。

表 7 – 24　　　基于集聚类型视角的产业集聚影响城市专利获得
授权数量的 SDM 空间效应

变量	模型（1）	模型（2）	模型（3）	模型（4）
Spec	0.1782 [0.1181]			0.186 [0.1157]
Div		0.0636** [0.0225]		0.0631** [0.0222]
Trend			0.0247** [0.0079]	
R&D	0.0944*** [0.0255]	0.0945*** [0.0249]	0.0933*** [0.0249]	0.0933*** [0.0251]
Trade	– 0.0726* [0.0333]	– 0.0591 [0.0331]	– 0.0739* [0.0329]	– 0.0559 [0.0329]
Emp	0.7109*** [0.1190]	0.8160*** [0.1353]	0.7719*** [0.1247]	0.8163*** [0.1331]
Fca	– 0.3277*** [0.0833]	– 0.3226*** [0.0817]	– 0.3259*** [0.0831]	– 0.3192*** [0.0806]
Infr	0.215 [0.1172]	0.2135 [0.1189]	0.217 [0.1173]	0.2108 [0.1166]
W × Spec	0.5848 [0.3308]			0.5408 [0.3217]
W × Div		0.0498 [0.0335]		0.0469 [0.0334]
W × Trend			– 0.0175 [0.0105]	
城市固定	Y	Y	Y	Y
年份固定	Y	Y	Y	Y
Hausman	93.10***	73.87***	74.38***	81.26***
rho	– 0.0543 [0.0288]	– 0.0611* [0.0301]	– 0.0379 [0.0303]	– 0.0669* [0.0296]
sigma2_e	0.3122*** [0.0877]	0.3092*** [0.0865]	0.3086*** [0.0874]	0.3076*** [0.0863]
adj. R²	0.1608	0.2224	0.1762	0.2323
N	4437	4437	4437	4437

注：*、**、***是指分别通过0.1、0.05、0.01的显著性水平检验。

表 7 – 25 展示了基于集聚类型视角的产业集聚影响城市专利获得授权
数量 SDM 空间效应的分解结果的稳健性检验。其中，模型（1）~模型

（4）是表 7 - 24 中相应模型的空间效应分解结果。从表 7 - 25 中可知，*Spec* 直接效应和间接效应都不显著，*Div* 直接效应显著而间接效应不显著，*Trend* 直接效应显著为正且间接效应显著为负。这与表 7 - 9 间接效应结果相似，表明基于集聚类型视角的产业集聚对城市专利获得授权数量影响 SDM 空间效应的分解通过了稳健性检验。

表 7 - 25　　　基于集聚类型视角的产业集聚影响城市专利获得
授权数量 SDM 空间效应的分解

变量	模型（1）~模型（3）			模型（4）		
	直接效应	间接效应	总效应	直接效应	间接效应	总效应
Spec	0. 1738 [0. 1210]	0. 5544 [0. 3186]	0. 7282 * [0. 3275]	0. 6585 * [0. 3149]	0. 4776 [0. 3153]	0. 1809 [0. 1192]
Div	0. 0635 ** [0. 0228]	0. 044 [0. 0332]	0. 1075 * [0. 0478]	0. 1043 * [0. 0416]	0. 0431 [0. 0295]	0. 0612 ** [0. 0211]
Trend	0. 0252 ** [0. 0081]	- 0. 0177 * [0. 0107]	0. 0075 [0. 0147]			

注：*、**、*** 是指分别通过 0.1、0.05、0.01 的显著性水平检验。

第六节　扩展性讨论：空间效应的地区异质性

一、东部沿海地区产业集聚影响城市创新的空间效应及稳健性检验

（一）东部沿海地区产业集聚对城市创新影响的空间效应

1. 东部沿海地区①产业集聚对城市专利申请数量影响的空间效应

表 7 - 26 展示了东部沿海地区基于行业视角的产业集聚对城市专利申

---

① 本书所指的东部地区城市包括如下 51 个城市：唐山市、秦皇岛市、大连市、丹东市、锦州市、营口市、盘锦市、葫芦岛市、上海市、南通市、连云港市、盐城市、杭州市、宁波市、温州市、嘉兴市、绍兴市、舟山市、台州市、福州市、厦门市、莆田市、泉州市、漳州市、宁德市、青岛市、东营市、烟台市、潍坊市、威海市、日照市、滨州市、广州市、深圳市、珠海市、汕头市、江门市、湛江市、茂名市、惠州市、汕尾市、阳江市、东莞市、中山市、潮州市、揭阳市、北海市、防城港市、钦州市、海口市、三亚市。

请数量影响的 SDM 空间效应估计结果。其中，模型（1）~模型（3）分别是将制造业集聚、生产性服务业集聚以及制造业与生产性服务业协同集聚纳入方程的估计结果，模型（4）~模型（6）是将制造业集聚、生产性服务业集聚以及制造业与生产性服务业协同集聚中的两个纳入方程的估计结果，模型（7）是制造业集聚、生产性服务业集聚以及制造业与生产性服务业协同集聚同时纳入方程的回归估计结果。

从模型检验结果来看，空间效应 rho 通过 5% 的显著性水平检验，表明不同行业的产业集聚对城市专利申请数量的影响有显著空间效应，Hausman 检验通过了 1% 的显著性水平，表明应选择城市和年份双固定效应模型。

从核心解释变量来看，未考虑空间效应时，Coagg 的系数为负但没有通过显著性检验；考虑空间效应后，Coagg 系数为正且通过 10% 的显著性水平检验，表明制造业与生产性服务业协同集聚对本地城市专利申请数量没有显著影响，但周边城市制造业与生产性服务业协同集聚对本地城市专利申请数量有显著正向影响。此外，Magg 和 Sagg 都没有通过显著性检验，表明本地以及周边城市的制造业集聚和生产性服务业集聚对本地城市专利申请数量没有显著影响。

表 7-26　　　　　　　基于行业视角的产业集聚对城市专利
申请数量影响的 SDM 空间效应

变量	模型（1）	模型（2）	模型（3）	模型（4）	模型（5）	模型（6）	模型（7）
Magg	− 0.4455 [0.3019]			− 0.3952 [0.2985]	− 0.524 [0.3379]		− 0.469 [0.3425]
Sagg		0.3345 [0.2125]		0.2572 [0.1976]		0.3346 [0.2130]	0.2133 [0.2003]
Coagg			− 0.1954 [0.3039]		− 0.4753 [0.3569]	− 0.1206 [0.3022]	− 0.3987 [0.3646]
R&D	0.2493 [0.1339]	0.2338 [0.1236]	0.2248 [0.1253]	0.2481 [0.1317]	0.2518 [0.1349]	0.2256 [0.1264]	0.2478 [0.1329]
Trade	− 0.3811** [0.1471]	− 0.3524* [0.1545]	− 0.3729* [0.1502]	− 0.3542* [0.1490]	− 0.3424* [0.1497]	− 0.3408* [0.1556]	− 0.3235* [0.1519]
Emp	1.0646*** [0.2417]	0.9751*** [0.2439]	0.8509** [0.2636]	1.1203*** [0.2340]	1.0198*** [0.2420]	0.9678*** [0.2504]	1.0800*** [0.2352]

续表

变量	模型（1）	模型（2）	模型（3）	模型（4）	模型（5）	模型（6）	模型（7）
Fca	-0.7494** [0.2620]	-0.7060** [0.2598]	-0.7361** [0.2627]	-0.7331** [0.2561]	-0.7778** [0.2597]	-0.7203** [0.2574]	-0.7652** [0.2514]
$Infr$	0.1874 [0.3679]	0.2179 [0.3717]	0.2064 [0.3696]	0.1927 [0.3716]	0.1602 [0.3699]	0.2031 [0.3710]	0.159 [0.3709]
$W \times Magg$	0.3984 [0.5108]			0.323 [0.5394]	0.6134 [0.5067]		0.5639 [0.5752]
$W \times Sagg$		-0.4504 [0.3233]		-0.3488 [0.3984]		-0.3578 [0.3219]	-0.1475 [0.4494]
$W \times Coagg$			0.7068* [0.5077]		1.0280** [0.3728]	0.6256* [0.5023]	0.9702* [0.4126]
城市固定	Y	Y	Y	Y	Y	Y	Y
年份固定	Y	Y	Y	Y	Y	Y	Y
$Hausman$	37.33***	39.24***	36.54***	50.07***	40.89***	40.74***	55.52***
rho	-0.1254** [0.0390]	-0.1195** [0.0382]	-0.1229** [0.0396]	-0.1199** [0.0384]	-0.1181** [0.0372]	-0.1174** [0.0379]	-0.1160** [0.0369]
$sigma2\_e$	1.0246** [0.3851]	1.0294** [0.3835]	1.0319** [0.3882]	1.0204** [0.3836]	1.0130** [0.3871]	1.0256** [0.3860]	1.0111** [0.3859]
$adj. R^2$	0.0706	0.0977	0.0199	0.1119	0.0476	0.0795	0.0817
N	867	867	867	867	867	867	867

注：*、**、***是指分别通过0.1、0.05、0.01的显著性水平检验。

　　表7-27展示了东部沿海地区基于行业视角的产业集聚对城市专利申请数量影响的SDM空间效应的分解结果，表中模型（1）~模型（7）是表7-26中相应模型空间效应的分解。可以看出 $Coagg$ 的直接效应不显著而间接效应至少通过了10%的显著性水平检验，表明制造业与生产性服务业协同集聚对本地城市专利申请数量没有显著影响，而周边城市制造业与生产性服务业协同集聚对本地区城市专利申请数量有显著正向影响，还表明周边城市制造业与生产性服务业协同集聚水平每提高1%，则本地区城市专利申请数量将上升0.6948%①。此外，$Magg$ 和 $Sagg$ 的直接效应和间

———————

① 这里使用了模型（1）~模型（3）中 $Coagg$ 的间接效应系数估计值。

接效应均不显著，表明本地以及周边城市的制造业集聚和生产性服务业集聚对本地城市专利申请数量没有显著影响。

表 7 – 27　　　　　　　基于行业视角的产业集聚城市对专利申请
数量影响 SDM 空间效应的分解

变量	模型 (1) ~ 模型 (3)			模型 (4)		
	直接效应	间接效应	总效应	直接效应	间接效应	总效应
Magg	- 0.4623 [0.3064]	0.4361 [0.5107]	- 0.0261 [0.6351]	- 0.4087 [0.3049]	0.3674 [0.4975]	- 0.0412 [0.5856]
Sagg	0.3688 [0.2255]	- 0.4640 [0.3183]	- 0.0952 [0.3157]	0.2678 [0.2016]	- 0.33 [0.3789]	- 0.0621 [0.3228]
Coagg	- 0.2222 [0.3183]	0.6948 * [0.4887]	0.4726 [0.5329]			

变量	模型 (5)			模型 (6)			模型 (7)		
	直接效应	间接效应	总效应	直接效应	间接效应	总效应	直接效应	间接效应	总效应
Magg	- 0.5509 [0.3452]	0.6561 [0.4729]	0.1052 [0.6051]				- 0.4927 [0.3508]	0.6207 [0.5313]	0.1279 [0.6599]
Sagg				0.3647 [0.2274]	- 0.3921 [0.3001]	- 0.0274 [0.2756]	0.2135 [0.2018]	- 0.13 [0.4190]	0.0835 [0.3768]
Coagg	- 0.5396 [0.3562]	1.0560 ** [0.3558]	0.5164 [0.4160]	- 0.1656 [0.2974]	0.6281 * [0.4708]	0.4625 [0.4849]	- 0.4119 [0.3608]	0.9550 * [0.3835]	0.5431 [0.4751]

注：*、**、*** 是指分别通过 0.1、0.05、0.01 的显著性水平检验。

表 7 – 28 展示了东部沿海地区基于产业集聚类型视角的产业集聚对城市专利申请数量影响的 SDM 空间效应估计结果。其中，模型 (1) ~ 模型 (3) 分别是将专业化集聚、多样化集聚以及集聚类型演变方向纳入方程的估计结果，模型 (4) 是专业化集聚和多样化集聚同时纳入方程的回归估计结果。

从模型检验结果来看，空间效应 rho 至少通过 5% 的显著性水平检验，表明不同类型的产业集聚对城市专利申请数量的影响有显著空间效应，Hausman 检验通过了 1% 的显著性水平，表明应选择城市和年份双固定效应模型。

从核心解释变量来看，在模型 (2) 和模型 (4) 中，未考虑空间效应时，Div 系数为正且通过 10% 的显著性水平检验，而考虑空间效应后，Div 系数为正但没有通过显著性检验，这表明生产性服务业集聚对本地城市专利申请数量有显著正向影响，但周边城市生产性服务业集聚对本地城市专利申请数量没有显著影响。在模型（1）、模型（3）和模型（4）中，*Spec* 和 *Trend* 没有通过显著性检验，表明本地以及周边城市的专业化集聚和集聚类型演变方向对本地城市专利申请数量没有显著影响。

表 7-28   基于集聚类型视角的产业集聚对城市专利
申请数量影响的 SDM 空间效应

变量	模型（1）	模型（2）	模型（3）	模型（4）
Spec	0.2754 [0.3858]			0.3593 [0.3794]
Div		0.2181* [0.1062]		0.2215* [0.1067]
Trend			0.0558 [0.0304]	
R&D	0.2289 [0.1243]	0.2620* [0.1241]	0.2373* [0.1185]	0.2611* [0.1251]
Trade	-0.3754* [0.1511]	-0.288 [0.1529]	-0.3467* [0.1440]	-0.2697 [0.1569]
Emp	0.8409** [0.2610]	1.1987*** [0.2657]	1.0646*** [0.2349]	1.1592*** [0.2633]
Fca	-0.7190** [0.2626]	-0.6627** [0.2549]	-0.7252** [0.2662]	-0.6548** [0.2538]
Infr	0.2142 [0.3622]	0.1635 [0.3410]	0.1717 [0.3436]	0.1595 [0.3341]
W × Spec	-0.9341 [0.7758]			-0.9899 [0.7308]
W × Div		0.0012 [0.1159]		-0.0106 [0.1175]
W × Trend			0.0308 [0.0429]	
城市固定	Y	Y	Y	Y
年份固定	Y	Y	Y	Y
Hausman	35.71***	42.42***	37.96***	47.42***

续表

变量	模型（1）	模型（2）	模型（3）	模型（4）
rho	− 0. 1244 ** [0.0395]	− 0. 1310 ** [0.0404]	− 0. 1375 *** [0.0410]	− 0. 1274 ** [0.0402]
sigma2_e	1. 0330 ** [0.3851]	1. 0016 ** [0.3759]	1. 0134 ** [0.3773]	0. 9968 ** [0.3754]
adj. R²	0.0211	0.1712	0.0867	0.1547
N	867	867	867	867

注：* 、 ** 、 *** 是指分别通过 0.1、0.05、0.01 的显著性水平检验。

表 7 – 29 展示了东部沿海地区基于集聚类型视角的产业集聚对城市专利申请数量影响 SDM 空间效应的分解结果。其中，模型（1）~模型（4）是表 7 – 28 中相应模型的空间效应分解结果。可以看出 *Div* 的直接效应显著而间接效应不显著，表明多样化集聚对本地城市专利申请数量有显著正向影响，而周边城市的集聚对本地城市专利申请数量没有显著影响。此外，*Spec* 和 *Trend* 的直接效应和间接效应均不显著，表明本地以及周边城市的专业化集聚和集聚类型演变方向对本地城市专利申请数量没有显著影响。

表 7 – 29　　　基于集聚类型视角的产业集聚影响城市专利申请数量 SDM 空间效应的分解

变量	模型（1）~ 模型（3）			模型（4）		
	直接效应	间接效应	总效应	直接效应	间接效应	总效应
Spec	0.3446 [0.4030]	− 0.9139 [0.7474]	− 0.5693 [0.7962]	0.4359 [0.4079]	− 1.0157 [0.6726]	− 0.5799 [0.6403]
Div	0.2243 * [0.1127]	− 0.0346 [0.1170]	0.1897 [0.1121]	0.2207 * [0.1066]	− 0.0298 [0.1108]	0.1909 [0.1023]
Trend	0.0558 [0.0325]	0.0185 [0.0428]	0.0743 * [0.0373]			

注：* 、 ** 、 *** 是指分别通过 0.1、0.05、0.01 的显著性水平检验。

2. 东部沿海地区产业集聚对城市专利获得授权数量影响的空间效应

表 7 – 30 展示了东部沿海地区基于行业视角的产业集聚对城市专利获得授权数量影响的 SDM 空间效应估计结果。其中，模型（1）~模型（3）

分别是将制造业集聚、生产性服务业集聚以及制造业与生产性服务业协同集聚纳入方程的估计结果，模型（4）~模型（6）是将制造业集聚、生产性服务业集聚以及制造业与生产性服务业协同集聚中的两个纳入方程的估计结果，模型（7）是制造业集聚、生产性服务业集聚以及制造业与生产性服务业协同集聚同时纳入方程的回归估计结果。

从模型检验结果来看，空间效应 rho 通过5%的显著性水平检验，表明不同行业的产业集聚对城市专利获得授权数量的影响有显著空间效应，Hausman 检验通过了1%的显著性水平，表明应选择城市和年份双固定效应模型。

从核心解释变量来看，未考虑空间效应时，Coagg 的系数为负但没有通过显著性检验；考虑空间效应后，Coagg 系数为正且通过10%的显著性水平检验，表明制造业与生产性服务业协同集聚对本地城市专利获得授权数量没有显著影响，但周边城市制造业与生产性服务业协同集聚对本地城市专利获得授权数量有显著正向影响。此外，Magg 和 Sagg 都没有通过显著性检验，表明本地以及周边城市的制造业集聚和生产性服务业集聚对本地城市专利获得授权数量没有显著影响。

表 7–30　　　　基于行业视角的产业集聚对城市专利获得授权数量影响的 SDM 空间效应

变量	模型（1）	模型（2）	模型（3）	模型（4）	模型（5）	模型（6）	模型（7）
Magg	-0.3337 [0.2629]			-0.2944 [0.2602]	-0.4109 [0.2998]		-0.3675 [0.3057]
Sagg		0.2743 [0.1697]		0.2163 [0.1583]		0.2673 [0.1695]	0.1727 [0.1614]
Coagg			-0.2048 [0.2560]		-0.4225 [0.3153]	-0.1444 [0.2561]	-0.3615 [0.3239]
R&D	0.1988 [0.1122]	0.1839 [0.1018]	0.1818 [0.1048]	0.1951 [0.1095]	0.2009 [0.1129]	0.1789 [0.1045]	0.1956 [0.1104]
Trade	-0.3002* [0.1232]	-0.2735* [0.1278]	-0.2899* [0.1253]	-0.2748* [0.1241]	-0.2662* [0.1268]	-0.2619* [0.1296]	-0.2486 [0.1276]
Emp	0.9788*** [0.2116]	0.9240*** [0.2096]	0.8050*** [0.2222]	1.0319*** [0.2063]	0.9379*** [0.2092]	0.9036*** [0.2140]	0.9915*** [0.2044]

续表

变量	模型（1）	模型（2）	模型（3）	模型（4）	模型（5）	模型（6）	模型（7）
Fca	− 0. 6935 ** [0. 2406]	− 0. 6612 ** [0. 2379]	− 0. 6812 ** [0. 2385]	− 0. 6819 ** [0. 2371]	− 0. 7115 ** [0. 2381]	− 0. 6703 ** [0. 2350]	− 0. 7043 ** [0. 2333]
$Infr$	0. 2081 [0. 3481]	0. 2267 [0. 3483]	0. 2254 [0. 3453]	0. 2069 [0. 3533]	0. 1933 [0. 3507]	0. 2188 [0. 3479]	0. 1862 [0. 3568]
$W \times Magg$	0. 2914 [0. 4109]			0. 2526 [0. 4432]	0. 4336 [0. 4182]		0. 4216 [0. 4872]
$W \times Sagg$		− 0. 2263 [0. 2850]		− 0. 1473 [0. 3556]		− 0. 1654 [0. 2870]	− 0. 0078 [0. 4071]
$W \times Coagg$			0. 4659 * [0. 3838]		0. 6920 * [0. 2929]	0. 4300 * [0. 3847]	0. 6873 * [0. 3524]
城市固定	Y	Y	Y	Y	Y	Y	Y
年份固定	Y	Y	Y	Y	Y	Y	Y
$Hausman$	33. 52 ***	39. 17 ***	36. 33 ***	44. 07 ***	38. 21 ***	42. 43 ***	46. 71 ***
rho	− 0. 1236 ** [0. 0386]	− 0. 1200 ** [0. 0372]	− 0. 1203 ** [0. 0382]	− 0. 1205 ** [0. 0380]	− 0. 1161 ** [0. 0369]	− 0. 1172 ** [0. 0368]	− 0. 1158 ** [0. 0365]
$sigma2\_e$	0. 6485 * [0. 2589]	0. 6515 * [0. 2591]	0. 6529 * [0. 2612]	0. 6464 * [0. 2584]	0. 6422 * [0. 2601]	0. 6496 * [0. 2604]	0. 6411 * [0. 2595]
adj. R^2	0. 0881	0. 1169	0. 0394	0. 1301	0. 0688	0. 0971	0. 1005
N	867	867	867	867	867	867	867

注：* 、** 、*** 是指分别通过 0.1、0. 05、0. 01 的显著性水平检验。

表 7 - 31 展示了东部沿海地区基于行业视角的产业集聚对城市专利获得授权数量影响 SDM 空间效应的分解结果。表中模型（1）~模型（7）是表 7 - 30 中相应模型空间效应的分解。可以看出 $Coagg$ 的直接效应不显著而间接效应至少通过了 10% 的显著性水平检验，表明制造业与生产性服务业协同集聚对本地城市专利获得授权数量没有显著影响，而周边城市制造业与生产性服务业协同集聚对本地区城市专利获得授权数量有显著正向影响，还表明周边城市制造业与生产性服务业协同集聚水平每提高 1% ，则本地区城市专利获得授权数量将上升 0. 4733% [①]。此外，$Magg$ 和 $Sagg$ 的

---

① 这里使用了模型（1）~模型（3）中 $Coagg$ 的间接效应系数估计值。

直接效应和间接效应均不显著，表明本地以及周边城市的制造业集聚和生产性服务业集聚对本地城市专利获得授权数量没有显著影响。

表 7 – 31　　　　　基于行业视角的产业集聚对城市专利获得
授权数量影响 SDM 空间效应的分解

变量	模型（1）~模型（3）			模型（4）		
	直接效应	间接效应	总效应	直接效应	间接效应	总效应
Magg	−0.3435 [0.2691]	0.3148 [0.4112]	−0.0287 [0.5130]	−0.3036 [0.2673]	0.2888 [0.3994]	−0.0148 [0.4754]
Sagg	0.2944 [0.1792]	−0.249 [0.2838]	0.0455 [0.2904]	0.2173 [0.1601]	−0.1358 [0.3303]	0.0815 [0.2991]
Coagg	−0.2207 [0.2679]	0.4733 * [0.3663]	0.2526 [0.4180]			

变量	模型（5）			模型（6）			模型（7）		
	直接效应	间接效应	总效应	直接效应	间接效应	总效应	直接效应	间接效应	总效应
Magg	−0.4271 [0.3084]	0.4714 [0.3800]	0.0443 [0.4976]				−0.3841 [0.3131]	0.4775 [0.4531]	0.0934 [0.5753]
Sagg				0.2845 [0.1795]	−0.1973 [0.2594]	0.0872 [0.2542]	0.1666 [0.1594]	0.0117 [0.3731]	0.1783 [0.3686]
Coagg	−0.4656 [0.3152]	0.7258 ** [0.2752]	0.2602 [0.3631]	−0.1778 [0.2512]	0.4386 * [0.3543]	0.2608 [0.3875]	−0.3662 [0.3198]	0.7013 * [0.3212]	0.3351 [0.4547]

注：*、**、*** 是指分别通过 0.1、0.05、0.01 的显著性水平检验。

表 7 – 32 展示了东部沿海地区基于产业集聚类型视角的产业集聚对城市专利获得授权数量影响的 SDM 空间效应估计结果。其中，模型（1）~模型（3）分别是将专业化集聚、多样化集聚以及集聚类型演变方向纳入方程的估计结果，模型（4）是专业化集聚和多样化集聚同时纳入方程的回归估计结果。

从模型检验结果来看，空间效应 rho 至少通过 5% 的显著性水平检验，表明不同类型的产业集聚对城市专利获得授权数量的影响有显著空间效应，Hausman 检验通过了 1% 的显著性水平，表明应选择城市和年份双固定效应模型。

从核心解释变量来看，在模型（2）和模型（4）中，未考虑空间效应时，*Div* 系数为正且通过 10% 的显著性水平检验，而考虑空间效应后，*Div* 系数为正但没有通过显著性检验，这表明生产性服务业集聚对本地城市专利获得授权数量有显著正向影响，但周边城市生产性服务业集聚对本地城市专利获得授权数量没有显著影响。在模型（3）中，未考虑空间效应时，*Trend* 系数为正且通过 10% 的显著性水平检验，而考虑空间效应后，*Trend* 系数为正且通过 10% 的显著性水平检验，这表明本地及周边城市的集聚类型演进方向对本地城市专利获得授权数量有显著正向影响。在模型（1）和模型（4）中，*Spec* 没有通过显著性检验，表明本地以及周边城市的专业化集聚对本地城市专利获得授权数量没有显著影响。

表 7 – 32　　基于集聚类型视角的产业集聚对城市专利获得
授权数量影响的 SDM 空间效应

变量	模型（1）	模型（2）	模型（3）	模型（4）
Spec	0.1942 [0.3109]			0.2642 [0.3169]
Div		0.1910 * [0.0926]		0.1937 * [0.0932]
Trend			0.0545 * [0.0266]	
R&D	0.1833 [0.1032]	0.2129 * [0.1035]	0.1927 [0.0993]	0.2117 * [0.1038]
Trade	− 0.2963 * [0.1280]	− 0.2173 [0.1337]	− 0.2667 * [0.1218]	− 0.2037 [0.1392]
Emp	0.8132 *** [0.2292]	1.1188 *** [0.2398]	1.0216 *** [0.2073]	1.0906 *** [0.2447]
Fca	− 0.6719 ** [0.2395]	− 0.6231 ** [0.2284]	− 0.6689 ** [0.2394]	− 0.6176 ** [0.2277]
Infr	0.2263 [0.3423]	0.1833 [0.3208]	0.182 [0.3214]	0.1791 [0.3178]
W × Spec	− 0.7688 [0.4747]			− 0.8095 [0.4361]
W × Div		0.0097 [0.0851]		− 0.0001 [0.0855]
W × Trend			0.0177 * [0.0340]	

续表

变量	模型（1）	模型（2）	模型（3）	模型（4）
城市固定	Y	Y	Y	Y
年份固定	Y	Y	Y	Y
Hausman	34.65 ***	38.62 ***	35.32 ***	41.75 ***
rho	−0.1220 ** [0.0379]	−0.1317 ** [0.0401]	−0.1364 *** [0.0390]	−0.1277 ** [0.0392]
sigma2_e	0.6526 * [0.2595]	0.6278 * [0.2552]	0.6356 * [0.2571]	0.6247 * [0.2550]
adj. R²	0.0392	0.1945	0.1199	0.1784
N	867	867	867	867

注：*、**、***是指分别通过0.1、0.05、0.01的显著性水平检验。

表7-33展示了东部沿海地区基于集聚类型视角的产业集聚对城市专利获得授权数量影响SDM空间效应的分解结果。其中，模型（1）~模型（4）是表7-28中相应模型的空间效应分解结果。可以看出 *Div* 的直接效应显著而间接效应不显著，表明多样化集聚对本地城市专利获得授权数量有显著正向影响，而周边城市的多样化集聚对本地城市专利获得授权数量没有显著影响。*Trend* 的直接效应和间接效应都显著，本地以及周边城市的集聚类型演进方向对本地城市专利申请数量有显著正向影响。*Spec* 的直接效应和间接效应均不显著，表明本地以及周边城市的专业化集聚对本地城市专利获得授权数量没有显著影响。

表7-33　　基于集聚类型视角的产业集聚对城市专利获得
授权数量影响SDM空间效应的分解

变量	模型（1）~模型（3）			模型（4）		
	直接效应	间接效应	总效应	直接效应	间接效应	总效应
Spec	0.2492 [0.3201]	−0.7495 [0.4565]	−0.5003 [0.5671]	0.3258 [0.3340]	−0.8141 [0.4037]	−0.4883 [0.4605]
Div	0.1960 * [0.0978]	−0.0201 [0.0869]	0.1759 [0.0916]	0.1926 * [0.0926]	−0.0187 [0.0834]	0.1739 * [0.0836]
Trend	0.0550 * [0.0283]	0.0075 * [0.0341]	0.0625 * [0.0319]			

注：*、**、***是指分别通过0.1、0.05、0.01的显著性水平检验。

（二）缩尾处理法稳健性检验

1. 东部沿海地区产业集聚对城市专利申请数量影响的空间效应

表 7 – 34 展示了东部沿海地区基于行业视角的产业集聚对城市专利申请数量影响的 SDM 空间效应的稳健性检验结果。从模型检验结果来看，空间效应 *rho* 至少通过 10% 的显著性水平检验，Hausman 检验通过了 1% 的显著性水平，表明存在空间效应且应采用双固定效应模型估计。从核心解释变量来看，不考虑空间效应时，*Magg* 和 *Coagg* 系数为负但没有通过显著性检验，*Sagg* 系数显著为正但没有通过显著性检验；考虑空间效应后，*Magg* 系数为负但没有通过显著性检验，*Sagg* 系数显著为正但没有通过显著性检验；*Coagg* 系数为正且通过 10% 的显著性水平检验。这与表 7 – 26 估计结果相同，表明东部沿海地区基于行业视角的产业集聚对城市专利申请数量影响的 SDM 空间效应通过了稳健性检验。

表 7 – 34　　　　基于行业视角的产业集聚对城市专利申请
数量影响的 SDM 空间效应

变量	模型（1）	模型（2）	模型（3）	模型（4）	模型（5）	模型（6）	模型（7）
Magg	-0.4916 [0.3169]			-0.43 [0.3188]	-0.568 [0.3548]		-0.5016 [0.3686]
Sagg		0.4004 [0.2378]		0.3010 [0.2279]		0.3927 [0.2417]	0.2422 [0.2416]
Coagg			-0.1936 [0.3045]		-0.4758 [0.3547]	-0.1021 [0.3023]	-0.3891 [0.3669]
R&D	0.252 [0.1329]	0.2338 [0.1235]	0.2249 [0.1253]	0.2508 [0.1300]	0.254 [0.1339]	0.2259 [0.1262]	0.2497 [0.1310]
Trade	-0.3796 ** [0.1467]	-0.3539 * [0.1536]	-0.3735 * [0.1500]	-0.3547 * [0.1472]	-0.3417 * [0.1495]	-0.3448 * [0.1544]	-0.3259 * [0.1502]
Emp	1.0676 *** [0.2403]	0.9952 *** [0.2447]	0.8512 ** [0.2635]	1.1337 *** [0.2345]	1.0183 *** [0.2407]	0.9884 *** [0.2536]	1.0864 *** [0.2391]
Fca	-0.7502 ** [0.2621]	-0.7003 ** [0.2581]	-0.7357 ** [0.2626]	-0.7299 ** [0.2545]	-0.7775 ** [0.2599]	-0.7144 ** [0.2556]	-0.7624 ** [0.2500]
Infr	0.1745 [0.3629]	0.2111 [0.3722]	0.2063 [0.3695]	0.176 [0.3677]	0.146 [0.3639]	0.197 [0.3716]	0.1417 [0.3663]

续表

变量	模型（1）	模型（2）	模型（3）	模型（4）	模型（5）	模型（6）	模型（7）
$W \times Magg$	0.4485 [0.5456]			0.3726 [0.5824]	0.6575 [0.5418]		0.613 [0.6162]
$W \times Sagg$		−0.4578 [0.3637]		−0.3492 [0.4479]		−0.3579 [0.3590]	−0.1258 [0.4783]
$W \times Coagg$			0.7003 * [0.5078]		1.0070 ** [0.3683]	0.5925 * [0.5032]	0.9436 * [0.4074]
城市固定	Y	Y	Y	Y	Y	Y	Y
年份固定	Y	Y	Y	Y	Y	Y	Y
Hausman	45.78 ***	59.34 ***	50.22 ***	70.74 ***	51.42 ***	59.42 ***	68.39 ***
rho	−0.1249 ** [0.0387]	−0.1193 ** [0.0381]	−0.1230 ** [0.0396]	−0.1194 ** [0.0381]	−0.1177 ** [0.0370]	−0.1176 ** [0.0379]	−0.1158 ** [0.0367]
sigma2_e	1.0229 ** [0.3855]	1.0284 ** [0.3831]	1.0321 ** [0.3882]	1.0183 ** [0.3835]	1.0115 ** [0.3876]	1.0251 ** [0.3855]	1.0095 ** [0.3860]
adj. R^2	0.0102	0.0214	0.0026	0.0421	0.0033	0.0106	0.0207
N	867	867	867	867	867	867	867

注：*、**、*** 是指分别通过 0.1、0.05、0.01 的显著性水平检验。

　　表 7 – 35 展示了东部沿海地区基于行业视角的产业集聚对城市专利申请数量影响 SDM 空间效应的分解结果的稳健性检验。其中，模型（1）~模型（7）是表 7 – 34 中相应模型的空间效应分解结果。从表 7 – 35 中可知，*Magg* 和 *Sagg* 直接效应和间接效应都不显著，*Coagg* 直接效应不显著但间接效应显著为正。这与表 7 – 27 结果相同，表明东部沿海地区基于行业视角的产业集聚对城市专利申请数量影响 SDM 空间效应的分解通过了稳健性检验。

表 7 – 35　　　　　基于行业视角的产业集聚对城市专利申请
数量影响 SDM 空间效应的分解

变量	模型（1）~模型（3）			模型（4）		
	直接效应	间接效应	总效应	直接效应	间接效应	总效应
Magg	−0.511 [0.3214]	0.4904 [0.5458]	−0.0206 [0.6773]	−0.4456 [0.3247]	0.4159 [0.5354]	−0.0297 [0.6359]
Sagg	0.4363 [0.2515]	−0.4769 [0.3588]	−0.0406 [0.3685]	0.3114 [0.2291]	−0.3328 [0.4209]	−0.0214 [0.3869]

续表

变量	模型（1）~模型（3）			模型（4）		
	直接效应	间接效应	总效应	直接效应	间接效应	总效应
Coagg	-0.2201 [0.3187]	0.6886 * [0.4887]	0.4685 [0.5349]			

变量	模型（5）			模型（6）			模型（7）		
	直接效应	间接效应	总效应	直接效应	间接效应	总效应	直接效应	间接效应	总效应
Magg	-0.5968 [0.3620]	0.7018 [0.5054]	0.1049 [0.6442]				-0.5269 [0.3763]	0.6698 [0.5675]	0.1429 [0.7130]
Sagg				0.4244 [0.2570]	-0.3995 [0.3309]	0.0249 [0.3192]	0.2415 [0.2402]	-0.1142 [0.4463]	0.1273 [0.4288]
Coagg	-0.5385 [0.3537]	1.0347 ** [0.3517]	0.4962 [0.4101]	-0.145 [0.2976]	0.5935 * [0.4718]	0.4485 [0.4829]	-0.4003 [0.3634]	0.9256 * [0.3805]	0.5252 [0.4663]

注：*、**、*** 是指分别通过 0.1、0.05、0.01 的显著性水平检验。

表 7-36 展示了东部沿海地区基于集聚类型视角的产业集聚对城市专利申请数量影响的 SDM 空间效应的稳健性检验结果。从模型检验结果来看，空间效应 rho 至少通过 10% 的显著性水平检验，Hausman 检验通过了 1% 的显著性水平，表明存在空间效应且应采用双固定效应模型估计。从核心解释变量来看，不考虑空间效应时，Spec 和 Trend 系数为正但没有通过显著性检验，Div 系数为正且通过显著性检验；考虑空间效应后，Spec 系数为负但没有通过显著性检验，Div 和 Trend 系数为正但没有通过显著性检验。这与表 7-28 估计结果相同，表明东部沿海地区基于集聚类型视角的产业集聚对城市专利申请数量影响的 SDM 空间效应通过了稳健性检验。

表 7-36　　　基于集聚类型视角的产业集聚影响城市专利
申请数量的 SDM 空间效应

变量	模型（1）	模型（2）	模型（3）	模型（4）
Spec	0.2827 [0.3947]			0.3562 [0.3851]
Div		0.2367 * [0.1058]		0.2391 * [0.1064]
Trend			0.0582 [0.0308]	

续表

变量	模型（1）	模型（2）	模型（3）	模型（4）
R&D	0.2289 [0.1243]	0.2602* [0.1235]	0.2384* [0.1190]	0.2591* [0.1245]
Trade	-0.3757* [0.1510]	-0.2924 [0.1505]	-0.3469* [0.1443]	-0.2755 [0.1540]
Emp	0.8403** [0.2610]	1.2274*** [0.2659]	1.0713*** [0.2368]	1.1878*** [0.2636]
Fca	-0.7184** [0.2625]	-0.6455** [0.2494]	-0.7206** [0.2642]	-0.6379* [0.2484]
Infr	0.2148 [0.3622]	0.1549 [0.3378]	0.1665 [0.3454]	0.1513 [0.3308]
$W \times Spec$	-0.9265 [0.7965]			-0.9692 [0.7456]
$W \times Div$		0.006 [0.1158]		-0.0057 [0.1177]
$W \times Trend$			0.0252* [0.0392]	
城市固定	Y	Y	Y	Y
年份固定	Y	Y	Y	Y
Hausman	49.43***	52.02***	51.55***	57.94***
rho	-0.1243** [0.0395]	-0.1309** [0.0407]	-0.1364*** [0.0404]	-0.1273** [0.0406]
sigma2_e	1.0331** [0.3851]	0.9966** [0.3740]	1.0139** [0.3789]	0.9920** [0.3736]
adj. R^2	0.0025	0.0677	0.0085	0.0467
N	867	867	867	867

注：*、**、***是指分别通过0.1、0.05、0.01的显著性水平检验。

　　表7-37展示了东部沿海地区基于集聚类型视角的产业集聚影响城市专利申请数量SDM空间效应的分解结果的稳健性检验。从表7-37中可知，Spec和Trend直接效应和间接效应都不显著，Div直接效应显著而间接效应不显著。这与表7-29结果相同，表明东部沿海地区基于集聚类型视角的产业集聚对城市专利申请数量影响SDM空间效应的分解通过了稳健性检验。

表 7 – 37　　　　　基于集聚类型视角的产业集聚影响城市专利
申请数量 SDM 空间效应的分解

变量	模型 (1) ~ 模型 (3)			模型 (4)		
	直接效应	间接效应	总效应	直接效应	间接效应	总效应
Spec	0.352 [0.4129]	− 0.9078 [0.7679]	− 0.5558 [0.8115]	0.4317 [0.4145]	− 0.9965 [0.6876]	− 0.5648 [0.6480]
Div	0.2427 * [0.1120]	− 0.0318 [0.1162]	0.2109 [0.1159]	0.2382 * [0.1059]	− 0.0272 [0.1097]	0.2110 * [0.1065]
Trend	0.0585 [0.0328]	0.0134 [0.0392]	0.0719 * [0.0360]			

注：*、** 、*** 是指分别通过0.1、0.05、0.01 的显著性水平检验。

2. 东部沿海地区产业集聚对城市专利获得授权数量影响的空间效应

表 7 – 38 展示了东部沿海地区基于行业视角的产业集聚对城市专利获得授权数量影响的 SDM 空间效应的稳健性检验结果。从模型检验结果来看，空间效应 rho 至少通过 10% 的显著性水平检验，Hausman 检验通过了 1% 的显著性水平，表明存在空间效应且应采用双固定效应模型估计。从核心解释变量来看，不考虑空间效应时，Magg 和 Coagg 系数为负但没有通过显著性检验，Sagg 系数显著为正但没有通过显著性检验；考虑空间效应后，Magg 系数为正但没有通过显著性检验，Sagg 系数显著为负但没有通过显著性检验；Coagg 系数为正且通过 10% 的显著性水平检验。这与表 7 – 30 估计结果相同，表明东部沿海地区基于行业视角的产业集聚对城市专利获得授权数量影响的 SDM 空间效应通过了稳健性检验。

表 7 – 38　　　　基于行业视角的产业集聚影响城市专利获得授权
数量的 SDM 空间效应

变量	模型 (1)	模型 (2)	模型 (3)	模型 (4)	模型 (5)	模型 (6)	模型 (7)
Magg	− 0.411 [0.2679]			− 0.3628 [0.2712]	− 0.4926 [0.3074]		− 0.4438 [0.3238]
Sagg		0.3239 [0.1890]		0.2401 [0.1825]		0.3108 [0.1914]	0.1783 [0.1963]
Coagg			− 0.2037 [0.2565]		− 0.4469 [0.3138]	− 0.1326 [0.2547]	− 0.385 [0.3258]

变量	模型（1）	模型（2）	模型（3）	模型（4）	模型（5）	模型（6）	模型（7）
R&D	0.2021 [0.1118]	0.185 [0.1017]	0.1818 [0.1048]	0.1993 [0.1083]	0.204 [0.1124]	0.1803 [0.1044]	0.1997 [0.1092]
Trade	-0.2986* [0.1228]	-0.2761* [0.1269]	-0.2904* [0.1252]	-0.2770* [0.1222]	-0.2634* [0.1269]	-0.2663* [0.1284]	-0.2503* [0.1262]
Emp	0.9981*** [0.2102]	0.9374*** [0.2095]	0.8052*** [0.2220]	1.0544*** [0.2045]	0.9511*** [0.2074]	0.9167*** [0.2153]	1.0036*** [0.2044]
Fca	-0.6961** [0.2410]	-0.6565** [0.2368]	-0.6809** [0.2384]	-0.6813** [0.2363]	-0.7132** [0.2386]	-0.6651** [0.2337]	-0.7040** [0.2327]
Infr	0.1955 [0.3444]	0.2228 [0.3487]	0.2253 [0.3453]	0.1932 [0.3514]	0.1794 [0.3465]	0.2158 [0.3483]	0.1726 [0.3550]
W×Magg	0.3577 [0.4357]			0.3157 [0.4783]	0.4988 [0.4425]		0.4846 [0.5240]
W×Sagg		-0.2688 [0.3383]		-0.1773 [0.4274]		-0.2037 [0.3388]	-0.0219 [0.4725]
W×Coagg			0.4636* [0.3849]		0.6949* [0.2854]	0.3974* [0.3870]	0.6744* [0.3533]
城市固定	Y	Y	Y	Y	Y	Y	Y
年份固定	Y	Y	Y	Y	Y	Y	Y
Hausman	41.73***	59.60***	48.42***	74.94***	49.29***	62.19***	71.12***
rho	-0.1218** [0.0382]	-0.1188** [0.0369]	-0.1203** [0.0383]	-0.1181** [0.0373]	-0.1136** [0.0364]	-0.1164** [0.0366]	-0.1131** [0.0360]
sigma2_e	0.6458* [0.2592]	0.6507* [0.2589]	0.6529* [0.2611]	0.6435* [0.2585]	0.6391* [0.2605]	0.6491* [0.2601]	0.6382* [0.2597]
adj. R²	0.0116	0.0210	0.0003	0.0383	0.0054	0.0112	0.0205
N	867	867	867	867	867	867	867

注：＊、＊＊、＊＊＊是指分别通过0.1、0.05、0.01的显著性水平检验。

表7-39展示了东部沿海地区基于行业视角的产业集聚对城市专利获得授权数量影响SDM空间效应的分解结果的稳健性检验。其中，模型（1）~模型（7）是表7-34中相应模型的空间效应分解结果。从表7-39中可知，Magg和Sagg直接效应和间接效应都不显著，Coagg直接效应不

显著但间接效应显著为正。这与表 7 - 31 结果相同，表明东部沿海地区基于行业视角的产业集聚对城市专利获得授权数量影响 SDM 空间效应的分解通过了稳健性检验。

表 7 - 39　　　　　基于行业视角的产业集聚影响城市专利获得
授权数量 SDM 空间效应的分解

变量	模型 (1) ~ 模型 (3)			模型 (4)		
	直接效应	间接效应	总效应	直接效应	间接效应	总效应
Magg	- 0. 4243 [0. 2741]	0. 3865 [0. 4366]	- 0. 0378 [0. 5402]	- 0. 375 [0. 2776]	0. 3531 [0. 4257]	- 0. 0219 [0. 5123]
Sagg	0. 347 [0. 1985]	- 0. 294 [0. 3359]	0. 053 [0. 3538]	0. 2426 [0. 1808]	- 0. 1650 [0. 3901]	0. 0776 [0. 3830]
Coagg	- 0. 2194 [0. 2683]	0. 4709 * [0. 3673]	0. 2515 [0. 4202]			

变量	模型 (5)			模型 (6)			模型 (7)		
	直接效应	间接效应	总效应	直接效应	间接效应	总效应	直接效应	间接效应	总效应
Magg	- 0. 5117 [0. 3161]	0. 5414 [0. 4007]	0. 0298 [0. 5215]				- 0. 4626 [0. 3304]	0. 5455 [0. 4873]	0. 0829 [0. 6257]
Sagg				0. 3309 [0. 2017]	- 0. 2385 [0. 3029]	0. 0924 [0. 3101]	0. 173 [0. 1904]	0. 0017 [0. 4342]	0. 1747 [0. 4597]
Coagg	- 0. 4893 [0. 3136]	0. 7297 ** [0. 2692]	0. 2403 [0. 3557]	- 0. 1637 [0. 2498]	0. 4060 * [0. 3566]	0. 2423 [0. 3866]	- 0. 3879 [0. 3218]	0. 6896 * [0. 3236]	0. 3017 [0. 4549]

注：*、**、*** 是指分别通过 0.1、0.05、0.01 的显著性水平检验。

表 7 -40 展示了东部沿海地区基于集聚类型视角的产业集聚对城市专利获得授权数量影响的 SDM 空间效应的稳健性检验结果。从模型检验结果来看，空间效应 rho 至少通过 10% 的显著性水平检验，Hausman 检验通过了 1% 的显著性水平，表明存在空间效应且应采用双固定效应模型估计。从核心解释变量来看，不考虑空间效应时，Spec 系数为正但没有通过显著性检验，Div 和 Trend 系数为正且通过显著性检验；考虑空间效应后，Spec 系数为负但没有通过显著性检验，Div 系数为正但没有通过显著性检验，Trend 系数为正且通过显著性检验。这与表 7 -32 估计结果相同，表明东部沿海地区基于集聚类型视角的产业集聚对城市专利获得授权数量影响的 SDM 空间效应通过了稳健性检验。

表7-40　　　基于集聚类型视角的产业集聚影响城市专利获得
授权数量的SDM空间效应

变量	模型（1）	模型（2）	模型（3）	模型（4）
Spec	0.2017 [0.3168]			0.2632 [0.3205]
Div		0.2060* [0.0927]		0.2079* [0.0933]
Trend			0.0541* [0.0250]	
R&D	0.1833 [0.1032]	0.2110* [0.1031]	0.1932 [0.0994]	0.2097* [0.1033]
Trade	-0.2965* [0.1278]	-0.2218 [0.1317]	-0.2675* [0.1218]	-0.2092 [0.1366]
Emp	0.8127*** [0.2293]	1.1422*** [0.2408]	1.0193*** [0.2066]	1.1139*** [0.2461]
Fca	-0.6715** [0.2395]	-0.6078** [0.2246]	-0.6688** [0.2391]	-0.6025** [0.2239]
Infr	0.2266 [0.3422]	0.1759 [0.3181]	0.1807 [0.3225]	0.1719 [0.3150]
W×Spec	-0.7756 [0.4854]			-0.8074 [0.4424]
W×Div		0.0106 [0.0840]		0.0009 [0.0845]
W×Trend			0.0176* [0.0329]	
城市固定	Y	Y	Y	Y
年份固定	Y	Y	Y	Y
Hausman	46.01***	47.93***	51.31***	54.43***
rho	-0.1219** [0.0379]	-0.1309** [0.0403]	-0.1363*** [0.0388]	-0.1269** [0.0394]
sigma2_e	0.6527* [0.2595]	0.6245* [0.2542]	0.6364* [0.2575]	0.6215* [0.2540]
adj. R^2	0.0004	0.0753	0.0183	0.0549
N	867	867	867	867

注：*、**、***是指分别通过0.1、0.05、0.01的显著性水平检验。

表 7-41 展示了东部沿海地区基于集聚类型视角的产业集聚影响城市专利获得授权数量 SDM 空间效应的分解结果的稳健性检验。从表 7-41 中可知，*Spec* 直接效应和间接效应都不显著，*Div* 直接效应显著而间接效应不显著，*Trend* 直接效应和间接效应都显著，这与表 7-33 结果相同，表明东部沿海地区基于集聚类型视角的产业集聚对城市专利获得授权数量影响 SDM 空间效应的分解通过了稳健性检验。

表 7-41 **基于集聚类型视角的产业集聚影响城市专利获得**
授权数量 SDM 空间效应的分解

变量	模型（1）~模型（3）			模型（4）		
	直接效应	间接效应	总效应	直接效应	间接效应	总效应
Spec	0.2573 [0.3264]	-0.7565 [0.4672]	-0.4992 [0.5761]	0.3243 [0.3376]	-0.8115* [0.4098]	-0.4872 [0.4636]
Div	0.2109* [0.0977]	-0.0203 [0.0856]	0.1906* [0.0936]	0.2067* [0.0925]	-0.0193 [0.0821]	0.1874* [0.0861]
Trend	0.0546* [0.0265]	0.0076* [0.0328]	0.0622* [0.0318]			

注：*、**、*** 是指分别通过 0.1、0.05、0.01 的显著性水平检验。

（三）更换空间权重矩阵稳健性检验

1. 东部沿海地区产业集聚对城市专利申请数量影响的空间效应

表 7-42 展示了东部沿海地区基于行业视角的产业集聚对城市专利申请数量影响的 SDM 空间效应的稳健性检验结果。从模型检验结果来看，空间效应 *rho* 至少通过 10% 的显著性水平检验，Hausman 检验通过了 1% 的显著性水平，表明存在空间效应且应采用双固定效应模型估计。从核心解释变量来看，不考虑空间效应时，*Magg* 和 *Coagg* 系数为负但没有通过显著性检验，*Sagg* 系数显著为正但没有通过显著性检验；考虑空间效应后，*Magg* 系数为负但没有通过显著性检验，*Sagg* 系数显著为正但没有通过显著性检验；*Coagg* 系数为正且通过 10% 水平的显著性检验。这与表 7-26 估计结果相同，表明东部沿海地区基于行业视角的产业集聚对城市专利申请数量影响的 SDM 空间效应通过了稳健性检验。

表 7 – 42　　　　　　基于行业视角的产业集聚影响城市专利
申请数量的 SDM 空间效应

变量	模型（1）	模型（2）	模型（3）	模型（4）	模型（5）	模型（6）	模型（7）
Magg	− 0. 3607 [0. 2837]			− 0. 3004 [0. 2822]	− 0. 4256 [0. 3193]		− 0. 3565 [0. 3254]
Sagg		0. 3425 [0. 2172]		0. 2819 [0. 2068]		0. 3478 [0. 2179]	0. 2549 [0. 2122]
Coagg			− 0. 1542 [0. 2963]		− 0. 4019 [0. 3474]	− 0. 0736 [0. 2954]	− 0. 3062 [0. 3571]
R&D	0. 2581 * [0. 1314]	0. 2368 * [0. 1201]	0. 2289 [0. 1218]	0. 2558 * [0. 1291]	0. 2600 * [0. 1311]	0. 2277 [0. 1217]	0. 2541 * [0. 1289]
Trade	− 0. 3936 * [0. 1553]	− 0. 3773 * [0. 1596]	− 0. 4140 * [0. 1615]	− 0. 3651 * [0. 1544]	− 0. 3736 * [0. 1626]	− 0. 3774 * [0. 1633]	− 0. 3501 * [0. 1619]
Emp	0. 9237 *** [0. 2254]	0. 8849 *** [0. 2386]	0. 7635 ** [0. 2575]	0. 9904 *** [0. 2182]	0. 8964 *** [0. 2286]	0. 8939 *** [0. 2453]	0. 9731 *** [0. 2234]
Fca	− 0. 7320 ** [0. 2582]	− 0. 7027 ** [0. 2546]	− 0. 7337 ** [0. 2567]	− 0. 7181 ** [0. 2529]	− 0. 7566 ** [0. 2559]	− 0. 7195 ** [0. 2517]	− 0. 7458 ** [0. 2497]
Infr	0. 1142 [0. 3557]	0. 1429 [0. 3596]	0. 1235 [0. 3567]	0. 1202 [0. 3595]	0. 0859 [0. 3601]	0. 1242 [0. 3601]	0. 0822 [0. 3610]
W × Magg	0. 4096 [0. 3423]			0. 3605 [0. 3558]	0. 6029 [0. 3341]		0. 5698 [0. 3701]
W × Sagg		− 0. 3706 [0. 2358]		− 0. 2873 [0. 2719]		− 0. 2835 [0. 2315]	− 0. 1095 [0. 3144]
W × Coagg			0. 5876 * [0. 4087]		0. 8870 ** [0. 3226]	0. 5107 * [0. 3954]	0. 8445 * [0. 3364]
城市固定	Y	Y	Y	Y	Y	Y	Y
年份固定	Y	Y	Y	Y	Y	Y	Y
Hausman	37. 36 ***	39. 67 ***	36. 52 ***	50. 36 ***	40. 72 ***	41. 55 ***	56. 24 ***
rho	− 0. 1311 *** [0. 0362]	− 0. 1282 *** [0. 0362]	− 0. 1313 *** [0. 0365]	− 0. 1267 *** [0. 0353]	− 0. 1238 *** [0. 0336]	− 0. 1271 *** [0. 0354]	− 0. 1226 *** [0. 0330]
sigma2_e	1. 0019 ** [0. 3814]	1. 0047 ** [0. 3794]	1. 0079 ** [0. 3824]	0. 9973 ** [0. 3797]	0. 9918 ** [0. 3824]	1. 0015 ** [0. 3805]	0. 9892 ** [0. 3808]
adj. R²	0. 0704	0. 1070	0. 0200	0. 1165	0. 0465	0. 0882	0. 0827
N	867	867	867	867	867	867	867

注：*、**、*** 是指分别通过 0. 1、0. 05、0. 01 的显著性水平检验。

　　表 7 – 43 展示了东部沿海地区基于行业视角的产业集聚对城市专利申请数量影响 SDM 空间效应的分解结果的稳健性检验。其中，模型（1）~模型（7）是表 7 – 34 中相应模型的空间效应分解结果。从表 7 – 43 中可知，*Magg* 和 *Sagg* 直接效应和间接效应都不显著，*Coagg* 直接效应不显著但间接效应显著为正。这与表 7 – 27 结果相同，表明东部沿海地区空间效应的分解通过了稳健性检验。

表 7 – 43　　　　基于行业视角的产业集聚影响城市专利申请
数量 SDM 空间效应的分解

变量	模型（1）~ 模型（3）			模型（4）		
	直接效应	间接效应	总效应	直接效应	间接效应	总效应
Magg	− 0. 3829 ［0. 2917］	0. 4452 ［0. 3408］	0. 0623 ［0. 4706］	− 0. 3195 ［0. 2913］	0. 3949 ［0. 3285］	0. 0754 ［0. 4328］
Sagg	0. 3791 ［0. 2296］	− 0. 3976 ［0. 2374］	− 0. 0184 ［0. 2721］	0. 2951 ［0. 2076］	− 0. 2907 ［0. 2601］	0. 0044 ［0. 2532］
Coagg	− 0. 1843 ［0. 3126］	0. 5744 * ［0. 3968］	0. 3901 ［0. 4480］			

变量	模型（5）			模型（6）			模型（7）		
	直接效应	间接效应	总效应	直接效应	间接效应	总效应	直接效应	间接效应	总效应
Magg	− 0. 4592 ［0. 3305］	0. 6419 * ［0. 3116］	0. 1827 ［0. 4588］				− 0. 3856 ［0. 3377］	0. 6107 ［0. 3421］	0. 2251 ［0. 4876］
Sagg				0. 3792 ［0. 2317］	− 0. 3256 ［0. 2196］	0. 0536 ［0. 2353］	0. 2562 ［0. 2112］	− 0. 112 ［0. 2992］	0. 1442 ［0. 2931］
Coagg	− 0. 4708 ［0. 3495］	0. 9236 ** ［0. 3101］	0. 4528 ［0. 3897］	− 0. 1213 ［0. 2939］	0. 5204 * ［0. 3797］	0. 3991 ［0. 3946］	− 0. 3238 ［0. 3573］	0. 8341 ** ［0. 3134］	0. 5103 ［0. 4179］

注：*、**、*** 是指分别通过 0. 1、0. 05、0. 01 的显著性水平检验。

　　表 7 – 44 展示了东部沿海地区基于集聚类型视角的产业集聚对城市专利申请数量影响的 SDM 空间效应的稳健性检验结果。从模型检验结果来看，空间效应 *rho* 至少通过 10% 的显著性水平检验，Hausman 检验通过了 1% 的显著性水平，表明存在空间效应且应采用双固定效应模型估计。从核心解释变量来看，不考虑空间效应时，*Spec* 和 *Trend* 系数为正但没有通过显著性检验，*Div* 系数为正且通过显著性检验；考虑空间效应后，*Spec* 系数为负但没有通过显著性检验，*Div* 和 *Trend* 系数为正但没有通过显著性检验。这与表 7 – 28 估计结果相同，表明东部沿海地区基于集聚类型视角

的产业集聚对城市专利申请数量影响的 SDM 空间效应通过了稳健性检验。

表 7 - 44　　　　基于集聚类型视角的产业集聚影响城市专利
申请数量的 SDM 空间效应

变量	模型 (1)	模型 (2)	模型 (3)	模型 (4)
Spec	0. 1883 [0. 3748]			0. 2799 [0. 3699]
Div		0. 2096 * [0. 1032]		0. 2118 * [0. 1033]
Trend			0. 0572 [0. 0298]	
R&D	0. 2335 [0. 1210]	0. 2643 * [0. 1210]	0. 2437 * [0. 1161]	0. 2632 * [0. 1211]
Trade	- 0. 4142 * [0. 1612]	- 0. 3107 [0. 1610]	- 0. 3714 * [0. 1553]	- 0. 3052 [0. 1653]
Emp	0. 7595 ** [0. 2530]	1. 0840 *** [0. 2472]	0. 9730 *** [0. 2218]	1. 0626 *** [0. 2455]
Fca	- 0. 7171 ** [0. 2578]	- 0. 6659 ** [0. 2573]	- 0. 7361 ** [0. 2643]	- 0. 6590 ** [0. 2558]
Infr	0. 1243 [0. 3489]	0. 0863 [0. 3313]	0. 088 [0. 3332]	0. 0739 [0. 3245]
W × Spec	- 0. 9725 [0. 5955]			- 0. 9828 [0. 5617]
W × Div		0. 0021 [0. 1036]		- 0. 0101 [0. 1039]
W × Trend			0. 0359 [0. 0434]	
城市固定	Y	Y	Y	Y
年份固定	Y	Y	Y	Y
Hausman	35. 67 ***	42. 06 ***	38. 29 ***	47. 33 ***
rho	- 0. 1321 *** [0. 0371]	- 0. 1363 *** [0. 0376]	- 0. 1465 *** [0. 0387]	- 0. 1328 *** [0. 0373]
sigma2_e	1. 0068 ** [0. 3801]	0. 9799 ** [0. 3726]	0. 9850 ** [0. 3705]	0. 9742 ** [0. 3719]
adj. R^2	0. 0211	0. 1800	0. 0903	0. 1640
N	867	867	867	867

注： * 、 ** 、 *** 是指分别通过 0. 1、0. 05、0. 01 的显著性水平检验。

表 7 - 45 展示了东部沿海地区基于集聚类型视角的产业集聚影响城市专利申请数量 SDM 空间效应的分解结果的稳健性检验。从表 7 - 45 中可知，*Spec* 和 *Trend* 直接效应和间接效应都不显著，*Div* 直接效应显著而间接效应不显著。这与表 7 - 29 结果相同，表明东部沿海地区基于集聚类型视角的产业集聚对城市专利申请数量影响 SDM 空间效应的分解通过了稳健性检验。

表 7 - 45   基于集聚类型视角的产业集聚影响城市专利申请
数量 SDM 空间效应的分解

变量	模型（1）~模型（3）			模型（4）		
	直接效应	间接效应	总效应	直接效应	间接效应	总效应
Spec	0.2712 [0.3923]	-0.9423 [0.5825]	-0.6711 [0.6460]	0.3676 [0.3962]	-1.007 [0.5212]	-0.6394 [0.5205]
Div	0.2164 * [0.1097]	-0.035 [0.1047]	0.1814 [0.1091]	0.2114 * [0.1033]	-0.031 [0.0983]	0.1803 [0.1004]
Trend	0.0566 [0.0321]	0.022 [0.0436]	0.0786 * [0.0379]			

注：*、**、***是指分别通过 0.1、0.05、0.01 的显著性水平检验。

2. 东部沿海地区产业集聚对城市专利获得授权数量影响的空间效应

表 7 - 46 展示了东部沿海地区基于行业视角的产业集聚对城市专利获得授权数量影响的 SDM 空间效应的稳健性检验结果。从模型检验结果来看，空间效应 *rho* 至少通过 10% 的显著性水平检验，Hausman 检验通过了 1% 的显著性水平，表明存在空间效应且应采用双固定效应模型估计。从核心解释变量来看，不考虑空间效应时，*Magg* 和 *Coagg* 系数为负但没有通过显著性检验，*Sagg* 系数显著为正但没有通过显著性检验；考虑空间效应后，*Magg* 系数为正但没有通过显著性检验，*Sagg* 系数显著为负但没有通过显著性检验；*Coagg* 系数为正且通过 10% 的显著性水平检验。这与表 7 - 30 估计结果相同，表明东部沿海地区基于行业视角的产业集聚对城市专利获得授权数量影响的 SDM 空间效应通过了稳健性检验。

表 7 – 46　　　　　基于行业视角的产业集聚影响城市专利获得
授权数量的 SDM 空间效应

变量	模型 (1)	模型 (2)	模型 (3)	模型 (4)	模型 (5)	模型 (6)	模型 (7)
$Magg$	- 0. 2575 [0. 2417]			- 0. 2108 [0. 2395]	- 0. 3219 [0. 2790]		- 0. 2679 [0. 2837]
$Sagg$		0. 2832 [0. 1732]		0. 2391 [0. 1661]		0. 2806 [0. 1726]	0. 2099 [0. 1698]
$Coagg$			- 0. 1747 [0. 2508]		- 0. 3615 [0. 3085]	- 0. 1093 [0. 2501]	- 0. 2851 [0. 3156]
$R\&D$	0. 2039 [0. 1078]	0. 184 [0. 0970]	0. 1816 [0. 0998]	0. 1999 [0. 1052]	0. 2055 [0. 1077]	0. 1782 [0. 0984]	0. 1991 [0. 1051]
$Trade$	- 0. 3151 * [0. 1283]	- 0. 2974 * [0. 1317]	- 0. 3259 * [0. 1341]	- 0. 2878 * [0. 1271]	- 0. 2953 * [0. 1358]	- 0. 2946 * [0. 1358]	- 0. 2737 * [0. 1344]
Emp	0. 8409 *** [0. 1960]	0. 8297 *** [0. 2027]	0. 7133 ** [0. 2201]	0. 9020 *** [0. 1907]	0. 8137 *** [0. 1982]	0. 8216 *** [0. 2118]	0. 8806 *** [0. 1954]
Fca	- 0. 6823 ** [0. 2362]	- 0. 6605 ** [0. 2339]	- 0. 6809 ** [0. 2339]	- 0. 6717 ** [0. 2329]	- 0. 6985 ** [0. 2336]	- 0. 6711 ** [0. 2308]	- 0. 6917 ** [0. 2300]
$Infr$	0. 1287 [0. 3306]	0. 1476 [0. 3351]	0. 1402 [0. 3311]	0. 1287 [0. 3363]	0. 1115 [0. 3355]	0. 1366 [0. 3366]	0. 1029 [0. 3417]
$W \times Magg$	0. 3296 [0. 2832]			0. 3004 [0. 2984]	0. 466 [0. 2876]		0. 4555 [0. 3251]
$W \times Sagg$		- 0. 212 [0. 2060]		- 0. 1454 [0. 2407]		- 0. 1521 [0. 2056]	- 0. 0136 [0. 2815]
$W \times Coagg$			0. 4007 * [0. 3200]		0. 6323 * [0. 2640]	0. 3617 * [0. 3139]	0. 6287 * [0. 2960]
城市固定	Y	Y	Y	Y	Y	Y	Y
年份固定	Y	Y	Y	Y	Y	Y	Y
$Hausman$	33. 49 ***	39. 20 ***	36. 33 ***	42. 37 ***	38. 14 ***	43. 10 ***	47. 00 ***
rho	- 0. 1215 *** [0. 0356]	- 0. 1202 *** [0. 0353]	- 0. 1204 *** [0. 0355]	- 0. 1191 *** [0. 0347]	- 0. 1142 *** [0. 0332]	- 0. 1183 *** [0. 0344]	- 0. 1145 *** [0. 0325]
$sigma2\_e$	0. 6318 * [0. 2568]	0. 6336 * [0. 2567]	0. 6356 * [0. 2579]	0. 6292 * [0. 2561]	0. 6261 * [0. 2573]	0. 6320 * [0. 2572]	0. 6244 * [0. 2564]
$adj. R^2$	0. 0915	0. 1241	0. 0394	0. 1343	0. 0710	0. 1048	0. 1017
N	867	867	867	867	867	867	867

注：*、**、*** 是指分别通过 0. 1、0. 05、0. 01 的显著性水平检验。

表 7 - 47 展示了东部沿海地区基于行业视角的产业集聚对城市专利获得授权数量影响 SDM 空间效应的分解结果的稳健性检验。其中，模型（1）~模型（7）是表 7 - 34 中相应模型的空间效应分解结果。从表 7 - 47 中可知，*Magg* 和 *Sagg* 直接效应和间接效应都不显著，*Coagg* 直接效应不显著但间接效应显著为正。这与表 7 - 31 结果相同，表明东部沿海地区基于行业视角的产业集聚对城市专利获得授权数量影响 SDM 空间效应的分解通过了稳健性检验。

表 7 - 47　　　　基于行业视角的产业集聚影响城市专利获得
授权数量 SDM 空间效应的分解

变量	模型（1）~ 模型（3）			模型（4）		
	直接效应	间接效应	总效应	直接效应	间接效应	总效应
Magg	- 0.2721 [0.2505]	0.3497 [0.2848]	0.0776 [0.3839]	- 0.2245 [0.2491]	0.3251 [0.2731]	0.1006 [0.3504]
Sagg	0.3057 [0.1820]	- 0.2403 [0.2090]	0.0655 [0.2419]	0.2428 [0.1654]	- 0.1477 [0.2249]	0.0951 [0.2269]
Coagg	- 0.1915 [0.2636]	0.4021 * [0.3096]	0.2106 [0.3678]			

变量	模型（5）			模型（6）			模型（7）		
	直接效应	间接效应	总效应	直接效应	间接效应	总效应	直接效应	间接效应	总效应
Magg	- 0.3436 [0.2902]	0.4958 [0.2630]	0.1522 [0.3851]				- 0.2882 [0.2947]	0.4926 [0.3047]	0.2044 [0.4279]
Sagg				0.2993 [0.1819]	- 0.1851 [0.1870]	0.1142 [0.2098]	0.2055 [0.1664]	- 0.0101 [0.2607]	0.1954 [0.2789]
Coagg	- 0.4072 [0.3098]	0.6711 ** [0.2491]	0.2639 [0.3496]	- 0.1439 [0.2472]	0.3792 * [0.2960]	0.2353 [0.3318]	- 0.2916 [0.3144]	0.6413 * [0.2661]	0.3497 [0.4069]

注：*、**、*** 是指分别通过 0.1、0.05、0.01 的显著性水平检验。

表 7 - 48 展示了东部沿海地区基于集聚类型视角的产业集聚对城市专利获得授权数量影响的 SDM 空间效应的稳健性检验结果。从模型检验结果来看，空间效应 *rho* 至少通过 10% 的显著性水平检验，Hausman 检验通过了 1% 的显著性水平，表明存在空间效应且应采用双固定效应模型估计。从核心解释变量来看，不考虑空间效应时，*Spec* 系数为正但没有通过显著性检验，*Div* 和 *Trend* 系数为正且通过显著性检验；考虑空间效应后，*Spec* 系数为负且通过显著性检验，*Div* 系数为正但没有通过显著性检验，*Trend*

系数为正且通过显著性检验。与表 7 - 32 比较可知，*Spec* 没有通过稳健性检验，*Div* 和 *Trend* 通过了稳健性检验。

表 7 - 48　　　　基于集聚类型视角的产业集聚影响城市专利
获得授权数量的 **SDM** 空间效应

变量	模型（1）	模型（2）	模型（3）	模型（4）
Spec	0.1264 [0.3057]			0.2057 [0.3122]
Div		0.1845* [0.0900]		0.1861* [0.0903]
Trend			0.0555* [0.0261]	
R&D	0.1837 [0.0984]	0.2111* [0.0990]	0.1945* [0.0952]	0.2099* [0.0986]
Trade	-0.3317* [0.1354]	-0.239 [0.1389]	-0.2888* [0.1292]	-0.2357 [0.1446]
Emp	0.7278** [0.2234]	1.0072*** [0.2233]	0.9275*** [0.1957]	0.9932*** [0.2303]
Fca	-0.6725** [0.2357]	-0.6275** [0.2311]	-0.6807** [0.2392]	-0.6227** [0.2299]
Infr	0.1353 [0.3269]	0.1023 [0.3086]	0.097 [0.3086]	0.0913 [0.3055]
W×Spec	-0.8121* [0.3877]			-0.8175* [0.3541]
W×Div		0.0054 [0.0784]		-0.0048 [0.0776]
W×Trend			0.0237* [0.0343]	
城市固定	Y	Y	Y	Y
年份固定	Y	Y	Y	Y
Hausman	-0.1219**	-0.1309**	-0.1363***	-0.1269**
rho	-0.1219*** [0.0355]	-0.1273*** [0.0366]	-0.1373*** [0.0368]	-0.1237*** [0.0355]
sigma2_e	0.6340* [0.2565]	0.6127* [0.2533]	0.6156* [0.2530]	0.6087* [0.2529]
adj. R²	0.0389	0.2033	0.1187	0.1876
N	867	867	867	867

注：*、**、***是指分别通过 0.1、0.05、0.01 的显著性水平检验。

表 7-49 展示了东部沿海地区基于集聚类型视角的产业集聚影响城市专利获得授权数量 SDM 空间效应的分解结果的稳健性检验。从表 7-49 中可知，*Spec* 直接效应不显著而间接效应显著，*Div* 直接效应显著而间接效应不显著，*Trend* 直接效应和间接效应都显著，与表 7-33 比较可知，*Spec* 没有通过稳健性检验，*Div* 和 *Trend* 通过了稳健性检验。

表 7-49 　　　　基于集聚类型视角的产业集聚影响城市专利
获得授权数量 SDM 空间效应的分解

变量	模型（1）~模型（3）			模型（4）		
	直接效应	间接效应	总效应	直接效应	间接效应	总效应
Sagg	0.1906 [0.3163]	-0.7865* [0.3789]	-0.5959 [0.4952]	0.2737 [0.3291]	-0.8259* [0.3341]	-0.5523 [0.4079]
Div	0.1897* [0.0951]	-0.024 [0.0800]	0.1657 [0.0913]	0.1853* [0.0896]	-0.0228 [0.0752]	0.1624 [0.0836]
Trend	0.0557* [0.0278]	0.0123* [0.0346]	0.0680* [0.0322]			

注：*、**、***是指分别通过 0.1、0.05、0.01 的显著性水平检验。

二、中西部地区产业集聚影响城市创新的空间效应及稳健性检验

（一）中西部地区产业集聚对城市创新影响的空间效应

1. 中西部地区①产业集聚对城市专利申请数量影响的空间效应

表 7-50 展示了中西部地区基于行业视角的产业集聚对城市专利申请数量影响的 SDM 空间效应估计结果。其中，模型（1）~模型（3）分别是将制造业集聚、生产性服务业集聚以及制造业与生产性服务业协同集聚纳入方程的估计结果，模型（4）~模型（6）是将制造业集聚、生产性服务业集聚以及制造业与生产性服务业协同集聚中的两个纳入方程的估计结果，模型（7）是制造业集聚、生产性服务业集聚以及制造业与生产性服

① 本书所指的中西部地区是 261 个样本城市中除去东部沿海地区 51 个城市之外的其他城市。

务业协同集聚同时纳入方程的回归估计结果。

表 7 - 50　　　　　基于行业视角的产业集聚对城市专利申请
数量影响的 SDM 空间效应

变量	模型（1）	模型（2）	模型（3）	模型（4）	模型（5）	模型（6）	模型（7）
Magg	0.0143 [0.1491]			0.036 [0.1525]	0.0019 [0.1489]		0.0248 [0.1517]
Sagg		0.1089 [0.0880]		0.1187 [0.0898]		0.1109 [0.0976]	0.1162 [0.0992]
Coagg			-0.0894 [0.1067]		-0.1005 [0.1107]	-0.0522 [0.1230]	-0.063 [0.1264]
R&D	0.0909 ** [0.0287]	0.0892 ** [0.0283]	0.0943 ** [0.0291]	0.0905 ** [0.0285]	0.0951 ** [0.0293]	0.0937 ** [0.0289]	0.0946 ** [0.0291]
Trade	-0.0293 [0.0413]	-0.028 [0.0408]	-0.0218 [0.0393]	-0.0286 [0.0415]	-0.0212 [0.0402]	-0.021 [0.0397]	-0.0215 [0.0405]
Emp	0.6820 *** [0.1759]	0.7027 *** [0.1793]	0.6650 *** [0.1708]	0.7077 *** [0.1807]	0.6732 *** [0.1733]	0.6925 *** [0.1767]	0.6980 *** [0.1780]
Fca	-0.2369 * [0.1009]	-0.2440 * [0.1021]	-0.2416 * [0.1017]	-0.2397 * [0.1008]	-0.2384 * [0.1007]	-0.2451 * [0.1016]	-0.2411 * [0.1005]
Infr	0.2107 [0.1138]	0.2018 [0.1122]	0.2055 [0.1121]	0.2092 [0.1135]	0.2115 [0.1135]	0.2039 [0.1119]	0.2106 [0.1134]
$W \times Magg$	0.4519 [0.3837]			0.4685 [0.3728]	0.3893 [0.3543]		0.4198 [0.3508]
$W \times Sagg$		-0.0173 [0.1896]		0.0537 [0.1682]		0.1368 [0.1695]	0.1919 [0.1615]
$W \times Coagg$			0.8096 * [0.3776]		0.7570 * [0.3436]	0.8583 * [0.3666]	0.8163 * [0.3415]
城市固定	Y	Y	Y	Y	Y	Y	Y
年份固定	Y	Y	Y	Y	Y	Y	Y
Hausman	112.55 ***	119.93 ***	124.50 ***	121.00 ***	125.07 ***	133.15 ***	133.58 ***
rho	-0.0646 * [0.0327]	-0.0653 * [0.0319]	-0.0674 * [0.0323]	-0.0653 * [0.0324]	-0.0661 * [0.0326]	-0.0693 * [0.0318]	-0.0687 * [0.0322]

续表

变量	模型（1）	模型（2）	模型（3）	模型（4）	模型（5）	模型（6）	模型（7）
$sigma2\_e$	0.4107 ** [0.1556]	0.4119 ** [0.1576]	0.4087 ** [0.1550]	0.4102 ** [0.1556]	0.4075 ** [0.1535]	0.4081 ** [0.1550]	0.4068 ** [0.1534]
$adj.\ R^2$	0.2481	0.2648	0.2538	0.2593	0.2499	0.2592	0.2549
N	3570	3570	3570	3570	3570	3570	3570

注：*、**、*** 是指分别通过 0.1、0.05、0.01 的显著性水平检验。

从模型检验结果来看，空间效应 rho 通过 5% 的显著性水平检验，表明不同行业的产业集聚对城市专利申请数量的影响有显著空间效应，Hausman 检验通过了 1% 的显著性水平，表明应选择城市和年份双固定效应模型。

从核心解释变量来看，未考虑空间效应时，$Coagg$ 的系数为负但没有通过显著性检验；考虑空间效应后，$Coagg$ 系数为正且通过 10% 的显著性水平检验，表明制造业与生产性服务业协同集聚对本地城市专利申请数量没有显著影响，但周边城市制造业与生产性服务业协同集聚对本地城市专利申请数量有显著正向影响。此外，$Magg$ 和 $Sagg$ 都没有通过显著性检验，表明本地以及周边城市的制造业集聚和生产性服务业集聚对本地城市专利申请数量没有显著影响。

表 7-51 展示了中西部地区基于行业视角的产业集聚对城市专利申请数量影响的 SDM 空间效应的分解结果，表中模型（1）~模型（7）是表 7-49 中相应模型空间效应的分解。可以看出 $Coagg$ 的直接效应不显著而间接效应至少通过了 10% 的显著性水平检验，表明制造业与生产性服务业协同集聚对本地城市专利申请数量没有显著影响，而周边城市制造业与生产性服务业协同集聚对本地区城市专利申请数量有显著正向影响，还表明周边城市制造业与生产性服务业协同集聚水平每提高 1%，则本地区城市专利申请数量将上升 0.7646%①。此外，$Magg$ 和 $Sagg$ 的直接效应和间接效应均不显著，表明本地以及周边城市的制造业集聚和生产性服务业集聚对本地城市专利申请数量没有显著影响。

----

① 这里使用了模型（1）~模型（3）中 $Coagg$ 的间接效应系数估计值。

表 7 – 51　　　　　基于行业视角的产业集聚城市对专利申请
数量影响 SDM 空间效应的分解

变量	模型 (1) ~ 模型 (3)			模型 (4)		
	直接效应	间接效应	总效应	直接效应	间接效应	总效应
$Magg$	0.0128 [0.1552]	0.4153 [0.3684]	0.4281 [0.3324]	0.0342 [0.1588]	0.4284 [0.3395]	0.4627 [0.2925]
$Sagg$	0.1129 [0.0894]	− 0.0175 [0.1939]	0.0954 [0.2379]	0.115 [0.0857]	0.0638 [0.1575]	0.1788 [0.1977]
$Coagg$	− 0.0989 [0.1155]	0.7646 * [0.3623]	0.6657 * [0.3141]			

变量	模型 (5)			模型 (6)			模型 (7)		
	直接效应	间接效应	总效应	直接效应	间接效应	总效应	直接效应	间接效应	总效应
$Magg$	0.0011 [0.1551]	0.3561 [0.3265]	0.3572 [0.2786]				0.0234 [0.1582]	0.4093 [0.3331]	0.4327 [0.2927]
$Sagg$				0.1124 [0.0995]	0.1306 [0.1538]	0.243 [0.2098]	0.1101 [0.0950]	0.1837 [0.1472]	0.2938 [0.2001]
$Coagg$	− 0.1183 [0.1124]	0.7474 * [0.3147]	0.6291 * [0.2667]	− 0.0691 [0.1247]	0.8476 * [0.3368]	0.7786 ** [0.2983]	− 0.068 [0.1248]	0.7700 ** [0.2953]	0.7020 ** [0.2599]

注：*、**、*** 是指分别通过 0.1、0.05、0.01 的显著性水平检验。

表 7 – 52 展示了中西部地区基于产业集聚类型视角的产业集聚对城市专利申请数量影响的 SDM 空间效应估计结果。其中，模型 (1) ~ 模型 (3) 分别是将专业化集聚、多样化集聚以及集聚类型演变方向纳入方程的估计结果，模型 (4) 是专业化集聚和多样化集聚同时纳入方程的回归估计结果。

表 7 – 52　　　　基于集聚类型视角的产业集聚对城市专利申请
数量影响的 SDM 空间效应

变量	模型 (1)	模型 (2)	模型 (3)	模型 (4)
$Spec$	0.2741 [0.1875]			0.2873 [0.1901]
Div		0.0314 [0.0266]		0.0353 [0.0279]
$Trend$			0.0158 [0.0091]	

续表

变量	模型（1）	模型（2）	模型（3）	模型（4）
R&D	0.0921 ** [0.0291]	0.0897 ** [0.0282]	0.0874 ** [0.0283]	0.0922 ** [0.0288]
Trade	-0.0175 [0.0394]	-0.0198 [0.0391]	-0.0284 [0.0401]	-0.0057 [0.0386]
Emp	0.6735 *** [0.1727]	0.7299 *** [0.1931]	0.7086 *** [0.1764]	0.7346 *** [0.1931]
Fca	-0.2377 * [0.1004]	-0.2390 * [0.1007]	-0.2356 * [0.1006]	-0.2357 * [0.0988]
Infr	0.2188 [0.1147]	0.2004 [0.1129]	0.2179 [0.1147]	0.2155 [0.1147]
W × Spec	-1.2146 [0.6750]			-1.2505 [0.6893]
W × Div		-0.0425 [0.0508]		-0.0447 [0.0513]
W × Trend			0.0272 [0.0196]	
城市固定	Y	Y	Y	Y
年份固定	Y	Y	Y	Y
Hausman	124.12 ***	111.52 ***	106.68 ***	126.25 ***
rho	-0.0618 [0.0325]	-0.0634 * [0.0323]	-0.0734 * [0.0336]	-0.0594 [0.0328]
sigma2_e	0.4073 ** [0.1533]	0.4108 ** [0.1559]	0.4091 ** [0.1559]	0.4055 ** [0.1512]
adj. R^2	0.2376	0.2727	0.2543	0.2631
N	3570	3570	3570	3570

注：* 、** 、*** 是指分别通过0.1、0.05、0.01的显著性水平检验。

从模型检验结果来看，空间效应 rho 至少通过5%的显著性水平检验，表明不同类型的产业集聚对城市专利申请数量的影响有显著空间效应，Hausman 检验通过了1%的显著性水平，表明应选择城市和年份双固定效应模型。

从核心解释变量来看，在模型（1）~模型（4）中，无论是否考虑空间效应，Spec、Div 和 Trend 都没有通过显著性检验，表明本地以及周边城市集聚、多样化集聚和集聚类型演进方向对本地城市专利申请数量没有显著影响。

表7-53展示了中西部地区基于集聚类型视角的产业集聚对城市专利申请数量影响SDM空间效应的分解结果。其中，模型（1）~模型（4）是表7-52中相应模型的空间效应分解结果。可以看出Spec、Div和Trend的直接效应和间接效应都不显著，表明从集聚类型视角来看，本地以及周边城市对本地城市专利申请数量没有显著影响。

表7-53　　基于集聚类型视角的产业集聚影响城市专利申请
数量SDM空间效应的分解

变量	模型（1）~模型（3）			模型（4）		
	直接效应	间接效应	总效应	直接效应	间接效应	总效应
Spec	0.3005 [0.1985]	-1.1762 [0.6352]	-0.8757 [0.5555]	0.3139 [0.2034]	-1.2137 [0.6635]	-0.8998 [0.5613]
Div	0.0331 [0.0277]	-0.0436 [0.0484]	-0.0105 [0.0408]	0.0351 [0.0274]	-0.041 [0.0486]	-0.0059 [0.0389]
Trend	0.0157 [0.0093]	0.0240 [0.0181]	0.0397 [0.0203]			

注：*、**、***是指分别通过0.1、0.05、0.01的显著性水平检验。

2. 中西部地区产业集聚对城市专利获得授权数量影响的空间效应

表7-54展示了中西部地区基于行业视角的产业集聚对城市专利获得授权数量影响的SDM空间效应估计结果。其中，模型（1）~模型（3）分别是将制造业集聚、生产性服务业集聚以及制造业与生产性服务业协同集聚纳入方程的估计结果，模型（4）~模型（6）是将制造业集聚、生产性服务业集聚以及制造业与生产性服务业协同集聚中的两个纳入方程的估计结果，模型（7）是制造业集聚、生产性服务业集聚以及制造业与生产性服务业协同集聚同时纳入方程的回归估计结果。

表7-54　　基于行业视角的产业集聚对城市专利获得授权数量
影响的SDM空间效应

变量	模型（1）	模型（2）	模型（3）	模型（4）	模型（5）	模型（6）	模型（7）
Magg	-0.0048 [0.1059]			0.0073 [0.1112]	-0.0144 [0.1066]		0.0001 [0.1115]

续表

变量	模型（1）	模型（2）	模型（3）	模型（4）	模型（5）	模型（6）	模型（7）
Sagg		0.0658 [0.0684]		0.0703 [0.0717]		0.0756 [0.0763]	0.0769 [0.0800]
Coagg			−0.0115 [0.0730]		−0.0187 [0.0755]	0.0134 [0.0886]	0.0058 [0.0910]
R&D	0.0693*** [0.0209]	0.0683*** [0.0205]	0.0714*** [0.0211]	0.0691*** [0.0208]	0.0719*** [0.0214]	0.0711*** [0.0210]	0.0717*** [0.0212]
Trade	−0.0238 [0.0312]	−0.0235 [0.0307]	−0.0199 [0.0297]	−0.0232 [0.0314]	−0.0188 [0.0307]	−0.0191 [0.0300]	−0.0188 [0.0308]
Emp	0.5221*** [0.1276]	0.5309*** [0.1304]	0.5080*** [0.1253]	0.5374*** [0.1302]	0.5171*** [0.1259]	0.5268*** [0.1294]	0.5336*** [0.1288]
Fca	−0.2208** [0.0842]	−0.2252** [0.0851]	−0.2243** [0.0852]	−0.2226** [0.0840]	−0.2224** [0.0843]	−0.2268** [0.0849]	−0.2244** [0.0839]
Infr	0.1551 [0.1013]	0.1488 [0.1005]	0.1504 [0.1007]	0.154 [0.1012]	0.1548 [0.1014]	0.1491 [0.1006]	0.1539 [0.1013]
$W \times Magg$	0.3234 [0.2801]			0.3298 [0.2680]	0.2794 [0.2574]		0.2959 [0.2520]
$W \times Sagg$		−0.0379 [0.1440]		0.0107 [0.1244]		0.0619 [0.1247]	0.0996 [0.1152]
$W \times Coagg$			0.5246* [0.2825]		0.4882* [0.2552]	0.5483* [0.2693]	0.5198* [0.2496]
城市固定	Y	Y	Y	Y	Y	Y	Y
年份固定	Y	Y	Y	Y	Y	Y	Y
Hausman	88.02***	89.66***	98.02***	89.81***	96.68***	101.02***	99.74***
rho	−0.0548 [0.0297]	−0.0558 [0.0291]	−0.0599* [0.0290]	−0.0549 [0.0297]	−0.0580* [0.0294]	−0.0609* [0.0287]	−0.0596* [0.0292]
sigma2_e	0.2010* [0.0796]	0.2016* [0.0807]	0.2003* [0.0794]	0.2008* [0.0797]	0.1997* [0.0786]	0.2001* [0.0795]	0.1994* [0.0786]
adj. R^2	0.2188	0.2364	0.2205	0.2295	0.2158	0.2285	0.2231
N	3570	3570	3570	3570	3570	3570	3570

注：*、**、***是指分别通过0.1、0.05、0.01的显著性水平检验。

从模型检验结果来看，空间效应 rho 通过 5% 的显著性水平检验，表明不同行业的产业集聚对城市专利获得授权数量的影响有显著空间效应，Hausman 检验通过了 1% 的显著性水平，表明应选择城市和年份双固定效应模型。

从核心解释变量来看，未考虑空间效应时，*Coagg* 的系数为负但没有通过显著性检验；考虑空间效应后，*Coagg* 系数为正且通过 10% 的显著性水平检验，表明制造业与生产性服务业协同集聚对本地城市专利获得授权数量没有显著影响，但周边城市制造业与生产性服务业协同集聚对本地城市专利获得授权数量有显著正向影响。此外，*Magg* 和 *Sagg* 都没有通过显著性检验，表明本地以及周边城市的制造业集聚和生产性服务业集聚对本地城市专利获得授权数量没有显著影响。

表 7 – 55 展示了中西部地区基于行业视角的产业集聚对城市专利获得授权数量影响 SDM 空间效应的分解结果。表中模型（1）~ 模型（7）是表 7 – 54 中相应模型空间效应的分解。可以看出 *Coagg* 的直接效应不显著而间接效应至少通过了 10% 的显著性水平检验，表明制造业与生产性服务业协同集聚对本地城市专利获得授权数量没有显著影响，而周边城市制造业与生产性服务业协同集聚对本地区城市专利获得授权数量有显著正向影响，还表明周边城市制造业与生产性服务业协同集聚水平每提高 1%，则本地区城市专利获得授权数量将上升 0.4954%[①]。此外，*Magg* 和 *Sagg* 的直接效应和间接效应均不显著，表明本地以及周边城市的制造业集聚和生产性服务业集聚对本地城市专利获得授权数量没有显著影响。

表 7 – 55   基于行业视角的产业集聚对城市专利获得授权数量
影响 SDM 空间效应的分解

变量	模型（1）~ 模型（3）			模型（4）		
	直接效应	间接效应	总效应	直接效应	间接效应	总效应
Magg	− 0.0051 [0.1102]	0.2992 [0.2713]	0.2941 [0.2375]	0.0070 [0.1156]	0.3091 [0.2478]	0.3161 [0.2056]
Sagg	0.0691 [0.0693]	− 0.0359 [0.1477]	0.0332 [0.1921]	0.0683 [0.0685]	0.0194 [0.1161]	0.0877 [0.1587]
Coagg	− 0.0164 [0.0782]	0.4954 * [0.2698]	0.4790 * [0.2434]			

————————————

① 这里使用了模型（1）~ 模型（3）中 *Coagg* 的间接效应系数估计值。

续表

变量	模型（5）			模型（6）			模型（7）		
	直接效应	间接效应	总效应	直接效应	间接效应	总效应	直接效应	间接效应	总效应
Magg	-0.0144 [0.1110]	0.2595 [0.2405]	0.2450 [0.1987]				-0.0002 [0.1163]	0.2932 [0.2462]	0.293 [0.2085]
Sagg				0.0775 [0.0776]	0.0606 [0.1148]	0.1381 [0.1658]	0.0737 [0.0767]	0.0962 [0.1045]	0.1698 [0.1543]
Coagg	-0.0291 [0.0755]	0.4809 * [0.2365]	0.4518 * [0.2114]	0.0046 [0.0897]	0.5401 * [0.2518]	0.5447 * [0.2273]	0.0034 [0.0892]	0.4945 * [0.2262]	0.4979 * [0.2041]

注：*、**、*** 是指分别通过0.1、0.05、0.01的显著性水平检验。

表7-56展示了中西部地区基于产业集聚类型视角的产业集聚对城市专利获得授权数量影响的SDM空间效应估计结果。其中，模型（1）~模型（3）分别是将专业化集聚、多样化集聚以及集聚类型演变方向纳入方程的估计结果，模型（4）是专业化集聚和多样化集聚同时纳入方程的回归估计结果。

表7-56 基于集聚类型视角的产业集聚对城市专利获得授权数量影响的SDM空间效应

变量	模型（1）	模型（2）	模型（3）	模型（4）
Spec	0.1659 [0.1261]			0.1762 [0.1266]
Div		0.0338 [0.0196]		0.0365 [0.0206]
Trend			0.0184 * [0.0084]	
R&D	0.0703 *** [0.0211]	0.0676 *** [0.0204]	0.0661 ** [0.0204]	0.0694 *** [0.0209]
Trade	-0.0169 [0.0302]	-0.0154 [0.0298]	-0.0229 [0.0301]	-0.0061 [0.0299]
Emp	0.5128 *** [0.1261]	0.5718 *** [0.1418]	0.5546 *** [0.1311]	0.5748 *** [0.1414]
Fca	-0.2212 ** [0.0842]	-0.2205 ** [0.0841]	-0.2183 ** [0.0834]	-0.2183 ** [0.0828]
Infr	0.1605 [0.1011]	0.1494 [0.1009]	0.1609 [0.1000]	0.1601 [0.1011]

续表

变量	模型（1）	模型（2）	模型（3）	模型（4）
$W \times Spec$	-0.8416 [0.5356]			-0.8764 [0.5448]
$W \times Div$		-0.0188* [0.0341]		-0.0202* [0.0345]
$W \times Trend$			0.0210 [0.0160]	
城市固定	Y	Y	Y	Y
年份固定	Y	Y	Y	Y
Hausman	95.94***	76.02***	87.97***	83.39***
rho	-0.0538* [0.0299]	-0.0528** [0.0295]	-0.0702* [0.0313]	-0.0499* [0.0303]
sigma2_e	0.1995* [0.0784]	0.2006* [0.0796]	0.1985* [0.0793]	0.1981* [0.0772]
adj. R^2	0.2102	0.2556	0.2418	0.2460
N	3570	3570	3570	3570

注：*、**、*** 是指分别通过0.1、0.05、0.01的显著性水平检验。

从模型检验结果来看，空间效应 rho 至少通过10%的显著性水平检验，表明不同类型的产业集聚对城市专利获得授权数量的影响有显著空间效应，Hausman 检验通过了1%的显著性水平，表明应选择城市和年份双固定效应模型。

从核心解释变量来看，未考虑空间效应时，Spec 和 Div 系数为正但没有通过显著性检验，Trend 系数为正且通过10%的显著性水平检验；考虑空间效应后，Spec 系数为正但没有通过显著性检验，Div 系数为负且通过10%的显著性水平检验，Trend 系数为负但没有通过显著性检验。这表明本地以及周边城市专业化集聚对本地城市专利获得授权数量没有显著影响；多样化集聚对本地城市专利获得授权数量没有显著影响，而周边城市多样化集聚对本地城市专利获得授权数量有显著负向影响；集聚类型演进方向对本地城市专利获得授权数量有显著正向影响，但周边城市集聚类型演进方向对本地城市专利获得授权数量没有显著影响。

表7-57展示了中西部地区基于集聚类型视角的产业集聚对城市专利申

请数量影响 SDM 空间效应的分解结果。可以看出 Spec 直接效应和间接效应都不显著，本地以及周边城市专业化集聚对本地城市专利获得授权数量没有显著影响；Div 直接效应不显著而间接效应显著为负，多样化集聚对本地城市专利获得授数量没有显著影响，而周边城市多样化集聚对本地城市专利获得授权数量有显著负向影响；Trend 直接效应显著为正而间接效应不显著，集聚类型演进方向对本地城市专利获得授权数量有显著正向影响，但周边城市集聚类型演进方向对本地城市专利获得授权数量没有显著影响。

表 7 –57　　　　　基于集聚类型视角的产业集聚对城市专利获得授权
数量影响 SDM 空间效应的分解

变量	模型（1）~模型（3）			模型（4）		
	直接效应	间接效应	总效应	直接效应	间接效应	总效应
Spec	0.1822 [0.1326]	− 0.8158 [0.5010]	− 0.6336 [0.4521]	0.1923 [0.1342]	− 0.8497 [0.5253]	− 0.6574 [0.4628]
Div	0.0348 [0.0203]	− 0.0208* [0.0329]	0.0140 [0.0304]	0.0360 [0.0200]	− 0.0188* [0.0326]	0.0172 [0.0283]
Trend	0.0184* [0.0085]	0.0182 [0.0146]	0.0366* [0.0175]			

注：*、**、***是指分别通过0.1、0.05、0.01的显著性水平检验。

（二）缩尾处理法稳健性检验

1. 中西部地区产业集聚对城市专利申请数量影响的空间效应

表 7 –58 展示了中西部地区基于行业视角的产业集聚对城市专利申请数量影响的 SDM 空间效应的稳健性检验结果。从模型检验结果来看，空间效应 rho 至少通过 10% 的显著性水平检验，Hausman 检验通过了 1% 的显著性水平，表明存在空间效应且应采用双固定效应模型估计。从核心解释变量来看，不考虑空间效应时，Magg 和 Coagg 系数为负但没有通过显著性检验，Sagg 系数显著为正但没有通过显著性检验；考虑空间效应后，Magg 和 Sagg 系数显著为正但没有通过显著性检验；Coagg 系数为正且通过 10% 的显著性水平检验。表明中西部地区基于行业视角的空间效应通过了稳健性检验。

表 7 – 58   基于行业视角的产业集聚对城市
专利申请数量影响的 SDM 空间效应

变量	模型（1）	模型（2）	模型（3）	模型（4）	模型（5）	模型（6）	模型（7）
Magg	- 0. 0708 [0. 1244]			- 0. 0335 [0. 1207]	- 0. 0826 [0. 1248]		- 0. 0459 [0. 1208]
Sagg		0. 1944 [0. 1122]		0. 1943 [0. 1103]		0. 1945 [0. 1185]	0. 189 [0. 1155]
Coagg			- 0. 0898 [0. 1073]		- 0. 0969 [0. 1102]	- 0. 0291 [0. 1162]	- 0. 0409 [0. 1184]
R&D	0. 0907 ** [0. 0288]	0. 0891 ** [0. 0283]	0. 0941 ** [0. 0291]	0. 0902 ** [0. 0286]	0. 0946 ** [0. 0293]	0. 0934 ** [0. 0289]	0. 0942 ** [0. 0291]
Trade	- 0. 0253 [0. 0404]	- 0. 0263 [0. 0406]	- 0. 0219 [0. 0393]	- 0. 0238 [0. 0405]	- 0. 0174 [0. 0393]	- 0. 0196 [0. 0396]	- 0. 0171 [0. 0396]
Emp	0. 6981 *** [0. 1814]	0. 7238 *** [0. 1867]	0. 6652 *** [0. 1708]	0. 7401 *** [0. 1930]	0. 6892 *** [0. 1786]	0. 7136 *** [0. 1837]	0. 7301 *** [0. 1898]
Fca	- 0. 2385 * [0. 1010]	- 0. 2467 * [0. 1038]	- 0. 2419 * [0. 1018]	- 0. 2434 * [0. 1024]	- 0. 2402 * [0. 1009]	- 0. 2485 * [0. 1037]	- 0. 2455 * [0. 1023]
Infr	0. 2109 [0. 1141]	0. 2007 [0. 1120]	0. 2057 [0. 1122]	0. 2087 [0. 1138]	0. 2116 [0. 1137]	0. 2026 [0. 1116]	0. 2098 [0. 1133]
W × Magg	0. 4895 [0. 3999]			0. 5117 [0. 3912]	0. 4182 [0. 3690]		0. 4547 [0. 3671]
W × Sagg		- 0. 0355 [0. 2138]		0. 0501 [0. 1852]		0. 1166 [0. 1892]	0. 1831 [0. 1757]
W × Coagg			0. 8084 * [0. 3783]		0. 7544 * [0. 3398]	0. 8455 * [0. 3633]	0. 8007 * [0. 3344]
城市固定	Y	Y	Y	Y	Y	Y	Y
年份固定	Y	Y	Y	Y	Y	Y	Y
Hausman	113. 36 **	120. 30 ***	124. 37 ***	122. 29 ***	125. 55 ***	132. 77 ***	133. 36 ***
rho	- 0. 0620 * [0. 0325]	- 0. 0650 * [0. 0318]	- 0. 0672 * [0. 0323]	- 0. 0629 * [0. 0322]	- 0. 0636 * [0. 0324]	- 0. 0694 * [0. 0319]	- 0. 0667 * [0. 0321]
sigma2_e	0. 4103 ** [0. 1552]	0. 4112 ** [0. 1568]	0. 4087 ** [0. 1550]	0. 4092 ** [0. 1545]	0. 4072 ** [0. 1531]	0. 4075 ** [0. 1542]	0. 4060 ** [0. 1523]
adj. R^2	0. 2488	0. 2726	0. 2535	0. 2654	0. 2506	0. 2661	0. 2605
N	3570	3570	3570	3570	3570	3570	3570

注：* 、** 、*** 是指分别通过 0.1、0.05、0.01 的显著性水平检验。

表 7 – 59 展示了中西部地区基于行业视角的产业集聚对城市专利申请
数量影响 SDM 空间效应的分解结果的稳健性检验。其中，模型（1）～模
型（7）是表 7 – 34 中相应模型的空间效应分解结果。从表 7 – 59 中可知，
Magg 和 *Sagg* 直接效应和间接效应都不显著，*Coagg* 直接效应不显著但间
接效应显著为正。这与表 7 – 51 结果相同，表明中西部地区基于行业视角
的产业集聚对城市专利申请数量影响 SDM 空间效应的分解通过了稳健性
检验。

表 7 – 59　　　　基于行业视角的产业集聚对城市专利申请数量
影响 SDM 空间效应的分解

变量	模型（1）～模型（3）			模型（4）		
	直接效应	间接效应	总效应	直接效应	间接效应	总效应
Magg	- 0.0736 [0.1304]	0.4598 [0.3855]	0.3862 [0.3463]	- 0.0367 [0.1265]	0.4603 [0.3630]	0.4236 [0.3213]
Sagg	0.1998 [0.1158]	- 0.0445 [0.2155]	0.1552 [0.2267]	0.1886 [0.1070]	0.0615 [0.1782]	0.2500 [0.1974]
Coagg	- 0.0993 [0.1161]	0.7633 * [0.3629]	0.6640 * [0.3143]			

变量	模型（5）			模型（6）			模型（7）		
	直接效应	间接效应	总效应	直接效应	间接效应	总效应	直接效应	间接效应	总效应
Magg	- 0.0846 [0.1308]	0.3858 [0.3439]	0.3011 [0.2925]				- 0.0487 [0.1265]	0.4390 [0.3437]	0.3903 [0.3062]
Sagg				0.1972 [0.1217]	0.1034 [0.1728]	0.3006 [0.2078]	0.1813 [0.1115]	0.1746 [0.1630]	0.3559 [0.2108]
Coagg	- 0.1136 [0.1112]	0.7432 * [0.3134]	0.6297 * [0.2641]	- 0.0473 [0.1159]	0.8373 * [0.3366]	0.7900 * [0.3139]	- 0.0429 [0.1163]	0.7465 ** [0.2870]	0.7036 ** [0.2665]

注：*、**、*** 是指分别通过 0.1、0.05、0.01 的显著性水平检验。

表 7 – 60 展示了中西部地区基于行业视角的产业集聚对城市专利申请
数量影响的 SDM 空间效应的稳健性检验结果。从模型检验结果来看，空间
效应 *rho* 至少通过 10% 的显著性水平检验，Hausman 检验通过了 1% 的显
著性水平，表明存在空间效应且应采用双固定效应模型估计。从核心解释
变量来看，无论是否考虑空间效应，*Spec*、*Div* 和 *Trend* 都没有通过显著性
检验。这与表 7 – 52 估计结果相同，表明中西部地区基于集聚类型视角的
产业集聚对城市专利申请数量影响的 SDM 空间效应通过了稳健性检验。

表 7 - 60　　基于集聚类型视角的产业集聚影响城市专利申请
数量的 SDM 空间效应

变量	模型（1）	模型（2）	模型（3）	模型（4）
Spec	0.2987 [0.1847]			0.3089 [0.1872]
Div		0.0149 [0.0189]		0.0196 [0.0195]
Trend			0.0126 [0.0086]	
R&D	0.0924 ** [0.0292]	0.0906 ** [0.0284]	0.0879 ** [0.0285]	0.0932 ** [0.0291]
Trade	-0.0163 [0.0393]	-0.024 [0.0399]	-0.0284 [0.0402]	-0.0087 [0.0388]
Emp	0.6734 *** [0.1725]	0.7024 *** [0.1816]	0.7019 *** [0.1768]	0.7084 *** [0.1817]
Fca	-0.2368 * [0.1001]	-0.2406 * [0.1023]	-0.2378 * [0.1004]	-0.2364 * [0.1001]
Infr	0.2196 [0.1148]	0.1999 [0.1122]	0.2176 [0.1152]	0.2158 [0.1143]
W × Spec	-1.2714 [0.7023]			-1.2942 [0.7050]
W × Div		-0.0433 [0.0529]		-0.0448 [0.0531]
W × Trend			0.03 [0.0209]	
城市固定	Y	Y	Y	Y
年份固定	Y	Y	Y	Y
Hausman	124.99 ***	117.79 ***	106.17 ***	130.57 ***
rho	-0.0616 [0.0326]	-0.0648 * [0.0325]	-0.0717 * [0.0334]	-0.0607 [0.0329]
sigma2_e	0.4069 ** [0.1530]	0.4116 ** [0.1569]	0.4097 ** [0.1558]	0.4061 ** [0.1521]
adj. R^2	0.2384	0.2618	0.2510	0.2524
N	3570	3570	3570	3570

注：*、**、*** 是指分别通过 0.1、0.05、0.01 的显著性水平检验。

表 7-61 展示了中西部地区基于集聚类型视角的产业集聚影响城市专利申请数量 SDM 空间效应的分解结果的稳健性检验。从表 7-61 中可知，$Spec$、Div 和 $Trend$ 直接效应和间接效应都不显著。这与表 7-53 结果相同，表明中西部地区基于集聚类型视角的产业集聚对城市专利申请数量影响 SDM 空间效应的分解通过了稳健性检验。

表 7-61　　　　基于集聚类型视角的产业集聚影响城市
专利申请数量 SDM 空间效应的分解

变量	模型 (1) ~ 模型 (3)			模型 (4)		
	直接效应	间接效应	总效应	直接效应	间接效应	总效应
$Spec$	0.3259 [0.1964]	-1.2344 [0.6604]	-0.9085 [0.5752]	0.3366 [0.2017]	-1.2613 [0.6814]	-0.9247 [0.5764]
Div	0.0163 [0.0194]	-0.0412 [0.0513]	-0.0248 [0.0537]	0.0194 [0.0191]	-0.0402 [0.0498]	-0.0208 [0.0486]
$Trend$	0.0124 [0.0088]	0.0269 [0.0194]	0.0394 [0.0212]			

注：*、**、*** 是指分别通过 0.1、0.05、0.01 的显著性水平检验。

2. 中西部地区产业集聚对城市专利获得授权数量影响的空间效应

表 7-62 展示了中西部地区基于行业视角的产业集聚对城市专利获得授权数量影响的 SDM 空间效应的稳健性检验结果。从模型检验结果来看，空间效应 rho 至少通过 10% 的显著性水平检验，Hausman 检验通过了 1% 的显著性水平，表明存在空间效应且应采用双固定效应模型估计。从核心解释变量来看，不考虑空间效应时，$Magg$ 和 $Coagg$ 系数为负但没有通过显著性检验，$Sagg$ 系数显著为正但没有通过显著性检验；考虑空间效应后，$Magg$ 系数为正但没有通过显著性检验，$Sagg$ 系数显著为负但没有通过显著性检验；$Coagg$ 系数为正且通过 10% 的显著性水平检验。这与表 7-54 估计结果相同，表明中西部地区的 SDM 空间效应通过了稳健性检验。

表 7 - 62　　　　　基于行业视角的产业集聚影响城市专利获得授权
数量的 SDM 空间效应

变量	模型 (1)	模型 (2)	模型 (3)	模型 (4)	模型 (5)	模型 (6)	模型 (7)
$Magg$	- 0. 0691 [0. 0886]			- 0. 0456 [0. 0882]	- 0. 0788 [0. 0893]		- 0. 0539 [0. 0887]
$Sagg$		0. 1302 [0. 0718]		0. 1265 [0. 0710]		0. 14 [0. 0781]	0. 1327 [0. 0771]
$Coagg$			- 0. 0127 [0. 0733]		- 0. 0166 [0. 0750]	0. 0309 [0. 0824]	0. 0227 [0. 0840]
$R\&D$	0. 0692 *** [0. 0209]	0. 0681 *** [0. 0205]	0. 0713 *** [0. 0211]	0. 0689 *** [0. 0208]	0. 0716 *** [0. 0213]	0. 0708 *** [0. 0210]	0. 0713 *** [0. 0212]
$Trade$	- 0. 0208 [0. 0305]	- 0. 0221 [0. 0305]	- 0. 0199 [0. 0297]	- 0. 0196 [0. 0306]	- 0. 0159 [0. 0298]	- 0. 018 [0. 0299]	- 0. 0154 [0. 0300]
Emp	0. 5340 *** [0. 1319]	0. 5468 *** [0. 1356]	0. 5082 *** [0. 1253]	0. 5614 *** [0. 1395]	0. 5290 *** [0. 1302]	0. 5432 *** [0. 1343]	0. 5579 *** [0. 1379]
Fca	- 0. 2219 ** [0. 0842]	- 0. 2272 ** [0. 0864]	- 0. 2245 ** [0. 0853]	- 0. 2253 ** [0. 0852]	- 0. 2237 ** [0. 0844]	- 0. 2294 ** [0. 0865]	- 0. 2276 ** [0. 0854]
$Infr$	0. 1552 [0. 1015]	0. 1479 [0. 1005]	0. 1506 [0. 1008]	0. 1536 [0. 1014]	0. 1549 [0. 1016]	0. 1481 [0. 1004]	0. 1532 [0. 1013]
$W \times Magg$	0. 3499 [0. 2929]			0. 3598 [0. 2819]	0. 3001 [0. 2685]		0. 3201 [0. 2638]
$W \times Sagg$		- 0. 0509 [0. 1621]		0. 0076 [0. 1354]		0. 0464 [0. 1399]	0. 0919 [0. 1249]
$W \times Coagg$			0. 5218 * [0. 2829]		0. 4848 * [0. 2513]	0. 5383 * [0. 2675]	0. 5082 * [0. 2444]
城市固定	Y	Y	Y	Y	Y	Y	Y
年份固定	Y	Y	Y	Y	Y	Y	Y
$Hausman$	88. 10 ***	89. 77 ***	98. 20 ***	90. 21 ***	96. 41 ***	101. 02 ***	99. 66 ***
rho	- 0. 052 * [0. 0296]	- 0. 0552 * [0. 0291]	- 0. 0596 * [0. 0290]	- 0. 052 * [0. 0295]	- 0. 0552 * [0. 0292]	- 0. 0606 * [0. 0288]	- 0. 057 * [0. 0292]
$sigma2\_e$	0. 2007 * [0. 0794]	0. 2013 * [0. 0803]	0. 2004 * [0. 0794]	0. 2003 * [0. 0791]	0. 1995 * [0. 0784]	0. 1998 * [0. 0792]	0. 1990 * [0. 0781]
adj. R^2	0. 2192	0. 2452	0. 2202	0. 2363	0. 2163	0. 2363	0. 2295
N	3570	3570	3570	3570	3570	3570	3570

注：* 、** 、*** 是指分别通过 0.1、0.05、0.01 的显著性水平检验。

　　表7-63展示了中西部地区基于行业视角的产业集聚对城市专利获得授权数量影响SDM空间效应的分解结果的稳健性检验。其中，模型（1）~模型（7）是表7-62中相应模型的空间效应分解结果。从表7-63中可知，*Magg*和*Sagg*直接效应和间接效应都不显著，*Coagg*直接效应不显著但间接效应显著为正。这与表7-55结果相同，表明中西部地区基于行业视角的产业集聚对城市专利获得授权数量影响SDM空间效应的分解通过了稳健性检验。

表7-63　　　　　基于行业视角的产业集聚影响城市专利获得授权
数量SDM空间效应的分解

变量	模型（1）~模型（3）			模型（4）		
	直接效应	间接效应	总效应	直接效应	间接效应	总效应
Magg	-0.0702 [0.0928]	0.3311 [0.2844]	0.2609 [0.2511]	-0.0469 [0.0922]	0.3283 [0.2661]	0.2814 [0.2297]
Sagg	0.1338 [0.0738]	-0.0550 [0.1630]	0.0789 [0.1750]	0.1233 [0.0686]	0.0184 [0.1306]	0.1417 [0.1455]
Coagg	-0.0175 [0.0785]	0.4929 * [0.2703]	0.4753 [0.2437]			

变量	模型（5）			模型（6）			模型（7）		
	直接效应	间接效应	总效应	直接效应	间接效应	总效应	直接效应	间接效应	总效应
Magg	-0.0796 [0.0935]	0.2800 [0.2537]	0.2004 [0.2119]				-0.055 [0.0929]	0.3114 [0.2531]	0.2564 [0.2193]
Sagg				0.1423 [0.0801]	0.0402 [0.1286]	0.1825 [0.1550]	0.1284 [0.0741]	0.088 [0.1156]	0.2165 [0.1502]
Coagg	-0.0262 [0.0748]	0.4758 * [0.2350]	0.4496 * [0.2090]	0.0209 [0.0817]	0.5334 * [0.2480]	0.5544 * [0.2381]	0.0226 [0.0818]	0.4750 * [0.2171]	0.4976 * [0.2071]

注：*、**、***是指分别通过0.1、0.05、0.01的显著性水平检验。

　　表7-64展示了中西部地区基于集聚类型视角的产业集聚对城市专利获得授权数量影响的SDM空间效应的稳健性检验结果。从模型检验结果来看，空间效应*rho*至少通过5%的显著性水平检验，Hausman检验通过了1%的显著性水平，表明存在空间效应且应采用双固定效应模型估计。从核心解释变量来看，不考虑空间效应时，*Spec*和*Div*系数为正但没有通过显著性检验，*Trend*系数为正且通过显著性检验；考虑空间效应后，*Spec*系数为正但没有通过显著性检验，*Div*系数为负且通过显著性检验，*Trend*系数为负但没有通过显著性检验。这与表7-56估计结果相同，表明中西部

地区基于集聚类型视角的产业集聚对城市专利获得授权数量影响的 SDM 空间效应通过了稳健性检验。

表 7 – 64　　　　基于集聚类型视角的产业集聚影响城市专利获得
授权数量的 SDM 空间效应

变量	模型（1）	模型（2）	模型（3）	模型（4）
Spec	0.1817 [0.1223]			0.1889 [0.1231]
Div		0.0208 [0.0149]		0.024 [0.0151]
Trend			0.0135 * [0.0068]	
R&D	0.0705 *** [0.0212]	0.0682 *** [0.0206]	0.0667 ** [0.0205]	0.0702 *** [0.0212]
Trade	− 0.016 [0.0302]	− 0.0187 [0.0304]	− 0.0231 [0.0302]	− 0.0086 [0.0300]
Emp	0.5128 *** [0.1260]	0.5503 *** [0.1330]	0.5439 *** [0.1306]	0.5541 *** [0.1327]
Fca	− 0.2206 ** [0.0840]	− 0.2220 ** [0.0854]	− 0.2209 ** [0.0836]	− 0.2192 ** [0.0839]
Infr	0.1611 [0.1012]	0.1489 [0.1005]	0.1609 [0.1012]	0.1601 [0.1007]
W × Spec	− 0.8783 [0.5565]			− 0.9053 [0.5570]
W × Div		− 0.0197 * [0.0358]		− 0.0206 [0.0359]
W × Trend			0.0239 [0.0174]	
城市固定	Y	Y	Y	Y
年份固定	Y	Y	Y	Y
Hausman	96.50 ***	79.72 ***	84.45 ***	84.45 ***
rho	− 0.0536 [0.0300]	− 0.0541 [0.0294]	− 0.0671 * [0.0308]	− 0.0511 [0.0303]
sigma2_e	0.1993 * [0.0783]	0.2013 * [0.0804]	0.1996 * [0.0792]	0.1987 * [0.0780]
adj. R^2	0.2107	0.2428	0.2348	0.2335
N	3570	3570	3570	3570

注：*、**、*** 是指分别通过 0.1、0.05、0.01 的显著性水平检验。

表 7 - 65 展示了中西部地区基于集聚类型视角的产业集聚影响城市专利获得授权数量 SDM 空间效应的分解结果的稳健性检验。从表 7 - 65 中可知，*Spec* 直接效应和间接效应都不显著，*Div* 直接效应不显著而间接效应显著，*Trend* 直接效应和间接效应都不显著。与表 7 - 57 比较可知，*Spec* 和 *Div* 通过了稳健性检验，*Trend* 没有通过稳健性检验。

表 7 - 65 　　　　基于集聚类型视角的产业集聚影响城市专利获得
授权数量 *SDM* 空间效应的分解

变量	模型 （1）~ 模型 （3）			模型 （4）		
	直接效应	间接效应	总效应	直接效应	间接效应	总效应
Spec	0.1984 [0.1290]	- 0.8534 [0.5202]	- 0.655 [0.4691]	0.2057 [0.1312]	- 0.8843 [0.5402]	- 0.6786 [0.4774]
Div	0.0216 [0.0153]	- 0.0195 * [0.0354]	0.0021 [0.0400]	0.0235 [0.0148]	- 0.0188 * [0.0336]	0.0048 [0.0354]
Trend	0.0134 [0.0069]	0.0214 [0.0160]	0.0348 [0.0183]			

注：* 、** 、*** 是指分别通过 0.1、0.05、0.01 的显著性水平检验。

（三）更换空间权重矩阵稳健性检验

1. 中西部地区产业集聚对城市专利申请数量影响的空间效应

表 7 - 66 展示了中西部地区基于行业视角的产业集聚对城市专利申请数量影响的 SDM 空间效应的稳健性检验结果。从模型检验结果来看，空间效应 *rho* 至少通过 10% 的显著性水平检验，Hausman 检验通过了 1% 的显著性水平，表明存在空间效应且应采用双固定效应模型估计。从核心解释变量来看，不考虑空间效应时，*Magg* 和 *Coagg* 系数为负但没有通过显著性检验，*Sagg* 系数显著为正但没有通过显著性检验；考虑空间效应后，*Magg* 和 *Sagg* 系数显著为正但没有通过显著性检验；*Coagg* 系数为正且通过 10% 的水平显著性检验。这与表 7 - 50 估计结果相同，表明中西部地区基于行业视角的产业集聚对城市专利申请数量影响的 SDM 空间效应通过了稳健性检验。

表 7-66　　　　　　基于行业视角的产业集聚影响城市
专利申请数量的 SDM 空间效应

变量	模型（1）	模型（2）	模型（3）	模型（4）	模型（5）	模型（6）	模型（7）
$Magg$	0.0093 [0.1481]			0.0327 [0.1521]	0.0048 [0.1502]		0.0266 [0.1535]
$Sagg$		0.1095 [0.0876]		0.1172 [0.0895]		0.1053 [0.0981]	0.1097 [0.0997]
$Coagg$			−0.0892 [0.1094]		−0.1032 [0.1119]	−0.0558 [0.1244]	−0.0702 [0.1264]
$R\&D$	0.0904** [0.0291]	0.0890** [0.0286]	0.0922** [0.0296]	0.0898** [0.0288]	0.0930** [0.0297]	0.0918** [0.0295]	0.0926** [0.0296]
$Trade$	−0.0301 [0.0403]	−0.0284 [0.0399]	−0.0271 [0.0387]	−0.0299 [0.0405]	−0.0271 [0.0395]	−0.0263 [0.0392]	−0.0275 [0.0399]
Emp	0.6893*** [0.1771]	0.7065*** [0.1803]	0.6756*** [0.1735]	0.7139*** [0.1818]	0.6863*** [0.1761]	0.7015*** [0.1791]	0.7092*** [0.1807]
Fca	−0.2321* [0.1012]	−0.2376* [0.1014]	−0.2363* [0.1021]	−0.2337* [0.1010]	−0.2332* [0.1019]	−0.2387* [0.1016]	−0.2346* [0.1012]
$Infr$	0.2088 [0.1136]	0.2034 [0.1129]	0.2093 [0.1141]	0.2073 [0.1134]	0.2132 [0.1149]	0.2078 [0.1140]	0.212 [0.1147]
$W \times Magg$	0.4386 [0.3193]			0.4524 [0.3133]	0.4419 [0.3185]		0.4578 [0.3144]
$W \times Sagg$		0.0549 [0.1663]		0.0949 [0.1599]		0.1039 [0.1617]	0.1445 [0.1564]
$W \times Coagg$			0.3099* [0.2679]		0.3068* [0.2688]	0.3419* [0.2653]	0.3468* [0.2674]
城市固定	Y	Y	Y	Y	Y	Y	Y
年份固定	Y	Y	Y	Y	Y	Y	Y
$Hausman$	77.18***	72.20***	77.73***	76.72***	83.32***	75.33***	80.09***
rho	−0.0605* [0.0255]	−0.0596* [0.0245]	−0.0590* [0.0247]	−0.0614* [0.0253]	−0.0598* [0.0254]	−0.0601* [0.0247]	−0.0617* [0.0254]
$sigma2\_e$	0.4107** [0.1559]	0.4125** [0.1579]	0.4121** [0.1569]	0.4102** [0.1559]	0.4099** [0.1550]	0.4116** [0.1569]	0.4093** [0.1549]
adj. R^2	0.2378	0.2552	0.2492	0.2463	0.2407	0.2532	0.2443
N	3570	3570	3570	3570	3570	3570	3570

注：*、**、*** 是指分别通过 0.1、0.05、0.01 的显著性水平检验。

表 7 - 67 展示了中西部地区基于行业视角的产业集聚对城市专利申请数量影响 SDM 空间效应的分解结果的稳健性检验。其中，模型（1）~ 模型（7）是表 7 - 34 中相应模型的空间效应分解结果。从表 7 - 67 中可知，Magg 和 Sagg 直接效应和间接效应都不显著，Coagg 直接效应不显著但间接效应显著为正。表明中西部地区基于行业视角的产业集聚对城市专利申请数量影响 SDM 空间效应的分解通过了稳健性检验。

表 7 - 67　　　　　基于行业视角的产业集聚影响城市专利申请
数量 SDM 空间效应的分解

变量	模型（1）~ 模型（3）			模型（4）		
	直接效应	间接效应	总效应	直接效应	间接效应	总效应
Magg	0.0074 [0.1540]	0.4101 [0.3101]	0.4175 [0.2738]	0.0308 [0.1580]	0.4139 [0.2822]	0.4448 [0.2365]
Sagg	0.1120 [0.0890]	0.0507 [0.1704]	0.1627 [0.2182]	0.1125 [0.0851]	0.1008 [0.1485]	0.2134 [0.1946]
Coagg	-0.0903 [0.1148]	0.2912 * [0.2611]	0.2008 [0.2256]			

变量	模型（5）			模型（6）			模型（7）		
	直接效应	间接效应	总效应	直接效应	间接效应	总效应	直接效应	间接效应	总效应
Magg	0.0031 [0.1561]	0.4067 [0.2882]	0.4097 [0.2409]				0.0243 [0.1594]	0.4532 [0.2964]	0.4775 [0.2626]
Sagg				0.1072 [0.0998]	0.1006 [0.1469]	0.2078 [0.2029]	0.1041 [0.0950]	0.1357 [0.1418]	0.2398 [0.1989]
Coagg	-0.1137 [0.1106]	0.3183 * [0.2525]	0.2045 [0.2203]	-0.0638 [0.1231]	0.3532 * [0.2466]	0.2894 [0.2192]	-0.0678 [0.1224]	0.3241 * [0.2392]	0.2563 [0.2190]

注：*、**、*** 是指分别通过 0.1、0.05、0.01 的显著性水平检验。

表 7 - 68 展示了中西部地区基于行业视角的产业集聚对城市专利申请数量影响的 SDM 空间效应的稳健性检验结果。从模型检验结果来看，空间效应 rho 至少通过 10% 的显著性水平检验，Hausman 检验通过了 1% 的显著性水平，表明存在空间效应且应采用双固定效应模型估计。从核心解释变量来看，无论是否考虑空间效应，Spec、Div 和 Trend 都没有通过显著性检验。这表明该地区空间效应通过了稳健性检验。

表 7 - 68　　　　　基于集聚类型视角的产业集聚影响城市专利
申请数量的 SDM 空间效应

变量	模型（1）	模型（2）	模型（3）	模型（4）
Spec	0.2729 [0.1884]			0.2872 [0.1915]
Div		0.0316 [0.0270]		0.0347 [0.0287]
Trend			0.015 [0.0090]	
R&D	0.0914 ** [0.0292]	0.0893 ** [0.0285]	0.0879 ** [0.0287]	0.0913 ** [0.0289]
Trade	-0.0213 [0.0388]	-0.021 [0.0382]	-0.0276 [0.0390]	-0.0111 [0.0377]
Emp	0.6781 *** [0.1736]	0.7345 *** [0.1943]	0.7123 *** [0.1768]	0.7387 *** [0.1943]
Fca	-0.2343 * [0.1009]	-0.2328 * [0.0998]	-0.2319 * [0.1007]	-0.2318 * [0.0991]
Infr	0.2123 [0.1140]	0.2023 [0.1142]	0.2112 [0.1142]	0.2095 [0.1149]
W × Spec	-0.6254 [0.4900]			-0.6722 [0.5171]
W × Div		-0.0292 [0.0403]		-0.0343 [0.0422]
W × Trend			0.009 [0.0128]	
城市固定	Y	Y	Y	Y
年份固定	Y	Y	Y	Y
Hausman	76.98 ***	72.49 ***	69.32 ***	76.48 ***
rho	-0.0554 * [0.0248]	-0.0574 * [0.0249]	-0.0654 * [0.0264]	-0.0528 * [0.0251]
sigma2_e	0.4107 ** [0.1557]	0.4117 ** [0.1563]	0.4109 ** [0.1571]	0.4091 ** [0.1538]
adj. R²	0.2384	0.2698	0.2545	0.2662
N	3570	3570	3570	3570

注：*、**、*** 是指分别通过 0.1、0.05、0.01 的显著性水平检验。

表 7 – 69 展示了中西部地区基于集聚类型视角的产业集聚影响城市专利申请数量 SDM 空间效应的分解结果的稳健性检验。从表 7 – 69 中可知，*Spec*、*Div* 和 *Trend* 直接效应和间接效应都不显著。这与表 7 – 53 结果相同，表明中西部地区基于集聚类型视角的产业集聚对城市专利申请数量影响SDM 空间效应的分解通过了稳健性检验。

表 7 – 69 　　　 **基于集聚类型视角的产业集聚影响城市专利**
申请数量 SDM 空间效应的分解

变量	模型（1）~模型（3）			模型（4）		
	直接效应	间接效应	总效应	直接效应	间接效应	总效应
Spec	0.2902 [0.1968]	– 0.6145 [0.4743]	– 0.3244 [0.4203]	0.3048 [0.2013]	– 0.6627 [0.5005]	– 0.3579 [0.4195]
Div	0.0331 [0.0282]	– 0.0314 [0.0388]	0.0017 [0.0306]	0.0344 [0.0281]	– 0.0314 [0.0403]	0.003 [0.0302]
Trend	0.0151 [0.0092]	0.0070 [0.0119]	0.0222 [0.0145]			

注：*、**、*** 是指分别通过 0.1、0.05、0.01 的显著性水平检验。

2. 产业集聚对城市专利获得授权数量影响的空间效应

表 7 – 70 展示了中西部地区基于行业视角的产业集聚对城市专利获得授权数量影响的 SDM 空间效应的稳健性检验结果。从模型检验结果来看，空间效应 *rho* 至少通过 10% 的显著性水平检验，Hausman 检验通过了 1% 的显著性水平，表明存在空间效应且应采用双固定效应模型估计。从核心解释变量来看，不考虑空间效应时，*Magg* 和 *Coagg* 系数为负但没有通过显著性检验，*Sagg* 系数显著为正但没有通过显著性检验；考虑空间效应后，*Magg* 系数为正但没有通过显著性检验，*Sagg* 系数显著为负但没有通过显著性检验；*Coagg* 系数为正且通过 10% 的显著性水平检验。这与表 7 – 54 估计结果相同，表明中西部地区基于行业视角的产业集聚对城市专利获得授权数量影响的 SDM 空间效应通过了稳健性检验。

表 7 – 70　　　　　　　基于行业视角的产业集聚影响城市专利获得
授权数量的 SDM 空间效应

变量	模型（1）	模型（2）	模型（3）	模型（4）	模型（5）	模型（6）	模型（7）
$Magg$	-0.0103 [0.1055]			0.0018 [0.1110]	-0.0158 [0.1076]		-0.0029 [0.1126]
$Sagg$		0.069 [0.0678]		0.0712 [0.0717]		0.0748 [0.0766]	0.0748 [0.0805]
$Coagg$			-0.0154 [0.0753]		-0.023 [0.0764]	0.0085 [0.0897]	0.0001 [0.0910]
$R\&D$	0.0693** [0.0211]	0.0686*** [0.0208]	0.0708*** [0.0215]	0.0690*** [0.0209]	0.0713*** [0.0216]	0.0705*** [0.0214]	0.0710*** [0.0215]
$Trade$	-0.0247 [0.0307]	-0.0238 [0.0302]	-0.0235 [0.0294]	-0.024 [0.0308]	-0.0228 [0.0302]	-0.0225 [0.0297]	-0.0224 [0.0304]
Emp	0.5260*** [0.1283]	0.5341*** [0.1314]	0.5145*** [0.1272]	0.5413*** [0.1310]	0.5245*** [0.1278]	0.5331*** [0.1312]	0.5407*** [0.1306]
Fca	-0.2185** [0.0845]	-0.2223** [0.0849]	-0.2215** [0.0856]	-0.2204** [0.0844]	-0.2202** [0.0852]	-0.2240** [0.0852]	-0.2220** [0.0847]
$Infr$	0.1531 [0.1023]	0.1495 [0.1019]	0.1532 [0.1024]	0.1518 [0.1023]	0.1556 [0.1029]	0.1516 [0.1024]	0.1542 [0.1028]
$W \times Magg$	0.2662 [0.2202]			0.2695 [0.2138]	0.2655 [0.2193]		0.2709 [0.2150]
$W \times Sagg$		-0.018 [0.1165]		0.0043 [0.1101]		0.0173 [0.1100]	0.04 [0.1044]
$W \times Coagg$			0.2357* [0.2002]		0.2356* [0.2015]	0.2444* [0.1949]	0.2487* [0.1978]
城市固定	Y	Y	Y	Y	Y	Y	Y
年份固定	Y	Y	Y	Y	Y	Y	Y
$Hausman$	70.39***	68.87***	72.97***	71.85***	76.18***	73.00***	76.55***
rho	-0.0502* [0.0225]	-0.0496* [0.0221]	-0.0518* [0.0224]	-0.0497* [0.0226]	-0.0512* [0.0226]	-0.0518* [0.0226]	-0.0518* [0.0229]
$sigma2\_e$	0.2012* [0.0800]	0.2019* [0.0809]	0.2016* [0.0804]	0.2010* [0.0801]	0.2008* [0.0795]	0.2014* [0.0804]	0.2006* [0.0796]
$adj. R^2$	0.2067	0.2238	0.2101	0.2177	0.2054	0.2194	0.2136
N	3570	3570	3570	3570	3570	3570	3570

注：*、**、*** 是指分别通过 0.1、0.05、0.01 的显著性水平检验。

表 7-71 展示了中西部地区基于行业视角的产业集聚对城市专利获得授权数量影响 SDM 空间效应的分解结果的稳健性检验。其中，模型（1）~模型（7）是表 7-62 中相应模型的空间效应分解结果。从表 7-71 中可知，*Magg* 和 *Sagg* 直接效应和间接效应都不显著，*Coagg* 直接效应不显著但间接效应显著为正。这与表 7-55 结果相同，表明中西部地区基于行业视角的产业集聚空间效应的分解通过了稳健性检验。

表 7-71　　　　　　　基于行业视角的产业集聚影响城市专利获得
授权数量 SDM 空间效应的分解

变量	模型（1）~ 模型（3）			模型（4）		
	直接效应	间接效应	总效应	直接效应	间接效应	总效应
Magg	-0.0100 [0.1098]	0.2503 [0.2169]	0.2403 [0.1802]	0.0023 [0.1153]	0.2500 [0.1992]	0.2523 [0.1542]
Sagg	0.0718 [0.0689]	-0.0177 [0.1204]	0.0541 [0.1644]	0.0692 [0.0686]	0.0114 [0.1022]	0.0806 [0.1464]
Coagg	-0.016 [0.0787]	0.2206 * [0.1939]	0.2045 [0.1722]			

变量	模型（5）			模型（6）			模型（7）		
	直接效应	间接效应	总效应	直接效应	间接效应	总效应	直接效应	间接效应	总效应
Magg	-0.0155 [0.1120]	0.2454 [0.2050]	0.2300 [0.1598]				-0.0027 [0.1170]	0.2728 [0.2100]	0.2701 [0.1732]
Sagg				0.0772 [0.0781]	0.0176 [0.1024]	0.0948 [0.1512]	0.0723 [0.0771]	0.0364 [0.0949]	0.1087 [0.1461]
Coagg	-0.0298 [0.0750]	0.2392 * [0.1899]	0.2094 [0.1709]	0.0042 [0.0892]	0.2476 * [0.1829]	0.2518 [0.1641]	0.0014 [0.0877]	0.2341 * [0.1839]	0.2355 [0.1674]

注：*、**、*** 是指分别通过 0.1、0.05、0.01 的显著性水平检验。

表 7-72 展示了中西部地区基于集聚类型视角的产业集聚对城市专利获得授权数量影响的 SDM 空间效应的稳健性检验结果。从模型检验结果来看，空间效应 *rho* 至少通过 5% 的显著性水平检验，Hausman 检验通过了 1% 的显著性水平，表明存在空间效应且应采用双固定效应模型估计。从核心解释变量来看，不考虑空间效应时，*Spec* 和 *Div* 系数为正但没有通过显著性检验，*Trend* 系数为正且通过显著性检验；考虑空间效应后，*Spec* 系数为正但没有通过显著性检验，*Div* 系数为负且通过显著性检验，*Trend* 系数为负但没有通过显著性检验。这与表 7-56 估计结果相同，表明中西部

地区基于集聚类型视角的产业集聚对城市专利获得授权数量影响的 SDM 空间效应通过了稳健性检验。

表 7 - 72　　基于集聚类型视角的产业集聚影响城市专利
获得授权数量的 SDM 空间效应

变量	模型 (1)	模型 (2)	模型 (3)	模型 (4)
Spec	0. 168 [0. 1267]			0. 1781 [0. 1273]
Div		0. 0341 [0. 0197]		0. 0362 [0. 0210]
Trend			0. 0177 * [0. 0083]	
R&D	0. 0701 *** [0. 0212]	0. 0677 ** [0. 0206]	0. 0670 ** [0. 0207]	0. 0692 *** [0. 0209]
Trade	− 0. 0199 [0. 0299]	− 0. 0161 [0. 0292]	− 0. 0227 [0. 0295]	− 0. 0098 [0. 0294]
Emp	0. 5160 *** [0. 1271]	0. 5746 *** [0. 1425]	0. 5564 *** [0. 1314]	0. 5773 *** [0. 1423]
Fca	− 0. 2193 ** [0. 0846]	− 0. 2169 ** [0. 0834]	− 0. 2163 ** [0. 0837]	− 0. 2162 ** [0. 0830]
Infr	0. 1556 [0. 1019]	0. 1505 [0. 1028]	0. 1556 [0. 1005]	0. 1555 [0. 1026]
W × Spec	− 0. 4174 [0. 3877]			− 0. 4567 [0. 4055]
W × Div		− 0. 0095 * [0. 0281]		− 0. 0129 * [0. 0294]
W × Trend			0. 0072 [0. 0102]	
城市固定	Y	Y	Y	Y
年份固定	Y	Y	Y	Y
Hausman	72. 08 ***	55. 74 ***	60. 06 ***	60. 95 ***
rho	− 0. 0487 * [0. 0227]	− 0. 0481 * [0. 0232]	− 0. 0614 * [0. 0262]	− 0. 0455 [0. 0239]
sigma2_e	0. 2010 * [0. 0798]	0. 2009 * [0. 0799]	0. 1994 * [0. 0801]	0. 1997 * [0. 0787]
adj. R²	0. 2045	0. 2492	0. 2336	0. 2452
N	3570	3570	3570	3570

注：*、**、***是指分别通过 0. 1、0. 05、0. 01 的显著性水平检验。

表 7-73 展示了中西部地区基于集聚类型视角的产业集聚影响城市专利获得授权数量 SDM 空间效应的分解结果的稳健性检验。从表 7-73 中可知，*Spec* 直接效应和间接效应都不显著，*Div* 直接效应不显著而间接效应显著，*Trend* 直接效应不显著而间接效应显著。这与表 7-57 结果相同，表明中西部地区基于集聚类型视角的产业集聚对城市专利获得授权数量影响 SDM 空间效应的分解通过了稳健性检验。

表 7-73　　　　基于集聚类型视角的产业集聚影响城市专利
获得授权数量 SDM 空间效应的分解

变量	模型（1）~ 模型（3）			模型（4）		
	直接效应	间接效应	总效应	直接效应	间接效应	总效应
Spec	0.1786 [0.1318]	-0.4098 [0.3711]	-0.2311 [0.3406]	0.1888 [0.1332]	-0.4456 [0.3913]	-0.2567 [0.3441]
Div	0.0350 [0.0204]	-0.0121 * [0.0272]	0.0228 [0.0246]	0.0356 [0.0204]	-0.0117 * [0.0277]	0.024 [0.0231]
Trend	0.0179 * [0.0085]	0.0054 [0.0093]	0.0233 [0.0129]			

注：*、**、*** 是指分别通过 0.1、0.05、0.01 的显著性水平检验。

第七节　本章小结

本章以 261 个地级及以上城市 2003~2019 年的面板数据为观测样本，通过构建面板数据空间效应模型，从行业视角和集聚类型视角对产业集聚影响城市创新的 SDM 空间效应进行实证检验，并对东部沿海地区和中西部地区产业集聚影响城市创新 SDM 空间效应的异质性进行分析。为保证研究结论的可靠性，本书采用缩尾处理法和更换空间权重矩阵法对上述结果进行稳健性检验。主要结论如下：

（1）制造业集聚对城市专利申请数量和城市专利获得授权数量的影响有显著空间效应。第一，从全国总体来看，制造业集聚对城市专利申请数量的影响有显著负向空间效应，周边城市制造业集聚水平每提高 1%，则本地区城市专利申请数量将下降0.7819%；制造业集聚对城市专利获得授权数量的影响有显著负向空间效应，周边城市制造业集聚水平每提高1%，则本地区城市专利获得授权数量将下降0.5972%。第二，从东部沿海地区来看，制造业集聚对城市专利申请数量和城市专利获得授权数量的影响没有显著空间效应。第三，从中西部地区来看，制造业集聚对城市专利申请数量和城市专利获得授权数量的影响没有显著空间效应。

（2）生产性服务业集聚对城市专利申请数量和城市专利获得授权数量的影响没有显著空间效应。

（3）部分地区制造业与生产性服务业协同集聚对城市专利申请数量和城市专利获得授权数量的影响有显著空间效应。第一，从全国总体来看，生产性服务业集聚以及制造业与生产性服务业协同集聚对本地城市专利申请数量和城市专利获得授权数量没有显著空间效应。第二，从东部沿海地区来看，制造业与生产性服务业协同集聚对城市专利申请数量的影响有显著正向空间效应，周边城市制造业与生产性服务业协同集聚每提高1%，则本地区城市专利申请数量将上升0.4733%；制造业与生产性服务业协同集聚对城市专利获得授权数量的影响有显著正向空间效应，周边城市制造业与生产性服务业协同集聚每提高1%，则本地区城市专利获得授权数量将上升0.6948%。第三，从中西部地区来看，制造业与生产性服务业协同集聚对城市专利申请数量的影响有显著正向空间效应，周边城市制造业与生产性服务业协同集聚每提高1%，则本地区城市专利申请数量将上升0.7646%；制造业与生产性服务业协同集聚对城市专利获得授权数量的影响有显著正向空间效应，周边城市制造业与生产性服务业协同集聚每提高1%，则本地区城市专利获得授权数量将上升0.4954%。

（4）专业化集聚对城市专利申请数量和城市专利获得授权数量的影响没有显著空间效应。

（5）部分地区多样化集聚对城市专利获得授权数量的影响有显著空间效应。第一，从全国总体来看，多样化集聚对城市专利申请数量和城市专利获得授权数量的影响没有显著空间效应。第二，从东部沿海地区来看，多样化集聚对城市专利申请数量和城市专利获得授权数量的影响没有显著空间效应。第三，从中西部地区来看，多样化集聚对城市专利申请数量的影响没有显著空间效应；多样化集聚对城市专利获得授权数量的影响有显著负向空间效应，周边城市的多样化集聚每提高1%，则本地城市专利获得授权数量将下降0.0208%。

（6）集聚类型演进方向对城市专利申请数量和城市专利获得授权数量的影响有显著空间效应。第一，从全国总体来看，集聚类型演进方向对城市专利申请数量的影响有显著负向空间效应，周边城市的集聚类型演进方向每提高1%，则本地城市专利申请数量将下降0.0231%；集聚类型演进方向对城市专利获得授权数量的影响有显著负向空间效应，周边城市的集聚类型演进方向每提高1%，则本地城市专利获得授权数量将下降0.0214%。第二，从东部沿海地区来看，集聚类型演进方向对城市专利申请数量的影响没有显著空间效应；集聚类型演进方向对城市专利获得授权数量的影响有显著正向空间效应，周边城市集聚类型演进方向每提高1%，则本地区城市专利获得授权数量将上升0.0075%。第三，从中西部地区来看，集聚类型演进方向对城市专利申请数量和城市专利获得授权数量的影响没有显著空间效应。

第八章

研究结论及政策启示

第一节　研究结论

本书遵循"理论分析—归纳事实—实证检验—政策建议"的思路展开研究。首先，在界定产业集聚与城市创新概念基础上，结合理论分析和文献综述，提出产业集聚对城市创新的影响及其机制研究的实证分析框架；其次，明确产业集聚与城市创新的测算方法，并对其发展趋势、城市个体差异以及空间分布特征进行分析；最后，构建计量模型进行实证检验。本书得出如下主要结论。

一、我国产业集聚与城市创新的基本事实特征

第一，从行业视角来看：一是制造业集聚水平以及制造业与生产性服务业协同集聚水平总体呈现下降趋势，而生产性服务业集聚水平的总体保持稳定；二是不同行业产业集聚在城市个体间存在显著差异，生产性服务业集聚差异最大，制造业集聚差异次之，制造业与生产性服务业协同集聚差异最小；三是制造业集聚、生产性服务业集聚以及制造业与生产性服务业协同集聚存在显著的空间分布差异，具体表现为东部沿海地区集聚水平较高，中西部地区集聚水平较低。

第二，从集聚类型差异视角来看：一是专业化集聚与多样化集聚总体呈现上升趋势，产业集聚类型的演进更偏向于多样化集聚；二是不同类型产业集聚在城市个体间存在显著差异，专业化集聚差异较大，多样化集聚差异次之，集聚类型演进方向指数差异最小；三是专业化集聚、

多样化集聚以及集聚类型演进方向存在显著的空间分布差异，具体表现为东部沿海地区的专业集聚水平呈上升趋势，而中部地区的多样化集聚呈上升趋势。

第三，从城市专利申请数量来看：一是城市专利申请数量表现为逐年上升且在 2018 年达到最高，城市专利申请数量的标准差也表现为逐年增大的趋势；二是我国城市专利申请数量城市个体差异较大，排名第一位的城市约为排名第十位的城市的 3 倍，但后者上升幅度更大；三是我国城市专利申请数量较高的城市多分布在东部沿海地区、中部和西南地区，其他地区城市的城市专利申请数量较少。

第四，从城市专利获得授权数量来看：一是城市专利获得授权数量表现为逐年上升且在 2019 年达到最高，而且城市专利获得授权数量的标准差也表现为逐年增大的趋势；二是我国城市专利获得授权数量的城市个体差异较大，排名第一位的城市约为排名第十位的城市的 2 倍，但后者上升幅度更大；三是我国城市专利获得授权数量较高的城市多分布在东部沿海地区和西南地区，其他地区城市的城市专利获得授权数量较少。

二、制造业集聚对城市创新具有显著非线性影响

第一，制造业集聚对城市专利申请数量和城市专利获得授权数量存在显著单一门限效应，跨越门限值后，制造业对城市专利申请数量和城市专利获得授权数量的影响均由显著为负变成显著为正。

第二，制造业集聚对城市专利申请数量和城市专利获得授权数量的影响没有显著的中介效应。

第三，制造业集聚对城市专利申请数量和城市专利获得授权数量的影响有显著的调节效应。一是经济发展水平、政府行为、金融支持和外商直接投资是制造业集聚影响城市专利申请数量和城市专利获得授权数量的调节效应变量；二是人力资本不是制造业集聚影响城市专利申请数量和城市专利获得授权数量的调节效应变量。

第四，制造业集聚对城市专利申请数量和城市专利获得授权数量的影响有显著空间效应。一是制造业集聚对城市专利申请数量的影响有显著负

向空间效应，周边城市制造业集聚水平每提高1%，则本地区城市专利申请数量将下降0.7819%。二是制造业集聚对城市专利获得授权数量的影响有显著负向空间效应，周边城市制造业集聚水平每提高1%，则本地区城市专利获得授权数量将下降0.5972%。三是东部沿海地区和中西部地区的制造业集聚对城市专利申请数量和城市专利获得授权数量没有显著空间效应。

三、生产性服务业集聚显著正向影响城市创新

第一，生产性服务业集聚对城市专利申请数量和城市专利获得授权数量都有显著的促进作用，但没有通过门限效应检验。

第二，生产性服务业集聚对城市专利申请数量和城市专利获得授权数量的影响有显著的中介效应。一是经济发展水平、政府行为、外商直接投资以及人力资本是生产性服务业集聚影响城市专利申请数量的部分中介效应变量，中介效应占比分别为66.20%、60.41%、26.87%和23.02%；二是金融支持是生产性服务业集聚影响城市专利申请数量的完全中介效应变量；三是政府行为、外商直接投资以及人力资本是生产性服务业集聚影响城市专利获得授权数量的部分中介效应变量，中介效应占比分别为67.56%、26.25%和23.82%；四是经济发展水平和金融支持是生产性服务业集聚影响城市专利获得授权数量的完全中介效应变量。

第三，生产性服务业集聚对城市专利申请数量和城市专利获得授权数量的影响有显著的调节效应。一是政府行为和外商直接投资是生产性服务业集聚影响城市专利申请数量的调节效应变量，外商直接投资强化了生产性服务业集聚对城市专利申请数量的影响；二是经济发展水平、金融支持和人力资本不是生产性服务业集聚影响城市专利申请数量的调节效应变量；三是经济发展水平、政府行为、金融支持以及外商直接投资是生产性服务业集聚影响城市专利获得授权数量的调节效应变量，外商直接投资强化了生产性服务业集聚对城市专利获得授权数量的影响；四是人力资本不是生产性服务业集聚影响城市专利获得授权数量的调节效应变量。

第四，生产性服务业集聚对城市专利申请数量和城市专利获得授权数量的影响没有显著空间效应。

四、制造业与生产性服务业协同集聚显著负向影响城市创新

第一，制造业与生产性服务业协同集聚存在显著双重门限效应，跨越第一门限值后，制造业与生产性服务业协同集聚对城市专利申请数量和城市专利获得授权数量的影响由不显著变成显著为正，但跨越第二门限后出现多重共线性而未能获得边际影响系数。

第二，制造业与生产性服务业协同集聚对城市专利申请数量和城市专利获得授权数量的影响没有显著中介效应。

第三，制造业与生产性服务业协同集聚对城市专利申请数量和城市专利获得授权数量的影响有显著调节效应。一是经济发展水平、政府行为、金融支持和外商直接投资是制造业与生产性服务业协同集聚影响城市专利申请数量的调节效应变量，经济发展水平、政府行为和金融支持强化了制造业与生产性服务业协同集聚对城市专利申请数量的影响；二是人力资本不是制造业与生产性服务业协同集聚影响城市专利申请数量的调节效应变量；三是经济发展水平、政府行为、金融支持和外商直接投资是制造业与生产性服务业协同集聚影响城市专利获得授权数量的调节效应变量；四是人力资本不是制造业与生产性服务业协同集聚影响城市专利获得授权数量的调节效应变量。

第四，部分地区制造业与生产性服务业协同集聚对城市专利申请数量和城市专利获得授权数量的影响有显著空间效应。一是从东部沿海地区来看，制造业与生产性服务业协同集聚对城市专利申请数量的影响有显著正向空间效应，周边城市制造业与生产性服务业协同集聚每提高1%，则本地区城市专利申请数量将上升0.4733%；制造业与生产性服务业协同集聚对城市专利获得授权数量的影响有显著正向空间效应，周边城市制造业与生产性服务业协同集聚每提高1%，则本地区城市专利获得授权数量将上升0.6948%。二是从中西部地区来看，制造业与生产性服务业协同集聚对城市专利申请数量的影响有显著正向空间效应，周边城市制造业与生产性

服务业协同集聚每提高1%，则本地区城市专利申请数量将上升0.7646%；制造业与生产性服务业协同集聚对城市专利获得授权数量的影响有显著正向空间效应，周边城市制造业与生产性服务业协同集聚每提高1%，则本地区城市专利获得授权数量将上升0.4954%。

五、专业化集聚显著正向影响城市创新

第一，专业化集聚对城市专利申请数量和城市专利获得授权数量均具有显著促进作用，但没有通过门限效应检验。

第二，专业化集聚对城市专利申请数量和城市专利获得授权数量的影响有显著的中介效应。一是经济发展水平和人力资本是专业化集聚对城市专利申请数量影响的中介效应变量，中介效应占比分别为45.34%和20.37%；二是政府行为、金融支持和外商直接投资不是专业化集聚对城市专利申请数量影响的中介效应变量；三是经济发展水平和人力资本是专业化集聚对城市专利获得授权数量的中介效应变量，中介效应占比分别为58.62%和23.73%；四是政府行为、金融支持和外商直接投资不是专业化集聚影响城市专利获得授权数量的中介效应变量。

第三，专业化集聚对城市专利申请数量和城市专利获得授权数量的影响有显著的调节效应。一是经济发展水平、政府行为、金融支持和外商直接投资是专业化集聚影响城市专利申请数量的调节变量，这些变量强化了专业化集聚对城市专利申请数量的影响；二是经济发展水平、政府行为、金融支持和外商直接投资是专业化集聚影响城市专利获得授权数量的调节变量，政府行为、金融支持和外商直接投资强化了专业化集聚对城市专利获得授权数量的影响；三是人力资本不是专业化集聚对城市专利申请数量和城市专利获得授权数量的调节变量。

第四，专业化集聚对城市专利申请数量和城市专利获得授权数量的影响没有显著空间效应。

六、多样化集聚显著正向影响城市创新

第一，多样化集聚对城市专利申请数量和城市专利获得授权数量均具

有显著促进作用，但没有通过门限效应检验。

第二，多样化集聚对城市专利申请数量和城市专利获得授权数量具有显著的中介效应和调节效应。一是外商直接投资和人力资本是多样化集聚对城市专利申请数量影响的部分中介效应变量，中介效应占比分别为40.94%和30.70%；二是经济发展水平、政府行为和金融支持是多样化集聚对城市专利申请数量影响的完全中介效应变量；三是政府行为、外商直接投资和人力资本是多样化集聚对城市专利获得授权数量影响的部分中介效应变量，中介效应占比分别为75.48%、29.12%和23.18%；四是经济发展水平和金融支持是多样化集聚对城市专利获得授权数量影响的完全中介效应变量。

第三，多样化集聚对城市专利申请数量和城市专利获得授权数量具有显著的调节效应。一是经济发展水平、政府行为、金融支持、外商直接投资和人力资本是多样化集聚影响城市专利申请数量的调节变量，外商直接投资和人力资本强化了多样化集聚影对城市专利申请数量的影响；二是经济发展水平、政府行为、金融支持、外商直接投资和人力资本是多样化集聚影响城市专利获得授权数量的调节变量，外商直接投资和人力资本强化了多样化集聚对城市专利获得数量的影响；三是经济发展水平不是多样化集聚影响城市专利获得授权数量的调节变量。

第四，中西部地区多样化集聚对城市专利获得授权数量的影响有显著空间效应。具体来看，多样化集聚对城市专利获得授权数量的影响有显著负向空间效应，周边城市的多样化集聚每提高1%，则本地城市专利获得授权数量将下降0.0208%。

七、集聚类型演进方向显著正向影响城市创新

第一，集聚类型演进方向对城市专利申请数量和城市专利获得授权数量均具有显著的促进作用。

第二，集聚类型演进方向存在显著单一门限效应，跨越门限值后集聚类型演进方向对城市专利申请数量的影响由不显著变为显著为正，对城市

专利获得授权数量的影响的边际效应大幅提高。

第三，集聚类型演进方向对城市专利申请数量和城市专利获得授权数量的影响有显著的中介效应。一是外商直接投资和人力资本是集聚类型演进方向对城市专利申请数量影响的部分中介效应变量，中介效应占比分别为 25.79% 和 68.33%；二是经济发展水平、政府行为和金融支持是集聚类型演进方向对城市专利申请数量影响的完全中介效应变量；三是经济发展水平、政府行为、金融支持、外商直接投资和人力资本是集聚类型演进方向对城市专利获得授权数量影响的部分中介效应变量，中介效应占比分别为 85.38%、65.61%、84.19%、15.81% 和 20.16%。

第四，集聚类型演进方向对城市专利申请数量和城市专利获得授权数量的影响有显著的调节效应。一是经济发展水平、政府行为、金融支持、外商直接投资和人力资本是产业集聚类型演进方向影响城市专利申请数量的调节变量；二是外商直接投资和人力资本强化了产业集聚类型演进方向对城市专利获得数量的影响；三是经济发展水平、政府行为、金融支持、外商直接投资和人力资本是产业集聚类型演进方向影响城市专利获得授权数量的调节变量；四是经济发展水平、政府行为和金融支持弱化了产业集聚类型演进方向对城市专利获得数量的影响。

第五，集聚类型演进方向对城市专利申请数量和城市专利获得授权数量的影响有显著空间效应。一是从全国总体来看，集聚类型演进方向对城市专利申请数量的影响有显著负向空间效应，周边城市的集聚类型演进方向每提高1%，则本地城市专利申请数量将下降0.0231%；集聚类型演进方向对城市专利获得授权数量的影响有显著负向空间效应，周边城市的集聚类型演进方向每提高1%，则本地城市专利获得授权数量将下降0.0214%。二是从东部沿海地区来看，集聚类型演进方向对城市专利申请数量的影响没有显著空间效应；集聚类型演进方向对城市专利获得授权数量的影响有显著正向空间效应，周边城市集聚类型演进方向每提高1%，则本地区城市专利获得授权数量将上升0.0075%。三是从中西部地区来看，集聚类型演进方向对城市专利申请数量和城市专利获得授权数量的影响没有显著空间效应。

第二节　政策启示

一、基于优势产业，制定相关政策，提升城市创新水平

本书基于行业视角与集聚类型视角分析了产业集聚对城市创新的影响，发现不同行业与不同集聚类型的产业集聚对城市创新影响有所差异。因此，各城市在制定相关产业政策时，应予以充分考虑，制定差异化产业政策。根据研究结论，针对不同行业或集聚类型，提出以下产业政策建议。

第一，考虑到制造业集聚以及制造业与生产性服务业协同集聚跨越门限值后，其对城市创新的影响均有不显著变成显著为正，因此各城市在制定制造业集聚以及制造业与生产性服务业协同集聚时，一方面要关注相关政策的持续性，只有长期的政策支持，才有可能切实提高制造业集聚以及制造业与生产性服务业集聚水平；另一方面也要密切关注政策的效果，要对相关政策提高制造业集聚以及制造业与生产性服务业集聚水平的效果进行评估，且当其集聚水平跨越相应门限值后，再考虑其对城市创新水平的推动作用，不能操之过急，否则将难以实现制造业集聚以及制造业与生产性服务业协同集聚促进城市创新的政策目标。

第二，考虑到生产性服务业集聚、专业化集聚与多样化集聚对城市创新存在单调促进作用，各城市在制定相关政策时，应结合城市自身优势，专注推动某类别集聚水平的提高，不建议全面推进。结合第四章产业集聚的空间分布特征，建议东北和中东部地区的城市应继续推进生产性服务业集聚水平，强化生产性服务业集聚的优势地位；东北和东南沿海地区的城市应继续推进专业化集聚水平，这意味着这些城市应对本地优势专业化产业非常清晰，才能制定具体而有针对性的产业政策；东部和中部地区的城市应继续推进多样化集聚的发展，这是因为这些地区的产业尚未形成如沿海地区城市的显著且强大的优势差异，应较为平衡地制定产业政策，不宜突出强调某一行业，以免造成误判，从而丧失发展机遇。然而，上述建议

仅根据历史数据分析得出，并未考虑城市产业布局等前瞻性信息，具体政策的制定还需要城市结合自身特点与产业展望，慎重考虑推出基于促进城市创新的生产性服务业集聚、专业化集聚与多样化集聚的产业政策。

第三，本书研究结论发现，集聚类型演进方向对城市创新有显著促进作用，这意味着如果城市朝着提高多样化集聚与专业化集聚比例的方向发展，则有利于城市创新的提高。本书认为应结合各城市具体情况进行政策制定：一是以专业化集聚为发展主导的城市应更大力度推动多样化集聚水平的提高，否则仅能获得专业化集聚对城市创新的促进作用，而不能同时获得集聚类型演进方向对城市创新的促进作用，如果专业化集聚水平过高而多样化集聚水平太低，甚至有可能削弱专业化集聚对城市创新的促进作用。二是以多样化集聚为发展主导的城市，不能仅关注推动多样化集聚水平提高的相关政策，也应关注专业化集聚水平的相关政策，不应贸然推进专业集聚的提高，否则可能导致集聚类型演进方向的下降，进而削弱多样化集聚对城市创新的提升作用。

二、立足城市经济，明确发展定位，促进城市创新提高

本书对产业集聚影响城市创新的机制研究中发现，经济发展水平、政府行为、金融支持、外商直接投资以及人力资本等经济发展因素都对产业集聚影响城市创新具有调节作用，这表明当上述变量取值不同时，产业集聚对城市创新的影响程度将有所差异。因此，各城市在制定相关产业政策时不能忽略上述因素。本书认为城市应结合所处的经济发展阶段制定相关政策，从而促进城市创新，具体政策建议如下。

第一，当城市经济发展水平超过平均水平时，应当积极推进制造业与生产性服务业协同集聚以及专业化集聚水平的提高，此时有利于城市专利申请数量与获得授权数量的提高。当城市经济发展水平低于平均水平时，应当推进集聚类型演化方向指标的提高，即提高多样化集聚与专业化集聚的比值，此时有利于城市专利获得授权数量的提升。

第二，当城市政府预算支出超过平均水平时，应当积极推进制造业与生产性服务业协同集聚水平的提高，此时有利于城市专利申请数量的提

高；应积极推动专业化集聚水平的提高，此时有利于城市专利申请数量与获得授权数量的提高。当城市政府预算支出低于平均水平时，应当推进集聚类型演化方向指标的提高，即提高多样化集聚与专业化集聚的比值，此时有利于城市专利获得授权数量的提升。

第三，当城市金融机构贷款余额超过平均水平时，应当积极推进制造业与生产性服务业协同集聚水平的提高，此时有利于城市专利申请数量的提高；应积极推动专业化集聚水平的提高，此时有利于城市专利申请数量与获得授权数量的提高。当城市金融机构贷款余额低于平均水平时，应当推进集聚类型演化方向指标的提高，即提高多样化集聚与专业化集聚的比值，此时有利于城市专利获得授权数量的提升。

第四，当城市外商直接投资额超过平均水平时，应当积极推进生产性服务业集聚、专业化集聚、多样化集聚以及多样化集聚与专业化集聚比值的提升，此时有利于城市专利申请数量与获得授权数量的提高。

第五，当人力资本超过平均水平时，应当积极推进多样化集聚水平的提高，持续推动多样化集聚与专业集聚比值的提高，此时有利于城市专利申请数量与获得授权数量的提高。

三、增强区域互动，优化产业布局，推动城市创新提高

本书实证结论显示，产业集聚对城市创新存在显著的空间效应，这表示城市在制定产业政策时，除了要考虑本地产业集聚政策外，还需要考虑与其他城市产业集聚政策的竞争或互补效应。由于本书实证结果是在相邻矩阵和相邻经济矩阵条件下获得的，因此，经济发展水平相似的相邻城市的产业政策应作为重点考虑。结合具体集聚类别，提出以下相关政策建议。

第一，制造业集聚以及中西部地区城市的多样化集聚对城市创新的影响具有负向空间效应，即周边城市相关产业集聚水平的提高将对本地城市创新有负向影响，这表明相邻城市的制造业集聚以及多样化集聚存在竞争关系。此时，地方政府应结合本地产业实际，在保护性产业政策和开放性产业政策之间进行选择。当制造业集聚或多样化集聚为该城市优势产业

时，应当采用开放性产业政策，发挥市场在产业资源配置方面的关键作用，依靠秩序规则以及价格的杠杆作用，实现产业资源配置效率的提升，从而推动市场主体不断提升技术创新产出。当制造业集聚或多样化集聚为该城市弱势产业但却是既定产业发展方向时，建议采取保护性的产业政策，对本地区关键企业实施政策支持，推动其成为本地城市创新的主要力量，当然，过度的保护政策会导致行业或企业形成依赖心理，反而缺乏创新积极性与动力，不利于城市创新的提高。因此当城市选择采用保护性产业政策时，对此问题应予以关注，适时对产业政策进行调整。

第二，制造业与生产性服务业协同集聚对城市创新的影响具有正向空间效应，即周边城市相关产业协同集聚水平的提高将对本地城市创新产生正向影响，这表明相邻城市的制造业与生产性服务业协同集聚存在互补关系。此时，相邻城市地方政府应在优化产业布局与推进产业政策协同方面进行协调推进。在优化产业布局方面，要充分考虑各城市制造业与生产性服务业协同集聚的差距以及同质化竞争关系，各城市间应采用适合本地的产业协调发展政策，应尽可能避免不同城市政策"一刀切"等过于简化的政策，结合本地优势推动制造业与生产性服务业协同集聚的提高，从而推动全区域各城市创新水平的同步提升。在推进政策协同方面，相邻城市间应增强产业政策的交流，可以在财税、土地、金融贸易以及人才等相关政策方面进行协同，强化政策的互补性而非竞争性，通过政策协调实现产业协调，不断强化制造业与生产性服务业协同集聚的空间溢出效应，推动相邻城市创新水平不断得到提升。

第三，集聚类型演进方向对城市创新的空间效应总体呈现负向，但在东部沿海地区为正向关系。这表明相邻城市产业集聚类型演进方向的提高对本地城市创新有负向影响，而在东部地区产业集聚类型演进方向的提高对本地城市创新有正向影响。这表明相邻城市的产业集聚演进方向表现为竞争关系，而在东部地区表现为互补关系。相关政策建议如下：总体来看，相邻城市的产业集聚演进方向应在保护性产业政策与互补性产业政策中进行选择，具体方案可参考制造业集聚相关建议；在东部地区，相邻城市的产业演进方向政策应在优化产业布局与推进产业政协同方面持续发力，具体方案可参考制造业与生产性服务业协同集聚相关建议。

第三节　研究展望

一、使用相对数指标测度城市创新

当前城市创新的测度多采用绝对数指标，包括专利申请数量、专利获得授权数量、R&D 投入总额、新产品销售收入以及新商标注册收入等。这种总量性质的绝对数指标往往和城市特征指标有所联系，如规模较大的城市总量指标通常较大，而规模较小的城市总量指标通常较小，这种内在的联系容易对模型结果产生影响，而且多面临异方差等问题，不利于准确把握变量间的关系。而相对指标在反映事物发展程度、结构、强度、普遍程度或比例关系方面有先天优势。在区域创新或城市创新研究方面，已经有学者进行了初步探索，如寇宗来和刘学悦发布的《我国城市和产业创新力报告》就得到一定程度的应用，我国科技发展战略研究小组等编制的《我国区域创新能力评价报告 1998—2020》也被广泛使用，北京大学发布的《我国城市创新创业指数 1990—2020》也是对城市创新相对指标的探索。受限于数据的可得性，本书没有使用相对指标对城市创新进行测算，但相对指标是城市创新测算的重要趋势，随着该类指标的逐渐丰富，后续应更多开展以相对指标测算的城市创新的相关研究。

二、不断丰富行业视角和集聚类型视角相关研究

基于行业视角和集聚视角对六个类别的产业集聚对城市创新的影响及其机制研究进行了分析，然而这仅是相关研究较小的部分。后续研究仍需要在以下几个方面进行拓展：一是丰富单一行业集聚对城市创新影响的相关研究，如知识密集型服务业集聚、高新技术行业集聚、科技服务业集聚以及数字产业集聚等，尽管已有文献已经包含零星相关研究，但仍缺乏系统性和全面性；二是丰富多产业协同集聚对城市创新的相关研究，如知识密集型行业与制造业协同集聚，不同行业的生产性服务业与制造业

协同集聚，高新技术产业与科技服务业协同集聚等内容，也是未来可以探讨的内容；三是丰富专业化集聚与多样化集聚对城市创新的相关研究，尽管学术界已经对专业化集聚和多样化集聚达成共识，但对二者的测度方法还存在一定的争议，还没有出现一种被大家都接受的测度方法，后续研究可以考虑丰富测度方法的探索，并在测度方法统一性方面进行尝试。

三、丰富产业集聚对城市创新影响的估算模型

当前可用于面板数据估算的模型和方法较多，后续研究应增加对多种方法应用的探索，本书认为可以在以下方面进行尝试：一是针对产业集聚影响城市创新可能存在的内生性问题，可以尝试动态面板模型，采用系统 GMM 方法进行估计；二是针对产业集聚与城市创新可能存在的非线性影响，可以考虑将核心解释变量高次幂纳入回归方程；三是在产业集聚对城市创新影响机制方面，可以考虑结构方程模型进行相关研究，目前对面板数据结构方程的相关研究也是热点领域；四是在产业集聚对城市创新影响的空间效应方面，可以尝试动态空间面板模型或者同群效应模型进行研究。多种方法的使用，在丰富产业集聚对城市创新影响相关研究成果的同时，也能在一定程度上提高研究成果的稳健性。

四、持续增强实证研究的深度

采用多种方法分析了产业集聚对城市创新的影响及其机制，这一方面体现了本书研究的广度，另一方面也暴露出本书研究深度的不足。本书认为后续研究可以在以下三个方面增强实证分析的深度：一是针对产业集聚影响城市创新的调节效应，在检出显著调节效应后，还可以采用分组分析或分层分析的方法，对调节变量不同取值的实证结果进行更为精细的研究；二是针对产业集聚影响城市创新空间效应地区异质性方面，本书仅将东部沿海地区和中西部地区进行比较分析，考虑到城市群或经济带在全国

经济发展的重要性日益增强，后续研究也可选择城市群或经济带作为地区异质性分析的区域选择；三是在稳健性检验方面，尽管本书尝试了不同的稳健性检验方法，但仍有很多方法，如变量替换法、调整样本期以及放宽假设条件等方法，后续研究可以尝试采用更多稳健性检验方法，以增强研究结果的可信度。

参 考 文 献

一、中文部分

[1] 曹允春、王尹君：《科技服务业集聚对科技创新的非线性影响研究——基于门槛特征和空间溢出视角》，载于《华东经济管理》2020年第10期。

[2] 陈长石、姜廷廷、刘晨晖：《产业集聚方向对城市技术创新影响的实证研究》，载于《科学学研究》2019年第1期。

[3] 陈大峰、闫周府、王文鹏：《城市人口规模、产业集聚模式与城市创新——来自271个地级及以上城市的经验证据》，载于《中国人口科学》2020年第5期。

[4] 陈恩、王惟：《生产性服务业的集聚能否促进区域创新能力的提高？——基于广东省21个地级市的计量分析》，载于《科技管理研究》2019年第6期。

[5] 陈国亮、陈建军：《产业关联、空间地理与二三产业共同集聚——来自中国212个城市的经验考察》，载于《管理世界》2012年第4期。

[6] 陈国亮：《新经济地理学视角下的生产性服务业集聚研究》，浙江大学博士学位论文，2010年。

[7] 陈强远、林思彤、张醒：《中国技术创新激励政策：激励了数量还是质量》，载于《中国工业经济》2020年第4期。

[8] 陈子真、雷振丹、李晶仪：《生产性服务业与制造业协同集聚、空间溢出与区域创新》，载于《商业研究》2019年第5期。

[9] 程文、张建华：《收入水平，收入差距与自主创新——兼论"中等收入陷阱"的形成与跨越》，载于《经济研究》2018年第4期。

[10] 楚应敬、周阳敏：《产业集群协同创新、空间关联与创新集聚》，载于《统计与决策》2020年第23期。

[11] 杜爽、冯晶、杜传忠：《产业集聚、市场集中对区域创新能力的

作用——基于京津冀、长三角两大经济圈制造业的比较》，载于《经济与管理研究》2018 年第 7 期。

[12] 范柏乃、吴晓彤、李旭桦：《城市创新能力的空间分布及其影响因素研究》，载于《科学学研究》2020 年第 8 期。

[13] 付淳宇：《区域创新系统理论研究》，吉林大学博士学位论文，2015 年。

[14] 郭新茹、顾江、陈天宇：《文化产业集聚、空间溢出与区域创新能力》，载于《江海学刊》2019 年第 6 期。

[15] 郝凤霞、王宇冰、楼永：《区域服务化视角下产业协同集聚效应研究》，载于《科技进步与对策》2021 年第 13 期。

[16] 洪群联、辜胜阻：《产业集聚结构特征及其对区域创新绩效的影响——基于中国高技术产业数据的实证研究》，载于《社会科学战线》2016 年第 1 期。

[17] 侯新烁、王春、杨兰、宗敏、张超：《高铁建设，人力资本迁移与区域创新》，载于《中国工业经济》2020 年第 12 期。

[18] 胡绪华、陈默：《产业协同集聚促进绿色创新了吗？——基于动态视角与门槛属性的双重实证分析》，载于《生态经济》2019 年第 10 期。

[19] 黄凌云、张宽：《贸易开放提升了中国城市创新能力吗？——来自产业结构转型升级的解释》，载于《研究与发展管理》，2020 年第 1 期。

[20] 黄鲁成：《区域技术创新生态系统的特征》，载于《中国科技论坛》2003 年第 1 期。

[21] 何盛明：《财经大辞典》，中国财政经济出版社 1990 年版。

[22] 黄晓琼、徐飞：《科技服务业与高技术产业协同集聚创新效应：理论分析与实证检验》，载于《中国科技论坛》2021 年第 3 期。

[23] 黎欣：《产业集聚、知识产权保护与区域创新发展》，载于《云南财经大学学报》2021 年第 2 期。

[24] 李金滟、宋德勇：《专业化、多样化与城市集聚经济——基于中国地级单位面板数据的实证研究》，载于《管理世界》2008 年第 2 期。

[25] 李婧、谭清美、白俊红：《中国区域创新生产的空间计量分析——基于静态与动态空间面板模型的实证研究》，载于《管理世界》2010 年第

7 期。

[26] 李蕾：《长三角地区制造业的转型升级以及地区专业化与协同发展研究——基于长三角与京津冀比较的实证分析》，载于《上海经济研究》2016 年第 4 期。

[27] 李琳、韩宝龙、高攀：《地理邻近对产业集群创新影响效应的实证研究》，载于《中国软科学》2013 年第 1 期。

[28] 李梅、柳士昌：《对外直接投资逆向技术溢出的地区差异和门槛效应——基于中国省际面板数据的门槛回归分析》，载于《管理世界》2012 年第 1 期。

[29] 李拓晨、梁蕾、李韫畅：《高技术产业专业集聚、人力资本错配与创新绩效——以医药制造业为例》，载于《科研管理》2021 年第 4 期。

[30] 刘冠辰、乔志林、陈晨：《贸易开放、收入差距与区域创新能力》，载于《经济问题探索》2021 年第 7 期。

[31] 刘建丽：《新中国利用外资 70 年：历程，效应与主要经验》，载于《管理世界》2019 年第 11 期。

[32] 刘胜、李文秀、陈秀英：《生产性服务业与制造业协同集聚对企业创新的影响》，载于《广东财经大学学报》2019 年第 3 期。

[33] 柳卸林、杨博旭：《多元化还是专业化？产业集聚对区域创新绩效的影响机制研究》，载于《中国软科学》2020 年第 9 期。

[34] 吕承超、商圆月：《高技术产业集聚模式与创新产出的时空效应研究》，载于《管理科学》2017 年第 2 期。

[35] 吕承超：《中国高技术产业专业化比多样化更有利于区域产业创新吗》，载于《研究与发展管理》2016 年第 6 期。

[36] 马歇尔·阿弗里德：《经济学原理（上）》，北京出版社 2013 年版。

[37] 倪进峰、李华：《产业集聚、人力资本与区域创新——基于异质产业集聚与协同集聚视角的实证研究》，载于《经济问题探索》2017 年第 12 期。

[38] 秦松松、董正英：《科技服务业集聚对区域创新产出的空间溢出效应研究——基于本地溢出效应和跨区域溢出效应的分析》，载于《管理

现代化》2019 年第 2 期。

　　[39] 盛克勤：《江苏区域创新体系发展战略研究》，南京航空航天大学博士论文，2017 年。

　　[40] 施炳展、李建桐：《互联网是否促进了分工：来自中国制造业企业的证据》，载于《管理世界》2020 年第 4 期。

　　[41] 隋俊、毕克新、杨朝均等：《制造业绿色创新系统创新绩效影响因素——基于跨国公司技术转移视角的研究》，载于《科学学研究》2015 年第 3 期。

　　[42] 汤长安、张丽家：《产业协同集聚的区域技术创新效应研究——以制造业与生产性服务业为例》，载于《湖南师范大学社会科学学报》2020 年第 3 期。

　　[43] 陶良虎、陈得文：《产业集群创新动力模型分析》，载于《江海学刊》2008 年第 2 期。

　　[44] 王春晖：《区域异质性、产业集聚与创新——基于区域面板数据的实证研究》，载于《浙江社会科学》2017 年第 11 期。

　　[45] 王春杨、兰宗敏、张超等：《高铁建设、人力资本迁移与区域创新》，载于《中国工业经济》2020 年第 12 期。

　　[46] 王建刚、赵进：《产业集聚现象分析》，载于《管理世界》2001 年第 6 期。

　　[47] 王立勇、唐升：《政府 R&D 补贴政策效果及决定因素研究——基于创新效率视角》，载于《宏观经济研究》2020 年第 6 期。

　　[48] 王鹏、李军花：《产业互动外部性、生产性服务业集聚与城市创新力——对我国七大城市群的一项实证比较》，载于《产经评论》2020 年第 2 期。

　　[49] 王文翌、安同良：《产业集聚、创新与知识溢出——基于中国制造业上市公司的实证》，载于《产业经济研究》2014 年第 4 期。

　　[50] 王晓红、张少鹏、张奔：《风险投资集聚与高技术产业创新——产学知识流动的中介作用和关系导向的调节作用》，载于《西安交通大学学报（社会科学版）》2020 年第 6 期。

　　[51] 王雅洁、韩孟亚：《高技术产业集聚与创新绩效的交互影响及空

间溢出效应——创新价值链视角下的空间联立方程研究》，载于《科技进步与对策》2021 年第 12 期。

[52] 魏后凯：《现代区域经济学（修订版）》，经济管理出版社 2011 年版。

[53] 温忠麟、张雷、侯杰泰：《中介效应检验程序及其应用》，载于《心理学报》2004 年第 5 期。

[54] 温忠麟、叶宝娟：《中介效应分析：方法和模型发展》，载于《心理科学进展》2014 年第 5 期。

[55] 文东伟、冼国明：《中国制造业产业集聚的程度及其演变趋势：1998—2009 年》，载于《世界经济》2014 年第 3 期。

[56] 吴林海、顾焕章、张景顺：《增长极理论简析》，载于《江海学刊》2000 年第 2 期。

[57] 吴敬伟、江静：《生产性服务业集聚、产业融合与技术创新》，载于《上海经济研究》2021 年第 7 期。

[58] 吴晓波、耿帅：《区域集群自稔性风险成因分析》，载于《经济地理》2003 年第 6 期。

[59] 吴延兵：《创新的决定因素——基于中国制造业的实证研究》，载于《世界经济文汇》2008 年第 2 期。

[60] 伍先福：《生产性服务业与制造业协同集聚对全要素生产率的影响》，广西大学博士学位论文，2017 年。

[61] 夏杰长、丰晓旭、姚战琪：《知识密集型服务业集聚对中国区域创新的影响》，载于《社会科学战线》2020 年第 3 期。

[62] 谢臻、卜伟：《高技术产业集聚与创新——基于专利保护的门槛效应》，载于《中国科技论坛》，2018 年第 10 期。

[63] 熊励、蔡雪莲：《数字经济对区域创新能力提升的影响效应——基于长三角城市群》，载于《华东经济管理》2021 年第 9 期。

[64] 熊璞、李超民：《高技术产业集聚对区域创新的影响：促进还是阻碍?》，载于《金融与经济》2020 年第 1 期。

[65] 徐丹、于渤：《高技术产业集聚对区域创新能力的影响研究——基于长三角城市群的实证考察》，载于《软科学》2021 年第 10 期。

[66] 续亚萍、俞会新：《产业集聚与新型城镇化建设如何良性互动》，载于《人民论坛》2014 年第 34 期。

[67] 薛宏刚、王浩、管艺洁：《政府引导基金能否促进区域创新能力的提高?》，载于《兰州大学学报（社会科学版）》2021 年第 4 期。

[68] 杨芳：《生产性服务业集聚的经济增长效应研究》，兰州大学博士学位论文，2017 年。

[69] 杨浩昌、李廉水、张发明：《高技术产业集聚与绿色技术创新绩效》，载于《科研管理》2020 年第 9 期。

[70] 杨仁发、包佳敏：《生产性服务业集聚能否有效促进城市创新》，载于《现代经济探讨》2019 年第 4 期。

[71] 杨仁发：《产业集聚与地区工资差距——基于我国 269 个城市的实证研究》，载于《管理世界》2013 年第 8 期。

[72] 姚战琪：《产业集聚对我国区域创新影响的门槛效应研究》，载于《学术论坛》2020 年第 3 期。

[73] 叶振宇：《构建有利于新兴技术突破的区域创新体系》，载于《党政干部参考》2018 年第 15 期。

[74] 原毅军、郭然：《生产性服务业集聚、制造业集聚与技术创新——基于省级面板数据的实证研究》，载于《经济学家》2018 年第 5 期。

[75] 袁冬梅、信超辉、袁珽：《产业集聚模式选择与城市人口规模变化——来自 285 个地级及以上城市的经验证据》，载于《中国人口科学》2019 年第 6 期。

[76] 曾国屏、苟尤钊、刘磊：《从"创新系统"到"创新生态系统"》，载于《科学学研究》2013 年第 1 期。

[77] 张彩江、覃婧、周宇亮：《技术扩散效应下产业集聚对区域创新的影响研究——基于两阶段价值链视角》，载于《科学学与科学技术管理》2017 年第 12 期。

[78] 张国峰、王永进、李坤望：《产业集聚与企业出口：基于社交与沟通外溢效应的考察》，载于《世界经济》2016 年第 2 期。

[79] 张海峰、姚先国：《经济集聚、外部性与企业劳动生产率——来自浙江省的证据》，载于《管理世界》2010 年第 12 期。

［80］张涵：《多维邻近下高技术产业集聚的空间溢出与区域创新研究》，载于《经济体制改革》2019 年第 6 期。

［81］张可：《产业集聚与区域创新的双向影响机制及检验——基于行业异质性视角的考察》，载于《审计与经济研究》2019 年第 4 期。

［82］张秋燕、齐亚伟：《地区规模、集聚外部性与区域创新能力——对中国工业行业的门槛效应检验》，载于《科技进步与对策》2016 年第 8 期。

［83］赵骅、丁丽英、冯铁龙：《基于企业集群的技术创新扩散激励机制研究》，载于《中国管理科学》2008 年第 4 期。

［84］赵青霞、夏传信、施建军：《科技人才集聚、产业集聚和区域创新能力——基于京津冀、长三角、珠三角地区的实证分析》，载于《科技管理研究》2019 年第 24 期。

［85］周扬明：《"扩大区域差异"与"倒 U 假说"的比较研究》，载于《当代经济研究》2006 年第 4 期。

［86］朱东旦、罗雨森、路正南：《环境规制，产业集聚与绿色创新效率》，载于《统计与决策》2021 年第 20 期。

［87］朱富强：《经济学说史》，清华大学出版社 2013 年版。

［88］朱文涛、顾乃华：《科技服务业集聚是否促进了地区创新——本地效应与省际影响》，载于《中国科技论坛》2017 年第 11 期。

［89］朱有为、张向阳：《外商企业技术创新能力的区域差异分析》，载于《软科学》2006 年第 2 期。

二、英文部分

［1］Amiti M. Location of Vertically Linked Industries：Agglomeration versus Comparative Advantage. *European Economic Review*, Vol. 49, May 2005, pp. 809 – 832.

［2］BaiQiang J, WenJun H, ZiYuan X, et al. Study on the relationship between high-tech industrial regional agglomeration and R&D efficiency. *Agro Food Industry Hi-Tech*, Vol. 23, January 2016, pp. 70 – 77.

［3］Branstetter L. Is foreign direct investment a channel of knowledge spillovers？Evidence from Japan's FDI in the United States. *Journal of Interna-*

tional Economics, Vol. 68, March 2006, pp. 325 – 344.

[4] B. Rui, Do firms in clusters innovate more? *Research Policy*, Vol. 27, No. 5, September 1998, pp. 525 – 540.

[5] Carlino G., Kerr W. R. Agglomeration and innovation. *Handbook of regional and urban economics*, Vol. 5, 2015, pp. 349 – 404.

[6] Chen K, Kenney M. Universities/Research Institutes and Regional Innovation Systems: The Cases of Beijing and Shenzhen. *World Development*, Vol. 35, June 2007, pp. 1056 – 1074.

[7] Cooke P, Morgan K. The regional innovation system in Baden-Wurttemberg. *International Journal of Technology Management*, Vol. 9, May 1994, pp. 394 – 429.

[8] Cooke P. Regional innovation systems: Competitive regulation in the new Europe. *Geoforum*, Vol. 23, January 1992, pp. 365 – 382.

[9] D., Doloreux. What we should know about regional systems of innovation. *Technology in Society*, Vol. 24, August 2002, pp. 243 – 263.

[10] Ellison G., Glaeser E. L., Kerr W. R., What Causes Industry Agglomeration? Evidence from Coagglomeration Patterns, NBER Working Paper Series, 2007.

[11] Eswaran M., Kotwal A. The role of the service sector in the process of industrialization. *Journal of Development Economics*, Vol. 68, August 2002, pp. 401 – 420.

[12] Forman D., Jones M. and Thistlethwaite J. (Eds), *Leading research and evaluation in interprofessional education and collaborative practice*. London: Palgrave Macmillan UK, 2016.

[13] Francisco, Mas-Verdú, Anthony, et al. How much does KIBS contribute to the generation and diffusion of innovation? *Service Business*, Vol. 5, September 2011, pp. 195 – 212.

[14] F. G. Van Oort, Urban growth and innovation: Spatially bounded externalities in the Netherlands, *Taylor and Francis*, Vol. 6, January 2004, pp. 1 – 273.

［15］Gilbert B. A. , Mcdougall P. P. , Audretsch D. B. knowledge spillovers and new venture performance: An empirical examination. *Journal of Business Venturing*, Vol. 23, July 1986, pp. 405 – 422.

［16］H. G. Overman, *Handbook of Regional Science*. Berlin: springer publishing company, 2013, pp 667 – 682.

［17］Jiang W, Dan Z. The role of knowledge——intensive business services in innovation system: the case of China. Berlin: Springer, 2016.

［18］J. T. David. Profiting from innovation in the digital economy: Enabling technologies, standards, and licensing models in the wireless world. *Research Policy*, Vol. 47, October 2018, pp. 1367 – 1387.

［19］Krugman P. Increasing returns and economic geography. Journal of political economy, Vol. 99, No. 3, June 1991, pp. 483 – 499.

［20］Krugman P. R. Balance Sheets, The Transfer Problem and Financial Crises. *International Tax and Public Finance*, Vol. 6, November 1999, pp. 459 – 472.

［21］Krugman P. , Venables A. J. Globalization and the Inequality of Nations. The Quarterly Journal of Economics, Vol. 110, November 1995, pp. 857 – 880.

［22］Lee C. , Tanriverdi H. Within-Industry Diversification and Firm Performance in the Presence of Network Externalities: Evidence from the Software Industry. *The Academy of Management Journal*, Vol. 51, No. 2, April 2008, pp. 381 – 397.

［23］Lesage J. P. , Pace R. K. Spatial econometric modeling of origin-destination flows. *Journal of Regional Science*, Vol. 48, December 2008, pp. 941 – 967.

［24］Li X. Specialization, Institutions and Innovation Within China's Regional Innovation Systems. *Technological Forecasting & Social Change*, Vol. 100, November 2015, pp. 130 – 139.

［25］Luc A, Ibnu S, Youngihn K. GeoDa: An Introduction to Spatial Data Analysis. *Geographical Analysis*, Vol. 38, January 2006, pp. 5 – 22.

［26］ L. Huahai, Z. Xuping and Z. Feng, Regional Innovation System Efficiency Evaluation Based on the Triple Helix Model, International Conference on Business Computing and Global Informatization, July 2011.

［27］ Poon J. , Kedron P. , Bagchi-Sen S. Do foreign subsidiaries innovate and perform better in a cluster? A spatial analysis of Japanese subsidiaries in the US. *Applied Geography*, Vol. 44, October 2013, pp. 33 – 42.

［28］ Porter M. E. Clusters and the new economics of competition. *Harvard business review*, Vol. 76, July 1998, pp. 77 – 90.

［29］ P. R. Krugman, *Geography and Trade*. Massachusetts: The MIT Press, 1991.

［30］ Romer P. M. Increasing Returns and Long-Run Growth. *Journal of Political Economy*, Vol. 94, October 1986, pp. 1002 – 1037.

［31］ Rui B. , Swann P. Do firms in clusters innovate more? *Research Policy*, Vol. 27, No. 2, June 1998, pp. 525 – 540.

［32］ R. Forslid and K. H. Ulltveit-Moe, Globalization, Industrial Policy and Clusters. CEPR Discussion Papers, No. 3129, 2002.

［33］ R. R. Sadyrtdinov, M. M. Korablev, S. A. Vladimirova, Regional Innovation System Development: Comparative Analysis of the Republic of Tatarstan and Volga Federal District Regions. *Mediterranean Journal of Social Sciences*, Vol 6, No. 1, February 2015.

［34］ Thomas J. H, John J. S. Geographic concentration and establishment scale. *The Review of Economics and Statistics*, Vol. 84, November 2002, pp. 682 – 690.

［35］ Venables A. J. Equilibrium Locations of Vertically Linked Industries. *CEPR Discussion Papers*, Vol. 37, February 1993, pp. 341 – 359.

［36］ Wang C. , Rodan S. , Fruin M. , et al. Knowledge networks, collaboration networks and exploratory innovation. *The Academy of Management Journal*, Vol. 57, April 2014, pp. 484 – 514.

［37］ Wang Y, Pan X, Li J, et al. Does technological diversification matter for regional innovation capability? Evidence from China. *Technology*

Analysis&Strategic Management, Vol. 28, March 2016, pp. 323 – 334.

[38] Yan L, XiaoJia R, YingYi W. A Study on the Impact of Logistics Industry Agglomeration on Regional Innovation. *Agro Food Industry Hi – teach*, Vol. 28, May 2017, pp. 1541 – 1546.

[39] Yuandi W, Lutao N, Jian L, et al. Foreign Direct Investment Spillovers and the Geography of Innovation in Chinese Regions: The Role of Regional Industrial Specialization and Diversity. *Regional Studies*, Vol. 50, August 2014, pp. 805 – 822.

[40] Zhang C. Agglomeration of knowledge intensive business services and urban productivity. *Papers in Regional Science*, Vol. 95, November 2016, pp. 801 – 818.